JN307816

情と理㊤

後藤田正晴　御厨 貴＝監修

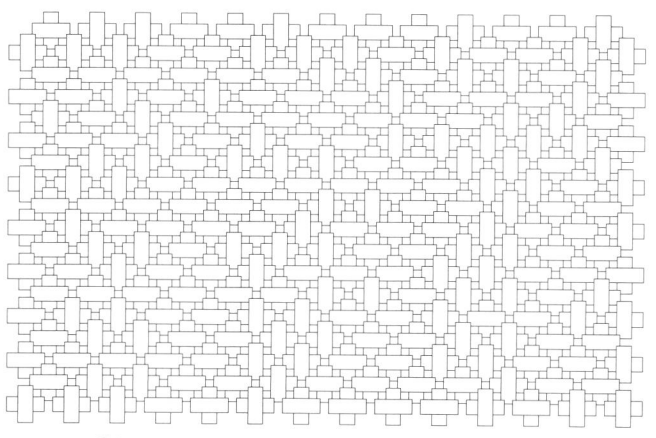

講談社＋α《プラスアルファ》文庫

文庫版のためのまえがき

あれから、もう十年近くになる。「二十世紀の語り部」と、ひそかに名づけた後藤田正晴さんのオーラル・ヒストリー。「あの頃は、それでも後藤田さんのすべての体験の四割程度しか語って頂けなかったな」、との思いが残らなかったと言ったらウソになる。

でも今回文庫版にするため、読み直してみて異なる感想をもつに至った。よくぞここまで語って頂けたなと。後藤田さんのオーラル・ヒストリーは、それこそオーラル・ヒストリーという言葉が人口にまったく膾炙《かいしや》していない時期に行われた。しかし、その後の試行錯誤のくり返しで、今日の盛況を見るに至った。

この草分けともいうべき後藤田さんのオーラル・ヒストリーに、私はすべての学問的情熱を賭けた。極端なことを言えば、後藤田オーラルの出来如何《いかん》が、その後のオーラル・ヒストリーの成功・失敗を決めるとまで、思いつめてもいた。

だからあの頃の私には、オーラル・ヒストリーとはすべてを洗いざらい語ることにつきるという思い込みがあった。最終的に上・下二巻の大部の作品として仕上がった時、一回一回の真剣勝負の成果としては満足のいくものと自己評価した。しかし洗いざらい語るという点から言えば、まだ情報量は不足だとも感じたのである。

やがて何人もの方のオーラル・ヒストリーを手がけるにつれて、後藤田オーラルへの私自身の評価が変わっていった。オーラル・ヒストリーを、秘話の集積や情報量の多さで判断するのは、間違いなのではないかと。確かに歴史の真実を明らかにするために、公職の体験者ができる限り知りえた事実を証言することの意味は重要である。しかしその時、往々にして忘れがちになるのは、オーラル・ヒストリーを成り立たしめている固有名詞の、まさにその方の個性なり人生である。

後藤田さんの語り口、考え方の癖、どこまで語るかの記憶との間合いのとり方等々。これらすべてをひっくるめてこそのオーラル・ヒストリーではないのか。さらに言えば、どうやってもマニュアル化になじまない語りを、いかにひき出しうるかにかかっている。これらの視点からみる時、後藤田オーラルは、みごとに成功している。語り部の個性が血肉化して歴史の文脈の中に結晶しているという点で、後藤田オーラルは今後ともオーラル・ヒストリーの一つのモデルたりうるのである。

それでは自画自賛にすぎるとの声があがるかもしれない。しかしこの十年近くの間、様々なオーラル・ヒストリー・プロジェクトを運営してきた体験を基準にすれば、今はそう評価できるということに他ならない。

とにかく後藤田さんはある時点から、本当に語ることに一生懸命になられた。それを通じてまた後藤田さんの認識も新たになったように思う。その証拠に、『情と理』がまとまって出版された一九九八年前後から、政治の、いや日本の御意見番としての発言が、マスコミに現われることが多くなった。昨年亡くなられるまでの数年間は、特に日本を憂える発言に終始されたように思う。

御意見番となった後藤田さんの発言のすべてに、私は賛同するものではない。しかし御意見番としての後藤田さんの発言の基礎に、語り部として残されたこの『情と理』があったからこそ、後藤田さんの晩年の心境に接近し、さらなる語りの魅力に触れることができた。

まことにオーラル・ヒストリーは生き物の如き存在である。おそらく後藤田さんのこのオーラル・ヒストリーは、後藤田さんが亡くなられた今後の日本において、新たな読者を獲得すると同時に、新たな読み方が提示されていくことになるのだろう。またとない機会を与えて頂いたことに感謝し、亡き後藤田さんの御冥福をお祈りしたい。

二〇〇六年五月

御厨《みくりや》 貴《たかし》（東京大学先端科学技術センター教授）

単行本まえがき

この本を世に出すにあたって、私は、歴史とは、一体何であろうかと考えた。歴史というのは、考えれば考えるほど難しい。本来、過去の多くの事実の中から、できる限り客観的な評価に耐えられる事実を選び出し、過去を語りながら現在のありようを述べていく、そして同時にそれが未来につながっていくもの。これが歴史ではないかと思っている。

ところが、無数にある過去の事実の中から、客観的評価に耐え得る真実を引っ張り出す作業を行うのは、所詮、それぞれの立場を持つ人間である。このため、どうしても、引っ張り出す人間の主観的な考えを排除することはできない。したがって、歴史は全部が間違いのない真実かということになると、それを描く人間の主観によって左右されるわけである。

たとえば、あるものを見る場合に、前後左右上下、見る場所いかんによって、同じものが三角に見えたり六角に見えたりする。短くもなり、長くもなる。平坦に見えることもあれば、凸凹に見えることもある。視点いかんによって、同じものがさまざまに見えるのである。

私の口述記録は、現代の、あまりにも生々しい記録であるだけに、私自身が処理したこと、私自身に関係したこと、立場上自分が承知したものをできるだけ正確に口述したつもりである。しかし、それはあくまでも私の立場から見た歴史的事実にすぎない。

それだけに、果たして歴史研究に役立つのかと疑問に思ったこともある。しかし、歴史とはそういうものではないだろうか。他の人が見れば、同じ事象でも違って見える。それは、当然のことである。

では、個人によってそれほど歴史的事実が異なっているなら、客観的な歴史というのは存在しないのかといえば、そうではあるまい。それぞれの立場から見た歴史的事実は、主観的なものではあっても、同時に客観的なのである。

物事を観察するのに、視点というものは欠かせない。視点があって初めて対象に輪郭ができ、明暗が生じ、色彩が生まれる。それを観察する目に曇りがなく、歪んでいなければ、その視点から見た限りの客観的な事象がとらえられる。同じ視点から同じ対象を観察したとき、同じように再現するなら、それは客観的といえるからだ。

ところで、歴史認識が国際問題になることがある。それは、ある意味では当然のことかも知れない。同じ国に住み、同じ時代を生き、同じ経験をしても、視点が違えば物事は違って見えるのだ。ましてや、違う国に住み、違う時代に生き、違う経験をしているなら、同じ事象でも大きく異なって見えるだろう。それは当然なのである。

それればかりではない。国民性や歴史的経験によって、事象の見方そのものさえ異なることがある。国によっては、歴史に政治的な意味を込めて理解する場合もある。そうなると、同じ事象でも正反対に見えるかも知れない。しかし、それはそれで、その国の歴史に対する見方である。他の国がそのことを否定しても始まらない。

必要なのは妥協である。お互いの立場を理解して譲り合う。国際舞台では、そういう姿勢が必要である。自分の国の歴史観を相手に押しつけあうのでは、本当の友好ははかれない。必要なのは、相手を理解する想像力なのである。

本書のもとになったオーラルヒストリーは、私中心の歴史である。あくまで、私の視点からみた歴史的事実である。だから、同じ問題に別の立場から関わった人たちは、違った見方をしておられるだろう。

しかし、私の視点から見た限りの客観性と正確性には十分、気を配ったつもりである。ただ、前述のようなわけで、自分の見方を他人に押しつけようとは思わない。

二十七回、六十数時間に及ぶこの口述記録は数万語に達する。本書は、その口述記録を簡潔にまとめたものである。当初、講談社から出版の話があったとき、私は戸惑いを感じた。しかし、せっかくの長期にわたる口述記録である。広く社会に公表して現代政治史の発掘に少しでも役立ってこそ意味があると考え、出版に同意した。

こういうわけで、本書は、私の狭い立場での物語であり自分史にすぎない。また、各方面の方々にご迷惑をおかけする恐れもある。この中に登場させられてご迷惑を受けられた方は、それは私の見方にすぎないということで甘受していただければありがたい。

出版に至るまでに多くの方々のご尽力があった。オーラルヒストリーの作成に関わった伊藤隆氏（東京大学名誉教授、政策研究大学院大学教授）、および御厨貴氏（東京都立大学教授、政策研究大学院大学客員教授）をはじめ政策研究大学院大学のスタッフの方々に謝意を表します。

平成十年五月

後藤田《ごとうだ》　正晴《まさはる》

情と理――カミソリ後藤田回顧録〈上〉◉目次

第二章　人心の荒廃に日本の将来を悲観

第三章　警察の組織・人事の刷新に全力を注ぐ

第四章　いつ革命が起きても不思議ではなかった

――血のメーデー、機動隊創設

第五章　政治家の力と官僚の力
――自治庁、自治省の時代

第六章　警察人事はいかにして機能してきたか
――警察庁へ戻る

第七章　事件多発に最高責任者の孤独を
——警察庁次長、そして長官

第八章　田中内閣の政治指導の様式に明と暗

——内閣官房副長官時代

〈下巻・目次〉

情と理
——カミソリ後藤田回顧録〈上〉

第一章　人間の運勢を実感させられた軍隊時代

——内務省入省、徴兵、そして敗戦

内務省を選んだのは四十七府県を押さえていたから

——東京大学卒業後は内務省に入られたわけですが、どうして内務省を選ばれたんですか。

後藤田　当時は、勉強のできる学生は内務省か大蔵省を選んだんです。僕は、金勘定が昔からあまり好きではない。だから大蔵省ではなく内務省に入りたいと思った。なぜ内務省かといえば、当時の国の仕組みは、中央は十五、六か二十近い役所が分割処理をしている。それに対して地方は、官選知事が四十七府県の行政全般を押さえているわけです。国民との接点のところでは、全ての行政が府県知事のところで集約されるわけです。そのところを押さえ込むのが内務省なんですよ。だから、役人になるのなら内務省に入ろうと思っておった。

ただ、私はもともと田舎の農家出身ですから、もうひとつの希望としては、農業政策の仕事をやってみたいとも思っていた。この二つが私の希望だったわけだ。受験の志願書も内務省と農林省に出した。ところが、たまたま内務省の試験日が早かったんだな。そのとき、試験官に、どうして内務省を受けたんだ、と質問されました。それで僕はさっき言ったようなことを答えたんだ。

そうしたら、君はほかを受けていないか、とこう言うんです。農林省を受けてます、と言ったら、どういうわけだ、と言う。私は農家の生まれですし、農業政策というものをやりたいという希望もあるし、農林省を受けたんです、と言った。そうしたら、今でも覚えているけれど、試験官がこう言った。君が農業政策を勉強したとしても、政策を農家に対して実行しているのは誰だと思うんだ、と。農林省がやっているんじゃないですか、と言ったら、違うよ、それは内務省だ、とこう言ったんです。内務省というのは、当時はそれくらい、官庁のなかの官庁という空気でしたね。そういうようなことで内務省に入ったんです。

当時、内務省というのは四十七府県を押さえているものですから、採用数は多かったですね。私どものときでも四十二人でした。大蔵省はポストが少ないから十数名ですよ。これも官庁のなかの官庁でしたけどね。

――お入りになったのは昭和十四年ですね。そうすると、中国との戦争がだいぶ激しくなって、戦時色が強まるなかで内務省に任官されたわけですね。当時の内務省で新人を鍛えるシステムは、どういうふうになっていたんですか。

後藤田　内務省というのはひどい役所だとは思うんだけれど、四十数人の最初の配属が成績順なんですよ。高文（高等文官試験）の成績と東大法学部のと両方合わせてです。これはもう徹底してる。もちろん京都大学の人が若干いましたが、当時はほとんどが東大ですからね。私のときは七人が本省見習い。これは上位組ですね。その次の五、六人が厚生省です。当時は厚生省の役人も内務省が採用していたんです。厚生省には人事課長も次官もおるわけですが、本当の人事は内務省がやっていた。だから、第二グループが厚生省。第三グループが東京府をはじめ大府県ですな。あとはその他と、こういうことなんです。

高等官に任官するのも、これまた上から順番です。定員が空かないですから同時には昇進しない。私のときは、見習い期間のいちばん短い組が九ヵ月、いちばん遅れたのは一年ちょっとでした。当時は、中国との戦争が始まっておりましたから、軍隊にとられる人がいまして、穴が空いたらそこへ放り込むという形でやりました。

——成績の序列はだいたいわかっているんですか。

後藤田　本人はわからんわね。だけど、お互いに友達の間ではわかっているんですよ。ただ、人事が成績順で動くのは、僕らの時代には初めの十年です。そのあとは、絶対に成績はものを言わない。大蔵省とは違うんだ。あそこは最初の成績がものを言っていたようですね。これは仕事の性格からきています。内務省は対人関係の仕事だし、専門職じゃないんですよ。ゼネラリストの仕事ですね。地方行政をやるかと思えば経済の仕事をやる。あるいは農業、警察、土木など、いろんな分野がありますからね。仕事内容は年中変わる。だから常識がわりあい発達して、まろやかじゃないといけない。いわゆる秀才タイプはだめなんですよ。

それでも秀才が集まったようです。内務省には「黄表紙」というのがあるんです。表紙がボール紙みたいな書き物ですよね。黄色い表紙でして、私が課長くらいになったときでしたか、終戦後でしたかな、それを見たんです。それには、明治の末期からの内務省のエリート連中の採用時の成績が書いてあった。それを見ますと、みんなすばらしい成績です。成績いいのがダーッとおりました。東京都知事だった鈴木俊一さんとか、鈴木さんと同期の吉岡恵一さん、昭和八年組です。昭和十一年組の、読売の小林與三次《よそじ》さんなどは抜群の成績ですよ。

しかし、誰が本当に偉くなったかと見ますと、できない人の方が多いんだ。いわゆる秀才タイプはだめ。内務省というのはそういうお役所です。その理由は、仕事がゼネラリストであるということと、もうひとつは、国民と行政の接点に立つということ。直接民衆に接しますから、幅広い常識をもって円満な対人関係が築けるような人でないと偉くなれない。だから、最初の十年ほどは成績順だけど、あとはできない奴のほうが偉くなったんじゃないですか。

——そういう考課は誰がやるわけですか。

後藤田　内務省の人事課がやるんです。遠慮なしに点数をつけられているわけです。

僕は九ヵ月目にトップ組で県に出ました。課長で。そうしたら、同じ県に僕と同期の見習いがまだおるわけですよ。なにもそんな所にやらなくてもいいじゃないかと思ったですがね。富山県でなくて石川県とか佐賀県でもいいわけでしょ。見習いがいない県があるんですから。内務省はそんなことを平気でやるところです。こっちも気兼ねするし、向こうだって癪にさわるでしょう。内務省は、配慮に欠けるというか、悪く言えば思い上がった役所かもしれない。三十歳台の終わり頃になると、早い人は知事になるんですから。若いから仕事はやることはやるんです。

——本省見習いのときは、どういう生活をされているんですか。

後藤田　そこで教育の話ですね。今で言えば初任者研修みたいなことをやります。当時、東京府に道場があって、そこを教育施設に使っていた。全国から同時採用の新人を集めまして、十日前後でしたか、泊まり込んだ。若い内務事務官が教育主任です。そして、朝から夕方まで各分野の人の話を聞く。偉い人は役人道みたいなものをしゃべるんですが、そんなものは誰も聞いとりゃせんのですね。

あとは、警察とはこういうものだとか、地方行政はこういうものだとか、オリエンテーションみたいなものを教育する。当時は日中戦争が始まっていましたから、どうしても精神教育に偏りがちで、夜になると座禅を組まされました。足がしびれるんです。そして蚊が来る。それでも我慢するんだ。怒られるから。こんちくしょうめ、と思いましたね。居眠りしそうになるとバチッとやられた。ばかばかしい、考えてみりゃそんなことやったって、なんていうことはないんですがね。

局長と同じ時刻に出勤して叱られた

——見習いの時も仕事はちゃんとやってたんですか。

後藤田　特に決まってどうこうするということはないんですよ。私は道路とか港湾を担当する土木局に配属されたんですが、特別な仕事はなかったです。ただ、ひとつの県を担当させられる。私は千葉県担当でしたけれど、竣工検査やいろんな現場検査をやりました。やったといっても、僕にはわからんのです。課長がノンキャリアの優秀な人を付けてくれて検査に出すんだ。そういう配慮をきちんとやってくれた。

それに、課長の下に内務事務官というのがおるんです。資格者です。この人がときどき仕事を教えてくれました。私に教えてくれたのは、細田徳寿という人で、大分県知事をやった剣道の達人です。この人がある日、後藤田君、ドイツのライヒスアウトバーンの資料を翻訳して勉強しろ、と言うんですよ。今でいう高速自動車道の話です。これは道路課の仕事ですがね。あのドイツの高速道について翻訳したのは、日本では私がいちばん最初なんです。

英語も翻訳させられた。これまた厚いんですよ。これをボンと持ってきてね、後藤田君、きみ、これを翻訳しろ、と言うんです。「アメリカのハイウェイ・トランスポーテーション」という表題でした。僕は英語が嫌いだからドイツ語をやっているんだからね。それが分かっていてやらせる。そういう意味で、絶えず上の人は、新しいエリート候補として入った人間をなんとか一人前にしてやろうといったような雰囲気はずっとありましたね。

――土木局にデスクはあるわけですか。

後藤田　机はあるんですよ。椅子とか机とかはちゃんとあるんです。だって、県を担当してますから。千葉県の処理の仕事は来るんです。ただ、ノンキャリアの人とダブルチェックしてますから、そっちに任せていればだいたいよかった。だから出勤や退庁についてもやかましく言われなかった。僕は局長と同じくらいの時間に来て叱られましたけれどね。

――先輩と雑談されて、この人はすごい、というふうに思われた先輩はいましたか。

後藤田　灘尾《なだお》弘吉《ひろきち》さんです。灘尾さんが私の課長です。この人は相当な人だなと思った。こわかったです。あの方は大正十三年組なんです。高等文官試験を通らないで内務省に入ってきた。内務省というのはおもしろい役所で、同期の中で一人だけ高等文官試験を通らないやつをエリートで採用するんですよ。私の聞いたところでは、そうやって採用された人で翌年の高文試験に落第したのは一人もいなかった。全部合格です。大学の成績が非常に素晴らしいのに、風邪で文官試験を受けられなかった、というような人を採用してたからだよ。灘尾さんはその組です。

だから灘尾さんは、日中問題をずっとやっていた古井喜実《よしみ》さんより採用は一年早いんですが、文官試験では同期です。あの人は最後は内務次官をやったんですかな、厚生次官かな、衆議院議長もやっていましたね。

――富山県では労政課長を務められて、「労務報国会」を組織されましたね。

後藤田　労政課長というのは、いわば工場課長です。富山県はご案内のように水力発電量の多い県でして、ダム建設が非常に多い。それだけにダム工事に従事している労働者の死傷者が非常にたくさん出るんです。それに対する、今で言えば労災みたいなものですか、そういう書類が労政課長のところに集まるんですね。それと、電力が豊富だったため、不二越工業といった会社の工場などがたくさんあった。だから工場労働者が多かったんですね。そういう関係の世話を担当していました。

ただ、組織としておかしいんですが、労政課は警察部にあるんです。警察部の中で事務官の課長は僕ぐらいだったかな。他の課長はほとんど警察官でした。階級は警視です。部長はもちろん警察官ですからね。なんで一人だけ事務官課長だったのかがよくわからない。今から考えれば、当時の内務省の労働者を見る目は、今と全く違っていたんじゃないかと思う。

あまりいいやり方ではないですね。民政部にでも置けばいいんですけれどね。もともと民政部が入っている社会局は内務省にあったんですから。厚生省ができたから厚生省に置かれたけどね。それはともかく、労政課はなぜか警察部の中に入っていた。それで課長は事務官、警視ではない。ところが、次席は警部なんです。私の下の次席は警部だったわけだ。

——警察畑と地方行政畑というと、かなり毛色が違っていたんでしょう。

後藤田　内務省の中を大きく分けますと、地方局系と警保局系がありました。今で言えば自治省系と警察庁系ですね。もうひとつは、社会局系とでもいうんでしょうか。これが、厚生省ができてそっちへ移っていったということです。大きくわけて旧内務省はその三つと、もうひとつは組織として大きかったのは土木です。事務が三課、技術が三課あった。ただ、当時の役所では、技術系はかなり軽視されていました。技術系は七、八年から十年は出世が遅れる。だから、同じ課長でも技術の課長はおじさんで、事務官課長は若手です。

ついでにいうと、内務省には神社局というのもあった。今で言う神社本庁ですよ。これは内務省所管だったんだ。つまり、国家神道ですね。普通の宗教団体は昭和十三、四年頃にできた宗教団体法にもとづいて文部省所管です。

――四十二人の同期の中で、警察畑に行かれた方はいましたか。

後藤田　いました。

――本人の希望ですか。

後藤田　だいたいは成績順ですからね。本人の希望とは関係ないです。成績順といったって、答案用紙での話ですから、つまらんものですが。

――労務報国会とは、どういう性格の組織だったんですか。

後藤田　全国の会長は河原田稼吉《かわらだかきち》という人だった。今、ひょっと思い出しましたが、これは内務大臣をやった人ですね。この人が全国の会長をやっていまして、各県の中に労務報国会という組織を、勤労報国会と言いましたか、ちょっと名前が正確じゃありませんが、それを組織化するという方針が内務省で立てられまして、各県に指令が出た。私は富山県に一月に赴任して三月末には兵隊に行ってしまいましたから、あそこでは何の仕事もしてません。やったのは、その労務報国会を全国で二番目くらいに早く結成したぐらいです。

これは、産業報国会と同じものです。各職場、各工場なり事業所ごとにつくるわけですね。それを県連合体にするんです。私は連合体を作ったんです。メンバーは、工場長といろいろな人が、それぞれの分会の大将になる。それらが全県から集まって連合体の委員になるんだ。

――労働組合はなかったわけですか。

後藤田　そのときはありません。ただ、社会局が内務省にできていましたからね。やや大正デモクラシーの頃からの労働運動に対する警戒感を内務省は持っていたかもしれません。しかも戦時色が色濃くなってきたから、ここで労働運動なんか起こさせるわけにはいかない、という考えが背景にあったんではないかな。僕らにはそういう指令はなかったですけれど。どちらかというと、勤労を通じて国に奉仕するのを鼓舞するための組織であったようですが、本当の狙いは、労働運動に対する警戒ということがあったんじゃないですかね。隠れた意味はね。

――短期間にできたんですか。

後藤田　できましたよ。私が行くまでに下地は作ってくれてあったと思いますがね。

――当時の官吏の身分差は厳しかったですか。

後藤田　厳しかったですね。地方庁へ行き、また内務本省の見習いもして感じたことは、当時の官吏システムの身分差があまりにもきつかった、ということです。食堂まで違うんですから。高等官食堂と判任官食堂とね。見習いは判任官ですから判任官食堂で食事をするんですが、内務省の判任官食堂には衝立てがあった。見習いは普通の判任官とは別だよ、ということでしょ。

それから、人事がともかく話にならない。われわれは二十五歳ぐらいで課長ですが、他の課長は年輩ばかりですよね。その人たちは、一生涯勤めて、辞めるときにようやく課長になって、それで終わりですから。よくぞこんな無茶な制度をつくったなと思います。フランスの制度を真似たんじゃないか。

自治省は最近、地方の大学からいいのが出てきたから少しは崩れているかも知らんが、大蔵省、警察庁、運輸省なんかには今でも色濃く残っている。昔のようなことはないでしょうけれどね。ともかく、今から考えるとけしからん差別の制度ですよね。こんなので全体の能率が上がるとは私は思わない。

——富山での三ヵ月間は、官舎に住んでおられたんですか。

後藤田　僕は旅館ですよ。独身ですから、そのときは。女中さんを雇って官舎に入ろうと思えば入れますが、三ヵ月後に現役入営で兵隊に行くことが決まってますからね。旅館に泊まって、毎日、旅館から通いました。いい旅館なんですよ。部屋は十五、六畳ありましたかね。控えの間があるんです。帰れば仲居さんが玄関に手をついて「おかえりなさい」と言うし、飯は持ってくるし。若造にこんな生活ができるんだから、身分差といい、とてもじゃないけど今では考えられないような制度ですね。

初任給は七十五円です。見習いのときはね。法学部や経済学部で成績の良いのは日銀、興銀などの政府系金融機関、それと三菱、三井、住友に入ったものですが、その初任給が七十五円だった。役人もそうです。あとはだいたい七十円。うんと安いところは六十五円。僕らは九ヵ月目になったら高等官七等で、月給じゃなくなるんです。年俸になる。年俸は千三百円でした。十二で割ると約百九円になりますか。そしてボーナスは、四月に入ったばかりなのに年末で三百四十円ぐらいになります。何もしないでね。だから、身分差があると同時に、処遇そのものがぜんぜん別系統です。よくあんな制度を作ったと思うね。

よくあんな軍隊で戦争できたと思う

――昭和十五年三月にいよいよ軍に行かれる。高等官になっておられるのに軍に行かれた。これはどういうことなんでしょうか。それに先生は海軍ではなく陸軍を選ばれた。

何か選択の基準のようなものがあったんですか。

後藤田　私なんかの場合は二等兵、従七位高等官。高等官七等の従七位の二等兵というのは、私が入った連隊では初めてだったらしいです。入隊したとき、連隊長が歓迎の言葉と同時に訓示をしてね、「今日からは地方の世界のことはいっさい通用せん」と言っていた。地方というのは軍隊の外のことです。僕は、なに言ってやがんだ、と聞いていたけどね。実際は通用します。周囲が遠慮しますから。

当時の大学卒は海軍に志願する人が多かったです。海軍に短期現役の制度ができておったから。志願ですがね。初めから海軍中尉になる、主計中尉のね。中曽根康弘さんなんかはそこへ入ったんです。確かにそっちへ行く人が多かった。陸軍の方はいちばん下の二等兵から行くわけですから。

私は、両親が早くに死んでおったものですから、軍に就職するとなると難しい面があった。私は海軍を志願したんですよ。そしたら家に調べが来たんだ。姉がそう言った記憶がありますので、志願書を出したんだね、はっきりしませんが。それで落とされた。試験を受けた記憶は残っておりません。書面選考で駄目になったのかも知れませんね。よく判らんのですが、向こうは初めから決めてるんじゃないかな。要するに海軍は、家庭の関係とか学歴を中心にみたんじゃないですか。

防衛庁に行って海原《かいはら》天皇といわれた海原治君、彼は同期で同じ徳島県出身ですが、当時、内務省の文書課の見習いだったんだ。いつだったか、昼食を食べていたら海軍省の人事局かな、そこの少佐か中佐の若い将校が来まして、海原君に陳情していましたよ。海軍の軍艦がハワイなどに寄るわけですよ。すると脱走兵が出る。その処理のことじゃなかったかな。二重国籍関係のことだったと思う。

そのとき、たまたま海軍の短期現役の試験の話が出た。そしたら海原君が怒って言ったね。「だいたいあんたのとこ、おかしい、なんの基準で落第だ採用だと決めるんですか、私は落とされた」って。僕も、「俺もそうだ」と言った。すると、その海軍省の男が、「もういっぺん今年受けてくれよ、必ず通すから」と言う。「冗談じゃない、僕らはあなたがたと違って職業で受けたいというんじゃないんだからごめんこうむる」そう言った記憶がある。

落とされると、当然、陸軍にとられる。ちょっと目が悪かったんですが、日中戦争の最中だから体格の合否のレベルが少し下がっていたんじゃないですかね。問題は、陸軍に入った場合、将校になるかならんかという選択があるわけです。当然、中学校以上の卒業生は志願すれば幹部候補生になれる。試験がありますけど。ところが、将校になると兵役が長くなるんです。だから、大学卒の連中でも、将校にならなければ上等兵でさよならだから、といって将校にならないやつもいた。

軍が嫌いで抵抗するやつもいたね。平井学君という秀才もその一人だ。私と同県出身ですけれどね。彼は周囲がやかましくて、幹部候補生の試験を受ける羽目になったんですよ。それで受けた。すると反軍思想だということで、内務省の役人にはあらざる奴だと、軍の師団司令部から内務省に連絡をしようとした。そして、内務省を辞めさせる、なんていう事態になったんだ。

ところが、郷里では有名人だったから、郷土の連隊長が、将来ある人だからそんなことはできない、と師団のいうことを聞かなかった。そのかわり資格を剝奪されちゃって二等兵に逆戻りしたね。しかし、あいつはいちばん得して、いちばん早く帰ってきた。死ななかった。

――周囲に戦犯は出ましたか。

後藤田　出ましたよ、捕虜収容所に配属された人が。気の毒ですね、戦犯裁判なんていうのは、勝者が敗者を裁く裁判だから、いわゆる裁判の名に値しません。文句は言えないんですから、やられちゃう。民間のわれわれのような仲間に法務官というのがずいぶんいました。これは仕事は楽ですから。ところが、この中から戦犯が大勢出たな。軍律裁判やってるから。これは運ですよね。

――軍隊生活はいかがでしたか。

後藤田　これくらい非能率な、そしてある意味においては厳しい、過酷と言ってもいいかもしれない世界はまずありません。経験した者でないとわからない。ただ、初めの半年か一年ぐらいなものです。二年兵なり三年兵になると、これくらい極楽なところはない。みんな下に押しつけて、若い奴が入ってきたらぶん殴ってこき使って、ということです。やはり当時の日本の教育の悪い面が出るんだね。部隊の中で抵抗するやつもおったかもしれないけれど、あれでよく戦いができたと思いますね。

非能率というのか、とにかく無茶苦茶なんだ。こんなことはやらないほうがいい、というようなことをやらせる。例えば、これは戦が負けてからの話ですが、基隆《キールン》の港にみんな集結するわけです、台湾の全島から。そうすると、基隆の埠頭で労役作業をやらされる。どういう作業かというと船積みなんです。中国へ物を送る。僕が着いたときにやっていたのは、ザラメの砂糖なんです。これは二十四貫ある。お米は一俵十六貫だから、それより五割も重い。

僕は担いでみたけれど、背骨が折れるようで担げなかった。学生上がりの兵隊では担げる人はほとんどいなかったな。担げたのは、西園寺不二男という人だ。西園寺公爵の孫で日本銀行にいた。陸上の選手にもなったけど、もともとはラグビーの選手だ。だから担げたんだ。しかし、他の連中は担げない。なにも担ぐ必要はないんです。そこにネコ車があるんですよ。これを使えば三つや四つは積めるでしょ。あかんのです。旅団参謀の何とかいうのがきてね、駄目だといって使わせない。戦に負けたのにまだ訓練するつもりですよ。そういう人がおった。

――優秀な将校もいたんでしょうがね。

後藤田　知性派の人もいましたよ。将校には優秀なのがたくさんおった。でもわからん人も多かったね。志願して兵隊になってる古兵というのがいる、これがいかん。うぐいすの谷渡りとかね、つらいですよ。寝台がずっと並んでいるでしょ。その寝台の下をくぐれというんだな、上がったら次の寝台をまたくぐる。これをうぐいすの谷渡りというう。それで遅いと後ろからバシャッとやるわけです。そういうことを平気でやるところだった。お互いがそうやっている。自分たちもやられているんだから。すごい社会だね。あまりいい思い出はないね。

僕の場合は昇進は早いです。最初は台南に派遣された第二連隊の二等兵でしたけれど、選抜されて幹部候補生の試験を受けたんです。筆記試験と実技があったけど、実技試験のときは、たまたまチフスにかかって入院していたので免除になり、筆記試験だけで合格したんです。幹部候補生は甲種と乙種とがあったけれど、甲種ですよ。それで、東京の陸軍経理学校に出向いて教育を受けて、戦争が終わったときは大尉ですよ。

九階級上がった。だから海軍のやつに言うんです。なんだお前ら五年も六年もいて上がったのは三階級か、なんてね。中曽根さんが台湾に来たとき中尉だったかな。僕は少尉でした。彼は帰国して少佐になったね、颯爽たる海軍の士官でしたよ。

——中曽根さんはその頃からご存じだったわけですか。

後藤田　内務省で僕の二年後輩ですから。旧制高等学校の上級生と下級生は一年しか違わなくても生涯、先輩後輩です。内務省は採用年次によって、やはり同じ関係です。年齢じゃないんです。採用の年次です。採用年次の上にはやはりそれなりの敬意を表する。中曽根さんは仕事のできる将校でしたよ。

——その頃、日中戦争の見通しとか、三国同盟などについてどういうふうにご覧になっていましたか。

後藤田　下級将校ですから守備範囲が狭い。だから、この戦争の性格、この戦争の将来はどうなのかといったようなことについては、率直に言ってわからなかった。ただひたすら、この戦争は勝たなければならないという気持ちでいっぱいであって、したがって、この戦争で怠けるなんてことはやらなかった。ただ、専門の職業軍人とは視野が違うんです。人生経験は僅かですが、ともかく普通の大学の教育ですし、思想問題にもいちおう旧制高校から大学までは、いろいろな思想的なものに洗われていますから。物の考え方が職業軍人とは違って、幅が広いんです。ただし、軍事知識は乏しいということですからね。

だから、戦争全体についてはわからなかったけれど、職業軍人のコチンコチンの人とは違う。ことにそれを感じたのは、台北の台湾軍司令部に派遣されたときです。軍司令官は本間雅晴中将です。この人は陸軍の中で英米系でした。ほかに統制派と皇道派があって内部抗争していましたがね。本間中将は、陸軍の中では合理派なんです。大陸派は豪傑派ですね。

その本間中将が、フィリピンの作戦でいよいよ台北を去るというときに、将校を講堂に全員集めて離任の挨拶をしたんですよ。その言葉を今でも覚えている。「この戦は、虎穴に入らずんば虎児を得ず、という諺があるが、文字通り言葉通りの戦いである」という意味合いのことをお述べになった。それを聞いていて、ああ、この戦争は容易でないな、という気は僕自身もしておった。同時に国運のかかる戦争に必勝の公算のないまま突入するのはどういうことかとの疑念も頭をかすめましたがね。

今から考えてみれば、アメリカとの戦争はまさに愚かな戦争ですよね。日中戦争なんかと違うんですから。これだけ国力の開きがあるのに何故やったんだと、今から考えれば、これは愚かな戦争であることは間違いない。しかし、当時はそこまでみんな思っていたかというと、そうではなかった。鬼畜米英なにするものぞ、ということですよね。やはり島国の、日本全体の視野というものが非常に狭かったと思いますね。僕らには、そこまではっきりした認識は残念ながらなかったというのが、正直なところですね。

――昭和十六年五月から十月まで東京に来られて陸軍経理学校で経理の教育を受けられましたね。どんな教育を受けられたんですか。この時期は日米関係が切迫しているのですが。

後藤田　陸軍経理学校の教育というのは、だいたい補給が中心の経理ですよね。金銭経理もありますが、物資補給が中心です。そういう専門教育ばかりです。当時は、日米交渉が大詰めを迎えていましたが、軍の中は戦の空気で充満していましたな。たいへん緊迫している状況の中での経理学校の教育だった。だから、短期速成ですね。

学校内の空気は初年兵のような時とは違ってました。将校養成の教育ですからね。ほとんど全員が少なくても高等商業以上、大学の法学部、経済学部を出た連中です。教官も経理将校ですから視野が広いんです。

ただ、世話役だった区隊長の人達はきつかった。区隊長などは士官学校出の若い僕らと年齢が同じぐらいの大尉でしてね、戦に出て帰ってきてるんですよ。怪我して帰ってきたり、陸軍大学の試験を受けるので帰ってきたりね。受験勉強かたがた教官をやっている。連中はよくぶん殴るね。僕らの仲間もずいぶん殴られた。歯を食いしばれっ、眼鏡をはずせ、と言ってバチーッとやると、脳震盪を起こしてだいたい倒れますよ。そうかと思うと、口から血が出てきて、歯が欠けて。同じ年齢くらいの将校にやられるんだからね。近くに女子医専があって、女の医者の卵が学校の寮からこっちを見てケタケタ笑ってやがるんだ。その前で殴られる。

将校教育ですから内容はきちんとしていたんだが、陸軍特有の、殴って教育するという風習は学校の中にもありましたね。

軍隊で人間の運勢というものを感じた

――経理学校での勉強の具体的な内容はどんなことですか。補給する物資の名前などを覚えていくんですか。

後藤田　補給の分量とか、補給の方法とか、一会戦でどれくらいのものがいるとか、それをどういうふうに準備するかとか、そういうようなことを習うんです。ところが、実際には役に立たない。というのは、経理学校の教育で、「糧は敵に依る」という言葉を覚えさせられた。要するに、物資は戦地で取ってこいということです。いま中国が怒るのは無理ない。皆現地で調達するんだから。ただではいかんから払うんですが、軍票で払うんだ。むこうにすれば紙切れと同じだ。こういうわけだから、内地から補給するという思想ではない。「敵地で調達して補給する」と、こういうことですよ。それだけでは戦争はできないよね。

――それでお帰りになって、台湾の司令部におられるときに主計少尉として日米開戦を迎えるということですね。日米開戦をどのように受けとめられましたか。

後藤田　教育が終わると二手に分かれるんです。だいたい原隊に戻るんですが、内地に残る人が何割かいる。軍需工場の管理官になったんです。八幡製鉄なら八幡製鉄を軍が管理するわけですから。その管理官の一員としてそこに配属される。どっちへいったのがいいかは別ですよ。兵隊を経験すると、人間の運勢というものを感じるね。運ひとつで生き残る、紙一重で生き残るやつと死ぬやつがいる。陸軍へ行くか海軍へ行くかもそうなんです。海軍へ行くほうが有利だと思いながら、行ったやつの方がよけい死んじゃう。日米戦争で軍艦がみんな沈められるなんて、誰も思っていませんからね。

中曽根さんはよく助かった方ですよ。彼は台湾の高雄の海軍施設部から軍務局に帰ってきたからですよね。鳩山威一郎《いいちろう》君がたいへんな目にあったんです。あれは敵が上がってこなくて助かった。当時の首脳部に狙いをつけられて、太平洋の何とかという島へやられたんだよ。自分でどうこうしようにも出来ないんですから。オウムの信者のようにマインドコントロールされてなるんじゃなくて、命令だから動きが取れなかったんだ。

――先生は台湾軍司令部にずっといらっしゃるわけですが、どういうふうな毎日を送られていたんですか。

後藤田　ずっと庶務将校をしていたんです。ミセレニアス（雑多）の庶務です。実際は台湾総督府との連絡が多かったんです。内務省の役人という経歴からですね。いわゆる経理の仕事というのは、せっかく六ヵ月間覚えたんだけど全くやったことがない。

私がやったのは、戦後五十年になるから戦犯にならないと思うが、高砂《たかさご》義勇隊の編制ですね。彼らは夜、目が見えるんです。生まれてこのかた電気をつけないから。それを夜襲に使うんです。その代わり一ヵ月くらいあかりのなかで暮すと目が見えなくなる。それから、台湾特設労務報国隊とかいう台湾人の志願者による隊を編制した。これは後方の輸送要員ですね。前線には出せません。

義勇隊は軍属です。軍人ではない。籍は民間人だけれど軍に勤めていたという立場ですね。高砂族の場合は、十五万から二十万くらいしか人口がおらんのですよ。だけど、部族によって言葉が通じない。日本語が共通語で非常に具合がいいんです。教育は台湾総督府がやっていましたからね。台湾の場合は、警察官が学校で教えている。霧社《むしゃ》事件《けん》(昭和五年、台湾の台中州霧社で起こった高砂族の抗日反乱事件。日本の高砂族に対する差別政策が原因といわれる）なんて反乱起こされてへこたれた時期もあるんですが、戦争になってから非常に勇猛果敢で、わりあい純粋ですよね。台湾の人もよく協力してくれた。

――実際に台湾におられて、ある種の日本の植民地支配みたいなのをご覧になったわけですね。

後藤田　これはね、世界でもうまく融和をして成果をあげていた統治形態であったと思うんですね。朝鮮統治とはいろいろ違う。内地人が威張っているなと感じることもありましたが、それほどの騒ぎを目にしたこともありませんし、そう違和感は感じなかったですね。しかし、私の目が駄目だったんです。それは戦が済んだ後、僕らは意気消沈していますよね。ところが、八月十五日の夕方になったら街中爆竹です。こちらは敗戦で打ちひしがれている。昨日までいっしょに仲良くやっていた台湾の人が、爆竹をあげて解放感を味わっているわけですから。だから、所詮は植民地統治なんてできるもんじゃないです。その時は本当に身にしみて感じました。

それでも、私が敗戦後八ヵ月くらいあとで基隆に集まって帰るときに、私が使っていたたくさんの台湾出身者の軍属が餞別だといって千円ぐらい持ってきました。しかし、千円以上は持って帰れないんですね。貰っても意味がない。気持ちだけはいただくけれど、なんで君らこんなことをしてくれるんだい、と言ったら、大尉殿は私どもを全然差別しなかった、と。もちろん僕は差別なんて意識はなかったですから。むしろ日本人の部下にきついくらいでね。

　台湾人の立場になってみると、そういうことを見ているんだ。決して甘やかしているわけじゃないんですよ。たまにはぶん殴ったりするんですから。それでも、差別をしなかったと言うんですよ。

——だいたい、いつ頃からこの戦は負けるなと思っていたんですか。

後藤田　ガダルカナルの撤退の頃から少しおかしいなと。というのは、本間雅晴中将の後任として来たのが安藤利吉《りきち》大将なんです。この人は英米派です。この人が将校食堂の昼食のときかな、「お前たちはボヤッと仕事をしているようであるが、この戦は容易でないよ、そのつもりでやれ」と注意したんです。その頃から、これは少しおかしいと思ったですね。安藤大将くらいになれば軍全体の動きがわかっているでしょうから。

　これはいかん、と本当に思ったのはサイパンだな。本当はミッドウェーの戦いで負けていたけど、日本の海軍くらい宣伝のうまい軍隊は少ないんじゃないか。あの時はわからなかった。それから台湾沖海戦というのがあって、大勝利だと海軍はいうんだが、あれは嘘だとわかった。海軍の宣伝なんだよ。もう全部やられていたんだから。

　当時、内務省の後輩の島田豊という人が台北の海軍武官府におった。海軍主計少佐ですよ。中曽根さんと同期で後に防衛次官をやった。

――大空襲のときに東京に来られましたね。

後藤田　そうそう。九段の偕行社《かいこうしゃ》に泊まっていて、三月九日の爆撃でやられた。あくる日、住民が荷車に家財道具を積んで下の道路を避難していましたよ。下町は全滅だ。そして陸軍省の会議で配られた資料を見たり聞いたりして、ああ、こりゃいかん、戦力が残っていない、そういう感じがしましたね。だから、八月十五日の陛下のご放送を聞いたときは、ああ、やっぱり来るものが来たな、という印象でした。

そのときは、一週間の休暇をもらって郷里に帰ったんです。すると汽車の中が網棚から何からすし詰めでしょ。網棚の上に寝ている。こっちは座席に座っていると上のやつの足がさがってくるんですよ。それから窓からの飛び降り飛び乗り。小便は窓からやっている。体だけ出して外へ向けて小便している。女の人は傍でやっているわな。満員で便所へ行けないんだもの。本当ひどいもんでした。

情けないなと思ったのは、僕は昔から煙草が好きで、兵隊のときはなんぼでも煙草があるから、汽車の中でもやっていた。それを消して捨てるわけだよ。そしたら僕の前に座っていた人が拾って吸うんです。僕に煙草くれと言えばいいじゃないかと思った。僕は持ってるんだから。それくらい人間の道義心というものが、全くなくなってしまった。これはいかんと思いました。

――戦争が終わる前後のときに、戦後についてお考えになりましたか。自分自身の人生を含めてですね。

後藤田　考えましたね。国に帰れないと思ったね。それから司令部に僕の仲良しの大尉がおった。そいつが八月十五日の晩にやってきて、馬鹿っ話をしようというんですね。日本の将来はどうなるかな、これはなかなか容易でないぞ、などと話しあった。そして、夜中の四時ですよ。彼が自殺したというんで叩き起こされた。三八銃を、足の親指で引いて頭を打ち抜いた。これは職業軍人ですから、覚悟をして僕のところへ来たんだな。聞いてみたら、数人のところへ転々と訪ねて行ったみたいだ。別れに来たんだが気付くことができなかった。

――戦争とか敗戦などのようなギリギリの状況では、人間の本当の姿が見えるでしょうね。醜い姿も。

後藤田　おそらく僕らはいちばん恵まれた軍隊生活です。一個中隊全滅するようなところへ行ったことはない。台湾におったんですから。フィリピンにちょっと行ったぐらいのではないのです。フィリピン行きも戦線視察であって、作戦に参加したのではないのです。戦争の後半は別ですけれど、非常に恵まれていました。その恵まれた状況の中においても、終戦後のあの混乱のときの、上から下までの右往左往ぶりを見ると人間というものがすぐわかる。

ましてや、六十万人もの大軍がそのままの形で捕虜にされて、酷寒の地で強制労働に従事し、思想教育を受けたソ連抑留の経験をした人は、おそらく、人間の本性をまざまざと見せつけられたはずです。天皇制主義者としていちばん元気のよかったのが、案外、真っ先にコロッと寝返るんだからね。そして日本に帰ってきたら、天皇島上陸、なんて言う。向こうで洗脳教育を受けてきて、日本という天皇島に上陸して占領するというんだ。見ちゃおれんがな。それが最近は、また復古派の先頭に立っている。

彼らは、一番最初は軍国主義、捕虜になったら共産党、帰ってきたら初めのうちが共産党、そのうち選挙に出て政治家になったら、また大国主義だ。名前を言えばすぐわかるかも知れない。あの頃、すでに将校だった人。将校は一番若くて二十歳、士官学校や兵学校を出たなら二十一、二歳ですから、戦後五十年として七十歳以上だな。赤裸々な人間の姿が出ますよ。

第二章　人心の荒廃に日本の将来を悲観

――内務省に復帰、警視庁へ

日本軍の規律は最後まで守られた

――敗戦後まもなく、中国の国民党軍が陳儀という中将に率いられて台湾に進駐してきましたが、国民党軍はどういう軍隊だったんですか。

後藤田　台湾を接収に来た陳儀将軍の部隊の装備は、きわめて悪かった、劣悪だった。第一線の戦闘用の装備はもちろん、後方補給の装備は全然持っていないという印象でした。しかしながら軍の規律は、少なくとも当時としては守られておったと思います。それから日本軍に接する陳儀将軍の接収部隊の態度、これは、おごり高ぶったところは全然ないという印象でしたね。

ただ、台湾の人たちが自分たちの心の本国である中国本土から来た陳儀将軍の部隊に対してどういう印象を持ったかというと、失望感ですな。規律は悪くないんだけれど、あまりにも装備が劣悪なんだ。天秤棒に鍋、釜をぶら下げて行軍してくるわけですから。そんなのは日本軍の中にはありませんよ。というのが、陳儀将軍の部隊に対する私の印象でしたね。

――武装解除はスムーズにいったんですか。

後藤田　スムーズにいきました。別段トラブルはありません。だいたい日本軍の中の統制は、わりあい順調にいったんじゃないですかね。特別なことはなかったです。陳儀将軍の部隊には糧秣などを含めて全部引き継ぎました。陳儀さんの軍隊が無秩序に接収に来るんじゃないんですよ。むしろ台湾の住民が、ときどき強奪に来るんだな。その強奪に来る住民に対して、陳儀さんの軍隊が取り締まりをやっていました。日本軍がやるより厳しいですよ。弾を撃つんですから。日本軍はそんなことしない。捕まえることはあっても殺しはせんですよ。

──それに対する住民の不満が高じて、二・二八事件（昭和二十二年、台湾で起きた反国民党蜂起事件）につながったんですか。

後藤田　そういうことがあったんでしょうな。しかし、盗りに来るのが悪いんだからな。中国の軍隊が日本軍から接収したんだから、台湾住民のものではないですよね。中国政府のものですから。

──日本軍の糧秣なんかは全部接収されたんですか。

後藤田　いきなり全部だったらこっちが裸になっちゃう。ちゃんと話し合いで決めていた。そういうトラブルはなかったです。最後まで日本軍は日本軍の飯を食っていましたた。接収されたのは、とりあえずは武器ですから。それから、兵舎はいちばんに明け渡しましたね。向こうは入るところないから。

——引き揚げは順調にいったわけですか。

後藤田　引き揚げの方はどんどんいきましたね。私なんかは帰ってきたのが翌年の四月でしたから、これは後の方でした。七月頃まで残っていた組もいたかもしれませんけどね。わりあい引き揚げはスムーズにいったんです。ただしその引き揚げ船はアメリカ軍が輸送船を準備したんですね。リバティ船。あれは三千トンか五千トンぐらいの船です。あの船に乗って、ああやっぱり進んでいるなアメリカは、と思いました。甲板は鋲なしで溶接してある、そういう船でした。

——日本軍の中の秩序というのは？

後藤田　本島全体としては、秩序は保たれたと思います。ソ連に抑留された部隊でうわさに聞くようなことは全く台湾ではありません。最後まで軍紀は守られておったと思います。というのは、武器は接収されたんですけれど、階級章はずっとつけてましたから。紀州和歌山の田辺港に上陸したんですが、そのときに初めて階級章をはずしたんです。軍に入る前に社会運動をやっておった人がそれらしき言動をすることがありましたけれど、秩序はだいたい守られましたね。

ただ、戦犯調べのときなんか、いやな思いをした。司令部の中の幹部の動きを見ていると、私は、日本人というのはダメだなと思いました。まことにみっともない。責任回避に狂奔するような人が多かったな。上海の軍事法廷に拘引された人もいました。もちろん軍司令官は微動だにしませんよ。安藤大将ですけどね。上海に拘引されたんですが、行く前に覚悟の薬を持っておって、法廷に立つ前に上海で自決しました。

——降伏から引き揚げまでのあいだ、先生は具体的には何をしておられたんですか。

後藤田　これまで通りの仕事です。方面軍経理部の将校ですから、軍を無事に引き揚げさせるというのが仕事でした。要するに台湾全島に展開しておった部隊を一ヵ所に集結し、その集結地からさらに本国内地へどうやってうまく引き揚げさせるかということです。それから、接収しにきた陳儀将軍の軍隊への引き継ぎ、そういうことが仕事になりました。

——鉄道とか、台湾総督府自体も接収されているわけでしょう。

後藤田　全体は降伏していますけれど、台湾総督府は日本人をどのように本国に戻すかというのが仕事になってきたんです。内地の日本人がたくさんいましたから。ただ、総督は軍司令官が兼務していましたからね、安藤大将が。

降伏しても同じです。軍は軍の引き揚げ、台湾総督府は島内に住んでおった人の引き揚げですね。これはなお難しいですよ。家財道具を持って帰るんですから。台湾総督府は大変な仕事だったと思いますね。台湾銀行もあったんだから、経営権をどうするかと、みんな貯金しておった人も多いですから、容易じゃなかったと思います。

——在外資産はみんな置いて帰ったんですね。一人いくらということで。

後藤田　置いて帰ったんです。ほかは知りませんけれど、われわれ軍隊は千円以上は持ち帰れません。しかし、千円といったら大変な金ですからね、当時は。

——日本に帰ってきてみたら千円は大した金ではない。そうでもなかったですか。

後藤田　いやいや、昭和二十一年の千円は相当なものですよ。だって、年俸が千三百円だから（笑）。

——先生自身もある段階で日本に帰れると思われましたか。

後藤田　台湾の中で労務に服させられることはないだろうと。しかしながら中国本土に連行されて、強制労働に服させられることがあるのかないのか、といった危惧の念は少しありましたね。戦時国際法では捕虜になるわけですから、強制労働はあり得ないな、という気はしたんですが、勝者と敗者の立場ですからイヤとは言えんわけですね。

――帰還の船の上でも部隊編成するんですか。

後藤田　するんですよ。僕は学生で徴兵を延期していましたから、普通の将校よりは歳が三つ四つ上なんだ。だから、いちばん軍隊で難しい准士官ばかりで編成した中隊の中隊長を臨時にやらされた。軍隊のいちばんの中心は、中隊の中の准士官なんですよね。下からたたき上げてきて、士官でもないし兵卒でもないという真ん中です。年齢は四十歳前後だな、僕よりみんな歳は上ですけれどね。ですから、僕は准士官中隊の中隊長で帰ってきたんですよ（笑）、問題もなく。

この国は本当に立ち直れるのだろうか

――昭和二十一年四月に和歌山にお着きになるんですが、その船の中や田辺港に上陸されての本土の印象はいかがですか。

後藤田　上陸したときに、虱《しらみ》がおりゃあせんかというんですよ。軍隊というと、みんな虱を持っているから。台湾は、ことに軍司令部勤務者は虱なんて持っとりゃせんです。ところがいきなり雲を衝くような大きな男、白人と黒人の両方にＤＤＴを体中ぶち込まれた。戦に負けたんだな、とさらなる思いがしましたね。
そして田辺港から列車で和歌山を通り、大阪を通り、神戸を通って、岡山を経由して宇野―高松で徳島まで帰った。そこで列車の窓から見る沿線の状況、ことに大阪駅で乗り換えたときの駅の中の状況、それから窓から見る都会の姿、まさに国破れて、ということだ。敗戦から半年以上たった四月になると、人心はまるっきりすさんで、見るも無残な国民の姿でした。いたるところ破壊されていますからね。もうそれは何というか、惨憺たる状況だというのが私の印象で、ほんとうにこの国は立ち直ることができるのかなと思いました。一体この国民はどういうことになるんだろう、と。

――故郷の徳島はいかがですか。

後藤田　徳島に帰っても、町に家がないんですから、焼けてしまって。大阪周辺もそうでしたけれどね、もちろん。浮浪者の集まりみたいなものですから。まずは食うものがない、それから着るものがない。僕たちは着るものと、とりあえずの食糧は持っていましたから、家に着くまではちゃんと飯も食えるし、水ぐらいはどこでもありますからいいですがね。いまの若い人にはとても想像もつかないと思うよ。人心が壊れてしまっているんだから。

――徳島には二ヵ月おられたわけですね。

後藤田　いまの記憶では、いったん内務省に来たように思いますね。

――徳島に一度帰られてからまた東京へ？

後藤田　私が生まれた家には兄の家族が東京から引き揚げて、小さな子供を抱えて生活していたし、兄はまだ戦地のビルマから帰っていませんでしたから、私は家内の家を宿にしたんです。ところが、家内の家は徳島市内で屋敷が全部焼けちゃって跡形がないわけです。それで徳島市の郊外の別荘にとりあえず落ち着いた。

そしてすぐ内務省に行ったと思うんです。はっきりした記憶はないんですけれど。人事課に行くと、昭和十三年組の羽生謙一郎という人がおった。人事課付きの事務官で。この人に、羽生さん、どうすりゃいいかい、と言ったら、兵隊で長い間ご苦労で疲れているだろうから、二ヵ月ぐらい郷里で休んでいなさい、そのうちに連絡します、というう話だった。それで帰って待っておった。

そのうち、内務省から電報が来ましてね、神奈川県経済部の課長を命ずる、即時赴任すべし、といったことが書かれていた。それで身の回りのものだけ持って、家内は郷里に置いたまま赴任したんだ。この時の汽車の中がまた惨憺たるものでね。まさに乞食列車だ。ともかくモラルなんていうものはひとつもあらせん。情けない思いをしながら横浜に着きました。

駅には、内務省の一年後輩で高等学校の仲間でもある川合武というのが迎えに来てくれた。これは新自由クラブから代議士になったことがあるね。横浜の磯子の人です。後藤田君、俺の家でしばらく県庁に通えや、ということで、川合君の家に転がり込んだ。一ヵ月ぐらいいたかな。そのあとは、紅葉ケ丘の官舎が空いたので、家族を呼び寄せて県庁に通ったということなんだ。

――当時の横浜はいかがでしたか。横須賀は米軍に接収されてますよね。

後藤田　横浜の街を見て、占領というのはこんなものかと思ったな、軍事占領というのは。ともかく横浜はいろんな人種が入り交じった米軍の陸軍部隊に占領されてしまっていた。町が焼けて兵舎がないから、カマボコ兵舎というのを持ち込んでるんだ。日本の軍隊から見たら極楽みたいないい施設だけれど、その周囲は金網で囲ってある。そこに米軍の陸軍部隊がおる。

町の中はといったら、兵隊がうじゃうじゃおる。歩いている日本人はだいたい肩をすぼめちゃって、見るも無残な格好だったな。ところが女は逞しかった。男は食えないけど、女は食えるわな。日本人というのは残念ながら、あきません。個人がしっかりしていない。鬼畜米英なんて言ってたのが、食うものがないとコロッと変わる。食べ物ひとつのためにいくらでも体を売るんだ。だから、人は困ると何をするかわからんね。人間不信になる。今では考えられないですよ。

――神奈川県では、どういうお仕事をなさったんですか。

後藤田　知事は内山岩太郎という人で、外務省の出身です。経済部長は田代保雄という人だったな。経済部の中は商政課と工業課とふたつに分かれていた。もともと商工課というのはひとつなんですよ。神奈川の場合、県が大きいですからふたつに分かれて、私はその商政課長をやった。主たる仕事は何かというと、要するに戦後の物資のない時期における、統制経済の物資配給なんですよ。配給を公正にやるというのが主な仕事だね。

配給業務はやっかいでした。横浜には昔から中華街がある。これはもはや戦勝国民なんですよ。それから川崎には朝鮮の人がおる。これは戦争中に労務者として日本に徴用みたいな形で連れてこられた人、それと、みずからの希望で来ている人と両方ですね。これがまた戦勝国民なんだよ。これが無茶を言うんだ、配給について。要するに特別配給しろと言うわけだ。僕は、赴任してきたばかりの、しかも長い間戦争に行ってた若い課長なものですから、次席以下が大変気を使ってくれた。いつ僕が怒りやしないかというんでね。特配陳情というのが毎日あるんですよ。

――何か物資を寄越せというような。

後藤田　そう、陳情なんてもんじゃない。「寄越せ」と言うんだよ。しかし、僕が絶対にウンと言わない。僕の前任の課長は大勢に踏み込まれて、乱暴狼藉をやられちゃったんだ、殴られた。そういった事件のあとを僕が引き継いだわけだよ。だから次席さんが心配して、だいぶ気を使ってくれたんだね。僕は怒りやせんけれど、向こうが何を言っても絶対ウンとは言わない。ほんとうに嫌な思いでしたね。

僕の次の代は事故を起こしちゃった。商工省から来た昭和十五年組のキャリアの人で優秀な人だったけれど。要するに、この人たちはまず乱暴、狼藉、脅迫をするんだよ。それにウンと言うわけにいかないでしょう。絶対量が足りないし、国の方針として特別配給の原資をとってるわけじゃないんですから。

その代わり日本人と差別はしないという基本方針ですからね。それを守り抜くということ。これはなかなかできない。しかしそれをやり抜かなきゃならない。

ところが相手は、揺すぶって揺すぶって、どうしてもこの男は言うこと聞かないとなると、今度は下手に出た、よくない手段を講じてくる。そこで間違いを起こすということですよ。本人はひっかからないんだけど、家族が陥落される。

闇取り締まりは矛盾していた

――先生はそれに対して特別の対策をとっておられたんですか。

後藤田　しない。だってどうせ、僕らの人生は昭和二十年でいったん終わったんですよ。それ以後はプレミアム付きなんです。同僚の三分の一は死んでるんですよ。その覚悟さえあったら、少々何をされたって、何しようと、何言ってるの、ということだよ。喧嘩しなきゃいいんだから。言うこと聞かなきゃいいんだから。それで向こうが手を出せば、日本の警察だって動いているし、アメリカ軍の憲兵だっておるんだから、なんていうことはない。

――配給の範囲は、食糧はもちろん別なんでしょう。

後藤田　食糧は食糧課がやる。これも経済部の中にありまして、下から上がってきた古参の人が担当していたね。私が扱ったのはだいたい衣料関係。それに薪炭が入るな。だから私は岩手県へ炭を貰いに行った。あの当時は県と県の境界が非常に高いんだ。神奈川県なんて、よそから第一次産業の産物を貰わないと生きていけない県だから、県と県との間で物々交換をするんだよ。

岩手県はよくやってくれたよ。ただ、それが貨車に乗ってきちんと来るかどうかが問題なんだな。そこまでは僕らは見届けないでしょう。県と県との約束で、「いつ、どこからどこまで、どれくらい送ります、あなたの方からは何を」とこうなるわけですから、それを確実にしてもらわないと。途中で紛失するおそれがあるんだ。県が悪いことしてるんじゃないんだけどね。僕が岩手に持っていったのは地下足袋だった。これは神奈川県内で製造したものです。神奈川県は、川崎一帯の工業地帯は壊滅はしてましたけれど、それでも物をつくる方は強いですね。これも全部統制物資ですから、県で買い上げるんです。

それから新潟には別の人が交渉に行ってくれたと思うけれど、米を送ってもらった。

——商政課長の時代にGHQとの関係などはございましたか。

後藤田　第八軍司令部とか、GHQとの関係は私どもの段階ではありません。ただ、僕は知事さんに可愛がられたんですよ。そして知事さんは横須賀の米海軍の司令部によく行くんですよ。あそこにはデッカーという海軍少将が司令官でいましたね。それで、知事がそこへ行くときは、知事の奥様が僕の官舎にお見えになるんだよ。紅葉ケ丘には知事公舎もあるからね。朝早く来て、後藤田さん、今日は主人が横須賀に行くから一緒に行ってください、と言うんだ。知事に頼りにされちゃってよく連れて行かれた。

――おいでになって何をなさるんですか。

後藤田　日本政府が談判をして救援物資がアメリカから入ってきた。しかし、港の機能が衰えて陸揚げができない。そうすると向こうの海軍は怒るわけだよな。そこらの折衝をした。これは商政課の所管ということではないんだよ。

――ただ知事の相談相手として一緒に行くんですか。通訳をされるわけではもちろんないんですね。

後藤田　知事の方が外交官だもん、おれの方が通訳してもらわなければならないよ(笑)。その時の知事の交渉を見て、ああ外交官というのはこれだなと思ったね。初めの五分、十分は絶対に英語を使わんな。通訳を入れてやった。そのうち英語でやるんだ。要するに今日の内容は何かというのがわかってから英語でやる。なかなかうまいことをやってござるなと思った。よう怒る知事さんだったけれど、いい人だよ、内山さん。僕は何をやったかといえば、いってみれば相談相手だな。しかし、おれは知りやせんがな。それはこうじゃないですか、と言うだけの話で。ああそうか、といってやっているわけだよ。

――その当時、いろいろな政治家にお会いになりましたか。

後藤田　僕が神奈川県の課長の時に、総理の吉田茂さんと運輸大臣の平塚常次郎《つねじろう》さん、それに農林大臣の和田博雄《ひろお》さん、この三人に内山知事が呼ばれたんですよ。僕もついて行った。和田さんは、後に社会党の書記長になった農林官僚出身の代議士ですよ。

その時の印象を申しますと、いちばん官僚的でいやだったのは和田博雄さん。これは役人の典型だな。役人というのは良くないね。僕らも役人のいちばん悪い方の典型だけれどな。わりあい円転滑脱だなと感じたのは経済界出身の平塚さん。やっぱり応答や物腰が出身によって全然違うんだな。それから、たいへん慇懃で丁重な人が吉田茂さんであった。礼儀がいちばん正しい。びっくりしたのは、吉田さんが迎賓館の入り口まで迎えに出られたんですよ。一県の知事をね。吉田さんは総理大臣ですよ。

――神奈川県の政治家はいかがですか。

後藤田　政治家というのはあまり役に立たんから、代議士なんていうのは。当時は文字通りの官僚国家です。官僚が動かなければ全然動かない。

――神奈川県の当時の職員の働きぶりというか、仕事ぶりというのはいかがでしたか。

後藤田　労働組合運動は多かったですよ。だけれど役所の勤務そのものは、秩序はほとんど保たれておったと思います。きちんと勤務時間に来て、きちんと仕事をして、退庁して行く。仕事もどんどんやるということで。そのあと、だんだん組合運動で崩れて来るんですが、私が勤めておった時期は、官吏としての心構えが色濃く残っていたと思います。一般の人たちと役人との差は歴然としていたですね。境遇も恵まれておったんじゃないですかね。

住むところは官舎があるし。もちろん戦災者はいましたけれど、ずっと役人天国できたわけだから、それだけ恵まれた立場にあったことは事実でしょう。ただ月給が足りないんだよ。それで困っちゃった。インフレだ、極端なインフレ。

――インフレで配給だけというとなかなか大変ですね。

後藤田　だから裁判官で死んだ人がおるわな。みんな闇の取り締まりをやりながら、自分は闇をやっている。これはまあ緊急避難だよな。配給制度というのは、政府が最低限のものは保障するという前提の上になり立つ。ところが遅配、欠配が日常でしょう。政府が責任を果たしておらん。そうしておいて闇をやっているやつを取り締まるんだから、これくらい矛盾した話はない。

公職追放令のときも人の醜さを痛感

――取り締まりは先生の管轄では全くないわけですね。

後藤田　ない。警察がやった。その後、その取り締まる立場になったんだ。これくらい矛盾していることはありゃせん。

――市ケ谷の法廷に傍聴に行かれたことがあるということですが。

後藤田　神奈川県の商政課長から内務省地方局に戻った頃だったと思いますけれどね。私の友人の久米という大尉が僕の所にふらっとやってきたんですよ。そして、「おい、きょう極東軍事裁判の傍聴に行くんだけれど一緒に行かんか」と言うから、そうか、ということで行ったんです。朝からずっと傍聴していましたけれど、これは嫌な思いをしたよ。

被告席に座っている人が国の指導者ばかりですからね。きちんとして、微動だにしていませんけれどね。ただ、私が行った日はソ連側の証人喚問の日でした。抑留させられておった旧日本軍の参謀を軍事法廷に証人として出したわけだよ。ソ連側とすれば、日ソ中立条約を破って八月八日に参戦してきたんですね。これは条約違反ですよ。しかしソ連側は、証人に条約違反ではないと言わせているんだ。要するに、日本はソ連を敵国として準備しておった、ということを証明させようとする。それで法廷に関東軍の参謀を連れてきた。

検事側の証人ですから、聞かれないことに答えるわけにはいかないな。聞かれたことだけに答える。日本の国会答弁と同じだよ。言いたいことが百もあっても、聞いてくれないとどうにもならない。そのときの応答を見ておって、嫌なもんでした。まだご健在ですから、名前は言えませんけれどね。嘘を言っているわけじゃないんだ。事実その通りなんだけれど、聞いている方は、日本人の立場ですからいい気持ちはしない。

法廷の被告席の顔を見たら、その中の一人で、僕が内務省に入ったときに企画院の総裁で陸軍中将の鈴木貞一《ていいち》という人がいた。千葉県で百歳まで長生きしておられた。

もう亡くなりましたけどね。役人のとき、あの人には何という度量の狭い人だなという印象を持ちました。その鈴木さんがA級戦犯の法廷に座っていて、顔を見ておると、悔しくて歯ぎしりしておった。やっぱり軍人だからね。何を証言したかというと、関東軍の特別演習のことなんだ。これは文字通りソ連対象の関東軍を挙げての大演習だけれど、実戦さながらの演習をやったわけでしょう。証言を聞いておって、ソ連に媚びを売って嘘をついているとは思わないんだけれど、そんなこと言わなくてもいいじゃないか、と思ったね。気の毒だったよ。

——昭和二十一年に内務省にお帰りになりますね。それで地方局に異動されるわけですが、当時内務省はＧＨＱによる解体の動きが進んでいる頃で、具体的にどういう仕事をなさったんですか。

後藤田　私は神奈川県で数ヵ月しか勤務しとらんです。しかも、その途中で内山知事に呼ばれたことがある。「大蔵省に行ってくれと内務省から言ってきているけれどどうするか」と言うんだね。僕は、大蔵省と何の関係があるんですか、と聞いた。そうしたら主計局の主査は各省から行くんだそうですよ。全ての省ではありませんけれどね。それで内務省からは私が行くように、ということらしいんだ。だから言いましたよ。「知事さん、僕はここに来てから間もないんですよ。おまけに大蔵省なんて僕は嫌です」と。そうしたら、「そうだな、よその省だから断るか」といって断ってくれた。

そして、「こんどは内務省の地方局から君をどうしても返せと言って来るんだ、どうするか」と言う。しかし、「僕はまだ数ヵ月にしかならないから嫌だ」と言った。そうしたら知事が言うんだ。「後藤田君な、この前はよその省がくれと言ったからおれは知事として断れたよ。だけれど、本省へ来いというのは栄転だ。断るのはどうかね」と。僕は、「知事さんはどうするかいとおっしゃるから断っていいんだと思った」と言った。すると知事は、「自分は断れない」というんだ。それで内務省に行ったんですよ。

——地方局でのお仕事はどういうものだったんですか。

後藤田　局長が郡祐一さん、これは昭和三年か四年組だな。その人から、こんど内務省に職員課ができておる、ここで地方公務員法を制定しなければいかんからその仕事をやってくれませんか、といわれました。職員課の課長が小林與三次さんです。行政課長が鈴木俊一さん。私は小林與三次さんの下の筆頭事務官でした。小林さんに、局長にこんなことを言われましたといったら、そうだ君、勉強してくれよ、なんていう話で、地方公務員法の制定のための立案作業が私の仕事になったんです。

もうひとつは労働組合との折衝です。本省はもちろん、県庁や市町村のね。わけのわからんのがガーガー騒いでいるわけだからね。赤旗立てて毎日のように来るんだ。待遇が悪いといって。本省に。

いちばん来るのは、東京の都職労だ。近いから。後に参議院議員になった占部秀男（当時都職員労組委員長）なんていうのは、大きな体で旗を立てて来る。そしてこちらの返答を書くんだよ、手帳を出して。それを証拠に使うから僕はいつも言った。「書くんだったら答弁しない。覚えておけ。書くなら書いたのをおれに見せろ」と。こういう組合との折衝、これが僕の二番目の仕事です。

もうひとつは、公職追放令を作る仕事だよ。これは当時の内務省地方局の担当だった。これで局長が厳しい立場に立たされるんだ。みんな自分だけは解除してくれと頼みに来るから。戦争に負けたときの右往左往と同じだ。見るも無残だな。偉い人がな、陳情に来るんだ。いかにも戦争には協力しとらんように言ってくる。協力しとらんやつはいちばん悪いに決まってるんだから（笑）。それで、なんと情けない野郎だなと、これはまたそういう印象だったな。いかに情けないか。それで人のことを悪く言うのよ。俺じゃないこっちだよ、と。そのうち、この仕事は内務省がやるべきではないと断った。内閣に移しちゃったんだ。

――担当の事務方はどうなったんですか。

後藤田　誰かが内閣に移らないといけない。僕と同期に岡田典一というのがいた。これは東大の医学部出身で高等文官試験を通って内務省のキャリアとして入った珍しい経歴の人だった。麻布に住んでいましたけれどね。見習いの時は警保局に配属されていた。僕とは仲良かったんだけれど、僕が、「岡典、おまえ行け、おれ嫌だよ」と言ったんだ。うっかりしたらこっちが行かなきゃいけないから。岡典は人がいいから、「おお」と言って移ったんだ。それで僕は行かなくてすんだ。

それから内閣に、公職適否審査委員会ができたんだ。

――そのあと、フーバー・ミッションが来ましたね。

後藤田　そうそう。それで、GHQで各省の人事担当者との会議、というより教育が始まった。内務省からは小林課長と僕の二人が選ばれた。さきほどの岡典も来ておった。岡典は英語とロシア語とドイツ語ができるんですよ。語学の天才なんです。夏休みに、ちょっとロシア語を勉強するなんていってたら、ほんとうにロシア語ができるようになった。筋がいいんだ。

いよいよ最初の会合の時に司令部に行ったら、フーバーと浅井清さんの二人が正面に座っていた。それでいきなり挨拶が始まるんですよ。フーバーさんが英語でやるのは当たり前だな。その通訳がないんですよ。そうしたら浅井清さんが英語でやりだした。

「オール・ジェントルメン」から始まっちゃったんだ。聞いとるうちに嫌になっちゃってね。この野郎と思った。聞いてるのは日本人ばかりだもん。どっちに聞かしてるんだ、というんだ。フーバーに聞かしてるんだろうな、きっと。

法案づくりは二度とやるまいと思った

——どれくらい続いたんですか。

後藤田　すぐやめました。場所は第一生命ビルのGHQの中だから、お堀端を通って内務省に帰ってくる。小林さんが僕に、「後藤田君、つまらないな」と言うんだよ。「つまらんですよ、こんなもの、英語で教育を受けたってわたしは座ってるだけでわからん」と言った。それで二回目から小林さんと僕と二人は行かない。

それでも、怒られなかったな。内務大臣が怒る以外、僕らを怒るやつはおらへん。フーバーなんて関係ないもんな。

——公務員法の方はいかがでしたか。

後藤田　法律づくりに関しては、僕に能力がないんだよ。どうしてかというと、内務省に入って間もなく戦に行っているから、役人としての基礎ができていない。起案の仕方ひとつ知らんのだ。なにせ高等文官試験を受けるまでの東大法学部の教育しかないんだ。あれはろくに役に立たんからな。それでも書類は来るわけだよ、回って来るんだよ。しょうがないから起案をする。そして、行政課と合議しなければならない。その事務官の筆頭が金丸三郎さんと藤井貞夫さん。藤井さんというのは立派な人でした。早く死にましたけれどね。

それで、金丸さんのところへ持っていったら、金丸さんはじっと見ながら直し始めるんだ。僕が書いたのは一行も残らない。しかし、僕が主任だよ、君。主任の判を僕が捺してあるのに、一言二言直すならまだしも全部消すんだ。合議なんだから、この部分はわが課としては困るんだといってそこだけを直すならわかるけど。

――形式が整っていない、ということですか。

後藤田　知らんがな。わけわからん。読んでみたら、やっぱりその方がええな。僕は癪にさわるから、そのまま課長のところに持って行くんだ。そうしたら小林さんが見ながら、これは誰が直したかや、って言うんだ。金丸事務官に持っていったら僕のやつは一字も残っていませんがな、と言った。そうしたら、そうかや、と言って金丸さんの直したやつを全部消して一字も残さない。小林さんが鉛筆をひねりながら全部書くんだ。

それで三つを見比べてみる。そうすると小林さんのがいちばん出来がいい。それから、こんなものはばかばかしい、一切おれはやらんと決めた。僕に勤まりそうなのは、常識さえあればできる警察ですよ。警察は常識人じゃなきゃいかんですよ。秀才のいらない役所でね、秀才はかえって邪魔になる。それから性格が偏っているやつは邪魔になる。偏執狂みたいなやつが一番いけない。それで僕は、警察へ出してくれと言った。局長は林敬三さんに替わっていた。この人には、私は逆に可愛がられちゃってね。「君、地方局におってくれよ」と言うんだ。それで、「僕はこういう重箱の隅をつつくような仕事はあかん、出してください」と頼んだ。「どうしても駄目か」「出してください」というやりとりで、局長もその気になってくれた。

——内務省時代には、職員組合の委員長もなさいました。当時の様子はいかがでしたか。

後藤田　僕が何かの用件で地方に出張を命じられた。県庁に用事があったんだ。そして、帰ってきてみたら、労働組合の委員長になっていた。欠席選挙をやられちゃったんだ。当時の情勢では、組合はブルーカラーもホワイトカラーも一緒になって労働組合をつくるのがはやっていたんだ。そのとき、高橋幹夫という人が大将だったんですよ。これは会計課の首席事務官です。後になって私のあとの警察庁長官になった人です。ところが、会計課の職員は、本来の組合活動からすると理事者側になるんですね。

役員でなくても、会計課の職員は組合員になれないんですよ。人事課の職員もね。そういうことがあって、高橋君自身は組合の役員になってはいけないということになった。そうすると、誰かやらなきゃならん。集まって相談したんでしょうね。僕には何の相談もなしに、出張中に委員長にされちゃった。

——内務省に労働組合とは、ちょっと異質な感じがしますけど。

後藤田　内務省は官僚の総本山みたいで、保守的な考えの人が圧倒的に多いんですけれど、土木関係の仕事がありますからね。全国に土木事務所があって、その中にはわりあい急進的な考えの人がどうしても出て来るんだ。地方の土木工事の連中と一緒にやるもんだから。それと、これは私の推測ですが、事務系の職員と技術系の職員とでは圧倒的に技術の待遇が低かった。

前にも触れたけど、五年から十年のキャリアの違いがある。技術は進級が遅いんです。兼務で東大工学部教授なんていう偉い人がいるんですよ。それでも土木の待遇レベルは低い。そういう不満が長年にわたって鬱積してたんですよ。私はもともとの振り出しが土木局ですからその点はわかってるんです。当時の職員組合の中で、一方のリーダーになっていたのが兼岩伝一君ですよ。彼は、その後共産党の参議院議員になって国会で活動していましたけど、これが専任の組合員です。毎回、文句ばかり言ってね、厄介な組合でした。

そのかわり、これに反発する組合員が土木局にいた。主として事務系ですよ。われわれのような資格者ではなく、純粋に下から上がってきた人たちで、しかも、相当な幹部になっている人ですよね。これらは兼岩君以下の技術系の動きに対して非常に反発していましたね。

――内務省には警保局もあるわけですが、こちらはどういう動きだったんですか。

後藤田　これは非常に保守的で厳しかった。要するに革命勢力と対抗するんだという空気がありましたね。それ以外は、たとえば地方局は時代の流れに柔軟に対応する人が多かった。地方自治を守らなければならない、という考え方の人が多いわけですが、かといって、土木局のように急進的ではなかったな。中庸な考え方の人が地方局には多かったですね。

――組合全体の人数は多かったんですか。

後藤田　人数はなにしろ多かった。何千人もいたんじゃないかな。要求を持って行った相手は、だいたい人事課長です。官房長はいないから人事課長と次官です。当時の人事課長は、のちに警察庁長官になった石井栄三さんで、そのあとが鈴木俊一さん。僕が要求書を持って行くんだ。そのとき、よく言ったものだ。「ここからここまでは労働組合の委員長の要求ですよ、これは必ずやってください。でも、ここからあとは無理だからやらなくてもよろしい」と。もう決めちゃうんだ。うるさい訳のわからん要求がいっぱいあったんだよ。つまらん話がね。その頃は、休むことばかり考えてるんだ（笑）。

そういうことが要求書に書いてある。だから、僕が取捨選択して、これとこれはやってくれなきゃ困ります、とやったんだ。そうしたら、わかった、と言ってやってくれた。警視庁に転出して、組合の委員長は辞めましたけどね。

――警察へは簡単に移れたんですか。

後藤田　その時の警視総監が門叶《とが》宗雄さんですよ。この人は後に追放を受けた。追放解除後は防衛庁に行って防衛次官になった。それから秀才じゃないんだけれど、実力派の岡崎英城《えいじょう》という人がいた。あとで代議士をずっとやっていたね。それから丹羽喬四郎さん、この二人が僕の高等学校の先輩です。丹羽さんは息子（雄哉）さんが宮沢内閣で厚生大臣をやってましたね。この人に相談したんだ。そうしたら、そうだな、君は警察の方がええな、地方局というのはつまらん役所だよ、と言うんだ。そういうことで、このお二人が門叶さんに談判した。それで僕は警察に行ったんだ。一日も警察をやったことのない者が、いきなり課長になっちゃった。

——海原さんも警察におられましたね。

後藤田　そうなんだ。僕が警察に行く気になったのは、海原との関係もある。僕と同期で郷里も一緒なんです。彼が警視庁で、保安部の中で編成替えをして、仕事が多くなってどうにもならん、と言う。いま何をやっているんだ、と聞いたら、生活課長だという。これは統制物資の違反の取り締まりですよ。食糧から何からあらゆる物資の。これがどうにも仕事が多くなって、進駐軍がけつを叩いてかなわんという。彼は英語がうまいもんだから、しょっちゅう進駐軍に呼びつけられてやられるもんだから、人が足りなくなって課を分けたんですよ。生活課をふたつに分けて、経済一課、経済二課にした。一課が食糧、二課が食糧以外全部の統制物資ということで。そして、おれのところに手伝いに来んか、と海原が言うんだ。僕も、もう内務省地方局なんておれは落第坊主であかんわ、と言った。警察に移ろうと思ったのは、こういう経緯もあったんだ。

——その時はもう追放が始まって、特高追放も終わってましたね。

後藤田 追放はもう全員だよ。特高警察の経験者は全部おりません。だから、その当時はすでにもともと地方局とか土木局とか、あるいは神社局とか、そういうところにおった人が主流になっていた。警視総監の門叶宗雄さんは警察ですけれど、戦争中は経済警察だったんだ。だから追放を受けていない。ところが丹羽さんや岡崎さんは、警察の主流を歩いておった人ですから追放を受けておった。僕が警視庁へ行ってしばらく経ってから、門叶宗雄さんはお辞めになって、そのあと来たのが斎藤昇さんだな。これは地方局の人です。だから、戦後の警察というのは、地方局系統が主流になった。

僕だってもともとは地方局ですからね。僕は両刀使いなんですよ。本家が二つある。今でも会合があると両方から呼ばれる。しかし軋轢《あつれき》はあったね。その結果起きたのが警視庁の中の大騒動なんだ。そのときの一方が僕だった。僕が警務課長ですから。警務課長というのは警視庁の中心課長ですからね。僕はどちらかというと、旧警保局の岡崎、丹羽の系列だというので、当時の警察、この時すでに国家警察本部になっていたんだけれど、睨まれちゃった。

それで国会による調査があってね。ところが、いい加減な調査で、間違った報告をしとったよ。その結果大きな騒ぎになって、検察庁まで乗り込んできた。追放令違反だというんだ、岡崎さんと丹羽さんが。僕を通じて、警察の人事を、追放を受けた人間が左右したというんだ。それで、二人が警視庁の建物に入ったと言うんだ。

あの追放令というのはむちゃくちゃで、追放を受けた最後の役所の建物に入ったら懲役に行かなきゃならない、十年以下の懲役だよ。占領法規だからむちゃくちゃだ。それで警視庁に入っただろうと言うんだ。入らないよと。あの人たちは後輩に迷惑をかけるようなことは絶対にしない。話をするなら外でやるがな。

——警察人事に影響力を及ぼしたということはあるんですか。

後藤田　借家住まいの丹羽さんのところで正月の会合があった。その時に、僕は酒を飲まないものだから先に出たんです。その後で人事の話が酒の合い間に出たのかも知れないが、僕がおったときは何もなかった。出ても僕はそんな配慮はできないわ、性格的に。嘴《くちばし》を入れられたら逆になるぐらいだからね。人事の話なんか全くない、要するに争いですよ。

それで国会の委員会から調査に来た人が僕の中学の先輩で、ひとつも調査の話をしないんだよ。徳島の話ばかりやっていた。そうしたら警視総監以下が心配してな、後藤田君、警察の悪口を言うとらへんか、と。その時の警視総監が田中栄一さんですから。これは経済警察で、特高の反対だよ。調べが終わったらすぐに警務部長の大園清二さんが心配してね、後藤田君、何を聞かれた何を聞かれた、という。何も聞かれないですよ、と言った。何もないって、小一時間も？　というから、時間はありましたけれど何もない、何かあるんですか、と逆に言ったら、いやいや、という話だったよ。

第三章　警察の組織・人事の刷新に全力を注ぐ

――内務省解体、そして警察予備隊創設

占領軍の圧力に抵抗の術なく

――先生が警視庁に移られて間もなく内務省自体が解体されるわけですね。その解体にあたって、内務省はどういうふうに組織を温存しようとしたんでしょうか。

後藤田　いきなり内務省をバラバラにというわけにはいきませんから、内事局というものを作ったわけですね。内事局といえばトップは局長というのが普通だけれど、内事局長官といいましたな。地方局長をやっておられた林敬三さんが内事局長官になったんです。そこで後始末をやりました。その当時は、後始末をしながら内務省を維持しようという考え方があったんじゃないかと推測します。しかし占領軍、進駐軍の方は、徹底的に弱体化政策をとっていたわけですからね。戦争遂行の中心で国全体を引っ張っていたのは陸軍だと。海軍もいるけれども。まずこれを潰せ、ということですよね。それから、背後で国の戦時体制を実質的に支えたのが内務省だ。特に警察権を一手に握って実力で支えたのは内務省である。だからこれは徹底的に解体するということです。ですから、こちらが役所としての体制を残したいと思っておっても、占領軍が許すはずのものではなかったと私は思いますね。

結局はバラバラにせざるを得なくなったんだ。ご案内のように、警察は全部が地方自治体警察になったんですからね。五人か十人の独立の警察がどんどんできたわけです。「帯に短し襷《たすき》に長し」ですね。何か事件があったら人が足りない。普段は仕事がない。無駄な警察だった。それから地方は全部公選知事です。市町村は残すけれど、首長は全部選挙。そうすると、内務省の地方局も警保局もいりません。地方局はどうしたかというと、徹底的に追いつめられて総理府のひとつの課になった。内事課とか言ったんでしょうか。内務省解体後は、内事局は長官を長にした相当な組織であったんだけれど、だんだん追い込まれていって、最後は内閣の中のひとつの課にされたんですね。

ところがそのうち、米ソが国際社会の中で覇権を争い始めるようになって、占領軍自身の政策がだんだん緩やかになってきたんです。あまりにも弱体化が行き過ぎてしまった結果、下手をすると日本はソ連圏に入る、要するに日本に共産革命が起きる恐れが出てきたということではないでしょうか。マッカーサー司令部の二・一スト中止令が出る頃から、占領政策の行き過ぎ是正という空気と、いやそうじゃないという空気の二つが出てきたと思うんだ。

——先生ご自身も、やはりこのまま放っておいたら共産革命が起こるとお考えでしたか。

後藤田　よくぞ共産革命が起きなかったと思いますね。起きてちっとも不思議ではない。何回もそういう機会、そういう恐れはあったんじゃないですかな。なぜ起こらなかったかというと、日本をソ連側に追いやるわけにはいかんという国際政治の力学が働いて、アメリカが革命を防止したと思います。最初は革命をやらせようと思って、刑務所の中から徳球（徳田球一）以下を引っ張り出して来たんですからね。

昭和三十年代の岸（信介）内閣の当時も、革命が起きても不思議ではないと思った。安保闘争ですね。あの時の安保闘争は過激派の跳ね上がりじゃないんですから。日本の左翼勢力がほとんど一緒になってやったんです。なぜ革命が起きなかったのか振り返ってみると、日本の国の生活の向上安定ですね。それは岸内閣に続く池田（勇人《はやと》）内閣の「寛容と忍耐」、そして所得倍増計画です。これが成功を収めたということでしょう。そしてだんだん、中間層意識が国民の中に生まれてきた。だからこの生活をこわしたくない。言わず語らずの意識の変革ですね。これが昭和三十年代から四十年代にかけて革命が起きなかった理由だと思います。

そのかわり何が起きたかというと、町人国家になっちゃったんだな。極端なことを言えば、日本さえよければいいわいと、こういうことですな。個人主義はミーイズムになった。国までそうなっちゃったんだよ。だけど、どちらが幸福かわからんよ。僕は今の方が幸福だと言ってるんですよ。だけれども、言う人に言わせれば、結局は国としてのアイデンティティとか、ほんとうの意味での強力な独立心とか、そういうものがなくなったと言われるかもしれない。

――そういうものは日本人からなくなったと思いますか。

後藤田　大丈夫だよ、外圧がかかってごらんよ、一発だよ。

――警視庁の警務課長時代は警察人事の刷新にかなり力を入れられたということですが。

後藤田　終戦後しばらくのあいだは、国民全部が、家もなければ着るものもないし、食うものすらなくなった窮乏のどん底に陥ったんですね。そうした中で、警察官もやはり人間なんです。食うものがなければ生きていけない。そうした中で、どうしても警察官の規律が弛《ゆる》んできた。やはり闇をやらなければ食えないということですね。したがって規律が弛んでしまう。そういうことがひとつです。

もうひとつは、戦争の末期に警察官の採用が難しくなった。みんな兵隊に行っちゃったから。といって、絶えざる空襲があるわけですから、治安維持の仕事もだんだん負担が過重になってくる。そこでやむを得ないということで、警察官の緊急増員の採用をやっているんです。そのとき採用した中には、言うと悪いんだけれど、まともなのは少なくなっていたんです。それを採用するんですから、玉石混淆というけれど、石の方が多かったな。それが、権力の座についているんだ。ともかく手に負えんのだ。だから、私の時は諭旨免職が月に三十人ぐらいいた。懲戒免職もいる。年間にしたら三百六十人だ。たいへんな処分になるでしょう。

――整理するときは抵抗も強かったんではないですか。

後藤田　理由はそうであっても、人事というのは、そういうことを表に出してやるわけにはいかんですよね。おまえは役に立たん、とかはね。だから、人事の若返り刷新をやる、という表向きの理由をつくってやろうとしたんです。ところが、人事に関しては進駐軍の総司令部にあるPSD（パブリック・セイフティ・ディヴィジョン）に報告しなきゃならん。私が行って説明するんですから。ウィリアムという大佐ですよ。これがPSDの大将だ。その下に、ロサンゼルス警察出身のスタッフがいました。そこへ私は人事案件を持っていって説明するんですが、そこへ駆け込むやつがおるんだよ。日本人は多いよ。日本人はよくない。そういうところへ行ったらよくわかる。

人員整理で警視庁大混乱

――人事をめぐってゴタゴタもあったんですか。

後藤田　実はその時に失敗したんですよ。私の上司は警務部長です。私は警務課長ですから。大園清二さんという鹿児島県出身の方でしたな。この部長が、不良警官を辞めさせるんだ、とやっちゃったんですよ、新聞記者と座談をやっているときにね。新聞記者というのは今でも意地が悪いのは、人の言葉尻をつかまえてやるがな。新聞に「警視庁、不良警官一掃」という見出しで出ちゃったわけだよ。

その不良警官一掃というのは、私がやろうとしていた署長人事とは違うのよ。私がやろうとしたのは、警察署長を含めて百人近い警察官のうちの二十五人ぐらいに辞めてもらうという計画ですから。不良警官一掃とは別のことなんです。人事を停滞させてはいかんから、長く戦争末期から勤めてきてほんとうに苦労をかけた人に、ご苦労さんでした、といって辞めてもらわなければいかんわけですよ。もちろん成績は関係しますよ。それは当然だけれど、おまえ成績悪いから辞めろ、なんて言ったら辞めるわけないですよね。ともかく長い間ご苦労だった、しかしこの際、後進に道を譲ってくれ、ということですよ。

——どうして警務部長は新聞記者に不良警察官を一掃するなんて話したんでしょうかね。

後藤田　警務部長に対して、警察官の規律が悪いですから、これはビシッとやらないといけませんよ、という話はしますね。なにしろ緊急増員のときの警察官は、お巡りさんにお巡りさんが必要になるようなのがいましたから。しかし、そういう警察官の一掃はわれわれがやることではない。警察署長がどんどんやればいいことですからね。それと混同したんだね、部長が。

——誤解があったわけですね。それじゃ、幹部警察官に勇退を求めるときは大変だったんではないですか。

後藤田　勇退を求めるのはだいたい警務部長が呼ぶんです。警視総監は直接はやりません。ナンバー2の人がやるわけですね。そうしたら、警務部長が、俺はやらん、と言うんですよ。後藤田君やってくれ、と。警視庁の中では、秦野《はたの》章君なんかが心配して勇退人事に嚙みついていたわけだ。不良警官一掃とは何事だ、ということだな。それはもっともだ。

しかし僕は、警視総監の命令で、警視庁の中をきちんとしようと言うんだから勇退人事をやったね。秦野君が何を言おうとやらなければならないんだから。いざとなりゃ、誰にも抵抗は許されませんからね。自治体警察ですから、出来ますよ。しかし警視庁の中は大混乱したわけです。

それでPSDなんかに訴える者までいるわけよ。秦野君がそんなことをするわけないですよ。辞める者の中でおかしな動きをする者が若干いたわけだから。そうするとPSDは、この人事は間違いないのか、心配ないのか、と言ってきたわけだ。それで警視総監がGHQに呼ばれた。警視総監は田中栄一さんです、後に衆議院に出られましたね。そのときは、人事は自分に任せてもらいたい、と言った。それで予定通りやったんだ。

署長で文句を言ってきたのがおるよ。でも、駄目だ、といった。僕も若かったからね。戦から帰って間もないし、強引なところもあったかも知れん。

――それは行政整理の面もあるわけですか。

後藤田　定数を減らすという意味での行政整理ではありません。要するに、ともかく緊急増員した者で成績の上がらないのを整理するということだ。問題になった署長異動はそうではなくて新旧交替の大幅な定期異動です。

――戦争が終われば、軍隊に行っていた人とか、若い者とか新しいのが来ますからね。

後藤田　そう。もう復員が始まりますから、だんだんいいのが入るようになってくる。ただ、昭和二十五年にできた警察予備隊、あれにいいのを取られた。旧軍人さんがね。質は良かったですよ。

――やはり敗戦後しばらくのあいだ、警察の規律はそうとう危なかったんですか。

後藤田　危なかった。ただ、共産党とは戦前から戦い続けてきておったですよ、日本の警察は。だから警察官は、あれだけ世の中全体が左に傾いたときでさえ、一部でもそっちの方に傾いてゆくという感じはなかったですね。あいつらに天下を取られてたまるか、という意識は上から下まで強かったんじゃないですかな。

こんなこと言っては叱られるかもしれんが、昭和三十年代までの日本を見ると、「自主、自治、自由、独立」と、こういう用語で表現される国の機関というか、これがいちばんあかん。それは乱れてしまってどうにもならない。「大学の自治」、これはあかん。教授がコントロールできない。東大騒動がまさにそうだった。それから「地方自治」、これは勝手なことをやっていた。それから「言論の自由」、これがまたあかん。だいたい戦後、昭和二十年代は、いま言ったような用語で象徴される社会集団にあまりいいものはなかったな。それから「裁判の独立」だな。これが青法協（青年法律家協会）にとことんやられた。ところが、最近の十年間ぐらいは、逆に右の方に行きすぎたね。

――自治体警察制度になってから、警視庁も東京都の自治体警察になるわけですね。大きな市が自治体警察を持って、小さい町村は国家地方警察になるわけですか。

後藤田　あれは人口で切ったと思うんだ。人口何人以上の地方団体では、ということになっちゃうんだ。東京は二十三区がひとつで、郡部の方は別です。それは、国家地方警察だ。ともかく自治体警察が全国で千五百から千六百できたんですかな。それ以外の小さな町村はひとつの警察を持てませんから、それらをひっくるめて、各都道府県に国家地方警察というものを置いたんです。国家地方警察本部が東京にできて、その下に管区ができた。管区の下に都道府県地方警察本部ができた。その責任者は警察隊長といったんですね。

ですから、東京の場合は、警視庁と東京都警察本部ができたわけです。二つは協力はしましたけれどね、しかし、予算は別です。国家地方警察は国費、自治体警察はそれぞれの都道府県のお金でやるということですね。ただし、教育とか一定のものについては国が自治体警察のもやるということです。だから拳銃とかの装備は、国家地方警察が貸与するという形でしたな。

――相互の関係はどうでしたか。

後藤田　仲は悪かったですけれどね。幹部の人材は圧倒的に地方警察本部の方にいるんですよ。われわれのような経歴の人間は自治体に行かんですね。僕らは警視庁だから行っているだけで、大阪に来てくれというんだったら、そんなところに行くかということで、行かんですね。だから、みんな国家地方警察に残ったんです。警視庁は別で、それは歴史の関係でしょう。

警視庁は国家警察そのものだった

――人事交流はないわけですか。

後藤田　人事交流はあります。もらいに来る。だから神奈川県の地方警察と横浜市警との間に交流はあった。横浜市警察は、もとの内務省系統のキャリアの人が本部長に迎えられて行ったんですね。ただ、なんせどうにもならんですよ。僕が警務課長をやっていた警視庁の職員は三万四千百八十人だよ。そんな大警察と十人ぐらいの警察があって、それが対等だというんだから。警視総監と同じ服装をしようとする自治体警察の署長もあったんだ。いままで巡査部長でやっておったのが、警視総監の肩章をつけて出て来ようとするんですからね。僕が警視庁の警務課長のとき北海道のある町長さんから相談を受けたことがありましたよ。

――警視庁警務課長の次は国警東京警察管区本部刑事部長ですね。具体的に仕事はどういうことになるんですか。

後藤田　あまりないな。田舎しか管轄しとらんから。だけれども弱小なところがいっぱいあるから、それの支援だな。だから、非能率的よ。こんなものは続くわけない。

――警視庁時代は国家公務員だったんですか。

後藤田　警視庁は自治体警察だったので国の役人じゃなかった。それで警視庁を卒業したといっても行くところがないんだ。僕ぐらいの年齢で自治体警察の大将になれるといったら、田舎の変なところですよね。だから行かないんですよ。結局、国家警察本部に帰る。今度は国家公務員になるんですね。役所は同じあの建物の中ですから。警視庁の中の五階だったかな、階が違うだけです。一階上にあがっただけ。警視庁というのは特別なんですよ。自治体警察であっても国家警察と同じなんだ。歴史が違うから。大阪府だったら駄目ですよ。

——大阪も警視庁と言っていましたね。

後藤田　鈴木という、昭和二年組の人かな、もちろん内務省の大先輩ですよ、ちょっと変わっていて、大阪に警視庁を作る、それでおれが大将になる、と言って、やったんです。だから大阪の警察は問題が起きやすい。歴史のないところで、そんな猿真似をしても絶対によくならんな。

警視庁は西南戦争の前からですからね。警視庁の第二代目の警視総監というのは、いまでも写真がかかっていますけれど、第一代が川路利良《かわじとしよし》ですね、二代目が大山巌《いわお》だもん、日露戦争の満州総司令官の元帥の。あれが少将の時だね。それから樺山資紀《かばやますけのり》という後の海軍大将。ほとんど薩摩の人ばかりだ（笑）。

——自治体警察の制度ができたのと同時に、公安委員会制度もできましたね。当時の国警本部の中で、公安委員会という制度はどのように受け止められていたんでしょうか。

後藤田　アメリカの真似だね。公安委員会は、本来は警察を政治から中立にしておくという制度なんです。それに、いろいろな意見を取り入れて、警察の行政が官僚独善にならないように、何と言っても民間の常識的な市民感覚とでも言いますか、それを警察運営の中に反映させなければならないということですね。といって、素人に運営されちゃかなわない。そこで、どういう形にしたかというと、管理はやるんです。しかし、具体的な事件についての権限はないと。ここは考えてあるわけね。個々の事件に対する指揮監督はいっさいない。管理運営に限ったんです。

――政治からの独立という点では、政界からの抵抗はなかったんですか。

後藤田 トップ人事についてはもめましたよ。たとえば、斎藤昇さんの更迭問題がそうです。総理大臣の吉田茂さんが、国警本部長官の斎藤さんを交替させよということで公安委員会と衝突したことがあります。

もうひとつあった。よせばいいのに、内閣が（国家公安委員会の）政務次官を任命したんです。大谷瑩潤《えいじゅん》さんという人で、真宗大谷派の僧侶でお寺さんの大将だ。参議院議員なんだ。この人を政務次官に任命して、部屋を作れ、と言ってきた。昭和二十九年の警察制度の大改革後のことで、僕が会計課長の時でないかな。だから五階に立派な部屋を作って、大きな机を置いた。そこへ大谷さんが来た。まことに常識的ないい坊さんだった。ところが、組織としては受けつけない。公安委員会が受けつけない。いまの法律のどこに書いてあるか。公安委員会は、公安委員をもって構成する。国務大臣をもって公安委員長にするとなっている。政務次官の入る所がないんだ。それで公安委員会で問題になった。総同盟の大将、金正米吉《かねまさよねきち》さんだが、その人が、そんなものは公安委員会に出てくることは出来ん、それで終わりですよ。

だから公安委員会に出られない。公安委員会に出られない政務次官には用事がない。それで今度は（警察庁）長官以下、用事がないから行く必要がないということになって、朝から晩までひとりで机に向かって座っているんだよ。途中で来なくなった。その次の内閣からは政務次官は無しだ。それくらい、政治の干渉というものには非常に敏感なんです。公安委員会というものがあって、衝立てになっている。

――国務大臣の公安委員長の立場は難しいですね。

後藤田　だから、本当に政治家として識見の高い人でないとコントロール出来ませんね。荒木万寿夫《ますお》さんのような人でないとね。人によっては悔しがる大臣もあるわけよ。権限がないとね。警察法読んでも権限があるようには書いてない。公安委員会の決定をして、外へ向かってそれを代表するだけだ。そして、国政との橋渡しをするというだけしかない。だから、警察はうっかりすると、衝立てを利用して独善になるおそれがある。委員会制度の要注意のところだ。

――それに、当時は官僚の鼻息が荒かったでしょうから。

後藤田　僕らの時代までは、ともかく政府から何を言ってきてもあまり通らなかった。人事についての発言は全くないし、個々の事件についてどうしろ、ということも一切なかった。内閣は、なんとか影響力を発揮しようと、内務省出身の大臣を公安委員長に立てるんだ。しかし、いちばんひどかったのは、早川崇《たかし》という人ですよ。中曽根さんなんかと同期のお方だ。昭和十六年組。僕らより二年後だ。彼は内務省の役人を一週間くらいやっていたばかりに、経験がないのに内務官僚の意識だけはある。一週間で海軍に行ったんですから。帰ってきたら選挙に出たんです。中曽根さんは警察の課長をやったから第二回目の選挙からですが、早川君は第一回目ですから。

彼が国家公安委員長に来たら、長官以下局長まで全員が先輩だな。僕が二年先輩だから。誰も言うことを聞かないと思いこむ。そこで課長を呼ぶんですよ。選挙の時なんかにあの候補者は悪いからやれ、とか露骨なこと言うんだ。それを聞いた課長は、わかりました、と言うだけで、こっちの耳からあっちの耳へ抜けて全然言うことを聞かない。早川君は怒っていたね。怒っていたけれど、あかんわな。

国内治安維持が目的だった警察予備隊

――昭和二十五年に警察予備隊ができて、警察予備隊の警備課長兼調査課長になられましたね。こちらに移られたときの経緯はどうだったんですか。あの当時は増原恵吉さん、江口見登留《みとる》さん、石井栄三さん、あるいは大橋武夫さん、林敬三さんなどいろいろな方がおられましたよね。それに服部卓四郎《たくしろう》さん、吉田茂さん、マッカーサー、ウィロビー、ホイットニーなども関係してましたが。その方々の思い出を含めてうかがいたいんですが。

後藤田　要するに全国に配置した占領軍が、朝鮮戦争のために、朝鮮の戦場に動員されて行ったわけですね。そうすると直ちに国内の治安が心配になる、マッカーサー司令部としては。そこで指令を出して、警察の予備隊をつくって国内の治安維持に当たれということですよ。だから警察支援の部隊なんですよ、予備隊ですからね。NPRと言った。ナショナル・ポリース・リザーブかな、要するに予備隊です。

その指令が、内閣に来たのか国家地方警察本部に来たのか分からないですが、斎藤昇さんが受けたことは間違いないんですよ。そして七万五千の警察予備隊をつくって、米軍出動後の国内の治安維持に当たるということですね。

――軍隊をつくる、という動きもあったわけでしょう。

後藤田　日本の軍隊をどう扱うかという問題がおそらく占領軍の中で議論されたと思うんですね。そこで、郵船ビルの中の一室で、旧日本陸軍のエリート軍人を集めまして、旧軍を中心にした部隊を作るという動きが、警察予備隊の前後からあった。

――戦史編纂をやるということで人を集めていたわけですね。

後藤田　そこは僕なんかは分からん。服部卓四郎さんが大将でした。それがひとつの動きとしてあった。占領軍の中のG2（GHQの参謀部第二部）が支援したんだ。G2というのはウィロビーという少将ですね。

――それは当時から分かっていたんですか。

後藤田　動いているのは分かっていた。そういう動きが一方にある。予備隊創設の指令が来る直前からあったわけですね。ところがそれに対して、片方はホイットニーという軍政担当の少将です。これは軍を中心にするのは危険であるというんだ。日本が再軍備したら困るということでしょう。その争いについては内閣も当然知っておられたと思います。

そして双方の動きについては、辰巳栄一さん、これは中将ですが、この人が旧軍関係の問題、軍備の問題について吉田さんの相談相手になっていた。これは吉田さんがイギリス大使の時の駐在武官でしたからね。温厚な人ですよ。何回かお会いしましたけれどね。その辰巳栄一さんなんかは、旧軍のしっかりした幹部を入れないとしっかりしたものはできないという考え方を持っておられたけど、あるいは腹の中では、再軍備のとっかかりになるかという考えがあったかもしれない。よく吉田さんと話しておった。

——しかし、結局は旧軍出身者は排除されたわけですね。

後藤田　シビリアンを中心に予備隊を作るということになって、服部卓四郎さんの方の案は消えてなくなったんだ。それで誰を大将にするかということになって、やはり軍の経験もあり、警察の経験もありといったことで、増原恵吉さんが警察予備隊の長官をやることになった。これは、吉田さんとは面識があった人ですからね。香川県知事をやっていましてね、吉田さんが高知に帰るときに通るんですね。それで増原さんを長に、警察が中心になってこの部隊を作れ、ということになったんです。次長は江口見登留という人です。あとで労働次官や内閣官房副長官や警視総監をやったりした人で、増原さんより二期あとかな、昭和五年組の人です。そして組織の中心にあたる警備局長に石井栄三さんがなった。石井さんはそのときまでは関東管区警察の本部長をやっていた。私は石井さんの下で警備課長になったんです。経理局長には大蔵省から来るんですね。窪谷直光という人でした。奥さんが有名な歌手でした。あとは通産省から装備局長が来る、衛生局には厚生省から、というようなことでしたな。

アメリカ軍の方からはシェファードという少将、次長がコワルスキイという大佐、後にアメリカの下院議員になりましたけれど、この人たちが中心になって、何十名かの将校、下士官を連れてきたですね。そういう体制で七万五千人を全国から募集したわけです。

警察の人に無理を言って入ってもらったんだけれど、やはり部隊経験がないといかんということで、軍人を何百名か入れましたよ。旧軍人の陸軍士官学校、海軍兵学校を中心に四百人ぐらい入れたんじゃなかったですかな。これはみんな追放を受けていましたから、若いのに気の毒なんですね。年齢が三十五歳前後ですから。旧軍の階級は少佐です。それを連隊長クラスで採用したんです。ただしアメリカ式の訓練をしなきゃいけないものですから、一時横須賀の学校に入れまして、部隊の幹部を作った。それから下級幹部は全国的に募集しましたね。

アメリカの本当の狙いは日本再軍備

後藤田　その後、これだけでは駄目だということで、旧軍の大佐まで入れました。東条さんの秘書官をやった人も入ったんじゃなかったかな。有名な人が入った。みんながっちりしているんですよ。運良く生き残った人ではありますけれど、ほんとうに立派な人ばかりです。それを採用したんですね。選ぶとき陸海軍の名簿を参考にしたんですが、これが面白いもので、全部一番、二番という序列があるんですね。生涯序列で並んでいるんですよ。

軍の名簿ですよ。僕が知っている人もたくさんいましたけれど、選ぶときは専門の人でなければ駄目ですね。そのときは辰巳さんが助言したかもしれません。これは私の推測ですけれど。だからあまり精神的に極端な人はおらんわけです。だいたい、いい人が集まったんじゃないですか。そして担当大臣には法務総裁を兼務していた大橋武夫さんがなった。これは大変な秀才で有名な昭和三年組の人だ。増原さんと同期生だから、どっちが偉いかよく分からないんだ。

次に、制服の方の総大将を誰にするかということになった。まず、どう呼ぶかだな。

大将、中将を使えばなんてことないんだけれど、軍隊じゃないと吉田さんが言うものだから、総隊総監という名前をつけた。林敬三さんが総隊総監になったんだ。

林さんは、警察の経歴はほとんどありません。あの人は地方局育ちで、その前は社会局だな。これが無類の大橋さん嫌いなんだ。二人は社会局時代に机を並べておってね、個性の強い大橋さんだからね、仲が悪い。大橋さんは増原さんとも仲が悪い。増原さんと林さんは仲がいいんです。だからどうも上の方の嚙み合わせはよくなかったね。警察予備隊の隊員はいいんだけど、上に行ったらあかんのよ。わけわからんね、これは。

――旧軍人は、採用されると追放解除になるわけですか。

後藤田　解除になる。みんな歯を食いしばって頑張っていましたよ。

――アメリカの本当の狙いは何だったと思われますか。

後藤田　部隊の性格は、米軍のあとを埋めての警察の支援部隊としての警察予備隊ですが、指令が内閣を経て私のところに回ってきたんです。私は編成担当ですから編成表を見た。そのとき私は、これはアメリカの歩兵師団そのものだな、とすぐ分かった。日本にない組織でしたね。G1、G2、G3、G4とあって、G1が人事、G2が情報、G3が作戦教育で、G4は後方の補給ですね。そのほかにコントローラーというのがあるんです。これを私は監理官と訳したんですけど、日本語にはない言葉です。

その中に冷凍中隊というのがある。これはわからなかったんです。何かなと思って聞いてみたら、戦死者の内臓を取って冷凍にして本国に送るんですね。火葬しない。文字通りこれは野戦に連れて行く予定ですよ。それで僕らも最初から、マッカーサーは、朝鮮で手こずっているから俺らをまた連れて行くんじゃないか、と思ったんですよ。吉田さんも疑われていたんじゃないかな。だから絶対にご免だと、軍隊じゃないと頑張ったんですね。

その冷凍中隊については、僕がアメリカ側の担当課長のトーマス中佐に、「トーマスさん、あんたこれおかしいんじゃないの」と言ったんだ。「こんなもの日本にはいらんよ」と。そうしたらニヤッと笑って、「これはやめた」と言ってやめたんです。だからこれは、最初から軍隊です。

――アメリカは日本の再軍備を考えていたということですかね。社会党とか国民はどういう反応だったんですか。憲法九条との関係もありますね。

後藤田　日本側は、朝鮮で使われたらかなわんよという気があるのと、当時は国民の軍に対する反発が強かったね。とてもじゃないが、あの当時に服部卓四郎さんなんかが出てきたんでは絶対にできない。国民がうんとは言わない。しかし、米軍は必ずしもそうでない。軍隊を作る気があったと思わざるを得ないな。顧問団だって兵隊以外いないんだから。

――吉田総理はどうだったんでしょうか。

後藤田　当時、本部は越中島（東京・江東区）の、元の商船大学かな、その跡にあったんです。それで制服と私服の幹部百名ぐらいを講堂に集めて、吉田さんのご挨拶があった。それで僕らも行って聞いていたんだけれど、チラッチラッと吉田さんが、警察予備隊は軍の萌芽であるといった意味合いのことを話すんだよな。吉田さんも、日本がいつまでも軍隊のない国ということは予想はしていなかったんだろうと思う。ただ、当面は国民の反発があるし、なんといったって国民に飯を食わせるのが第一だということですよ。

吉田さんの頭の中にあるのは、要するに国民に飯をどうして食べさせればいいのかということだったな。その飯というのも、今から考えれば豚に食わせるもの、トウモロコシだ。麦もありましたけれど、だいたいトウモロコシ。それを配給する。だから、吉田さんの頭の中に軍隊をつくろうなんていう気は全然ない。経済第一、復興第一だったよ。

——警察予備隊から保安隊と変わって行きますね。その辺の経緯はどうだったんですか。先生は、その後をどう予測しておられましたか。

後藤田　警察予備隊ができて二年間経った。そのうちに三十二万五千名にするように、という指令が来たんですよ。これに対して吉田さんが徹底抗戦した。官房長官は岡崎勝男さんだ。僕は官邸の官房長官の部屋に呼ばれました。やらない、と頑張っていましたね。そうやって徹底抗戦をした挙げ句の果てに、十八万という数になった。この数字は、陸上自衛隊のつい最近までの定員です。そのうちに、海上のものを作れという動きが出てきた。また、空の方も作れと。そして、海上の方は海上保安庁に来た。海上保安庁は逓信省の役人だった山崎小五郎という人が中心で、実務の課長は小畑じゃなかったかな、僕らの仲間でしたけれど。

空の中心は、内務省の先輩で、上村健太郎さん。この人は特高パージで追放されていたんですが、講和条約ができてから復帰して、防衛庁ができたあとの初代の航空幕僚長になった人です。源田サーカスの源田実さんを引っ張ってきたりした人です。僕がいた時は、空の指令は出てなくて、海だけでした。海上保安庁と合体して一緒にやれという話がありましたね。

――当時の武器は何だったんですか。

後藤田　装備はカービン銃です。カービン銃というのは簡単な自動小銃です。だからいわゆる重装備はないわけですね。ただ、一〇五ミリ砲の編成がありました。主力はカービン銃ですから軍隊としては非常に軽装備ですが、やはり、編成装備の面からみても軍隊なんです。

当初からシビリアンコントロールに誤解が

――シビリアンコントロールについて、当時はどう考えられていたんですか。

後藤田　顧問団はアメリカの例を引いて私どもに話をしていましたね。それは、軍隊というものは必ず政治の支配下になければならない、政治のコントロールの下に置かなければならんものだ、そこでシビリアンスタッフがいるんだよ、ということをよく言っていました。ただ、彼ら顧問団は制服です。

――予備隊での制服と私服の配置はどうだったんですか。

後藤田　警察予備隊の組織は、制服と私服が完全に離れていたんですね。シビリアンスタッフには制服は一名も入っていない。それに対してアメリカ国防省では、例えば国防省の局長がシビリアンである場合、次席は制服を置くそうです。組み合わせをやることによって、制服の独走を抑える。アメリカの国防省に三軍がある。三軍は陸海空で、もうひとつ海兵隊を入れれば四軍です、海兵隊は海軍に毛の生えたまるっきり違うものですが。彼らが兼ねることによって制服の独走を抑えるんだということです。

大臣は政治家で、政治任命するわけですからね。全体として軍の独走を抑える。ところがスタッフが素人ばかりで見当違いにやられてもいけないという意味で、必ずそういう仕組みにしているということを、僕には何回か説明しましたね。

——日本では、私服が制服を管理することがシビリアンコントロールだ、という考えでやってきたようですが。

後藤田　そうなんです。日本の当時の警察予備隊、のちの保安隊も同じこと、そして現在の自衛隊もそうですよ。シビリアンコントロールという名の下に、まるっきり軍の知識のない者が管理している。アメリカも多少の違和感があったんじゃないですかな。けれども彼らは、旧軍の再来は絶対にいかんという決意があった。服部卓四郎さんの動きも抑えられたわけですからね。

――制服の方に不満はなかったんですか。

後藤田 警察予備隊には、最初は正規軍人は旧軍の少佐までしか採用しなかった。それから中佐と大佐まで採用するようになったんです。その人たちは違和感を持っていたですね。自分たちも少しやり過ぎて、悲惨な敗戦になったということに対する自己反省はみんな持っていたと思います。優秀な人ですからね。それでも違和感はあったと思います。面と向かって、これはいけない、ということを私などに言ったことはありませんけどね。

それから、シビリアンスタッフの方にシビリアンコントロールについての誤解があった。私はしょっちゅう指摘していたんですが、それは何かというと、シビリアンコントロールということは、シビリアンスタッフの方が上だという考え方になっている。これがそもそも間違いなんです。そうではなくて、シビリアンスタッフは、時の内閣の方針に従うということです。それは同時に、議院内閣制の下ですから、軍は政治のコントロールを受けるということ、つまり政治が軍をコントロールするということが本来なんですね。ところが背広を着ているやつの方が上なんだという間違った考えが、警察予備隊時代から色濃くあったと思います。

――旧軍もそうですが、現在の自衛隊も陸海空の三軍が並立して統制がとれていないように思われますが、警察予備隊や保安隊当時はどうだったんですか。

後藤田　保安隊の計画を作るまでは私がやったんです。ところが、当時の大臣が判を捺さないんだ。しょうがないから、僕はロッカーに入れてあった。そして、海原治君に引き継いだ。大臣が替わってからやってくれといってね。そのあと木村篤太郎《とくたろう》という人が大臣になった。この人は書類を読まないでボコボコみんな判を捺したんだ。それで実現したんだが、二年遅れた。

三軍の問題ですが、僕は保安隊をつくるとき、陸海の区別はない方がいい、そして統一的な指導の下に武装部隊は動くべきであると思っていた。顧問団の方は保安隊は軍隊だと思っているんですから、僕は、陸軍と海軍の区別はいらん、兵科の違いだけにしたらいいと進言したことがある。陸海が共同作戦をやるべき場面が出てくる、そのときに陸軍だ海軍だと言っていたらどうにもならない。日本の敗戦の大きな原因のひとつはこれだったんです。だからそう進言したら、顧問団のコワルスキイだったかどうか忘れたけど、おまえの意見に賛成だ、というんです。アメリカも陸海空と海兵隊のセクショナリズムの争いでどうにも動けないというんだ。しかし、顧問団全体は果たしてどう言うかな、と私に漏らしたことがあるんですね。

結局は別々にする、ということになった。ただ、旧軍のように育ちを別にするのは問題だから教育だけは一緒にしたんです。当時の教育課長は内海倫《うつみひとし》君、彼にこの話をさせたら詳しい。実に頭がいい。それで防衛大学校、その前は保安大学校というものをつくったわけです。生まれが同じであれば、育ちが多少違っても、へその緒の違いがなければいいじゃないかということで、それをやったんです。それが今の基礎になっている。これには顧問団も賛成した。アメリカが困っているんだと言っていたね。私の方は敗戦の原因だと言っているわけだけど。

――ただ、現在の自衛隊については、陸上自衛隊、海上自衛隊、航空自衛隊に分かれていて、採用の時は一括していてもその後は全然バラバラになっているではないかという話もあります。逆に言うと、入隊後のキャリアの中で、交流の仕組みは陸海空にはないわけですね。

後藤田　その仕組みは、専門的にできないということがありますな。

――幹部学校になりますと、三幹部学校に分かれますからね。昔で言えば陸大、海大に当たる部分ですか。これは分かれていますね。

後藤田　それでも私は、いざとなったときには、同期生意識というものが働いてくると思いますね。別々に下から行くよりは。

——海上保安庁と警察予備隊を一緒にして保安隊を作るという場合、一種の合併ですね。その点の問題はなかったですか。

後藤田　それは問題なかったね。やはり制服同士だからね。根っこのシビリアンスタッフまで替えるとなったら、喧嘩するだろうけどね。制服同士は仕事が違うからね。だから、海の方は海上保安庁に任せっきりにしましたね。

マッカーサー解任に感動する

——話は少し逆戻りしますが、警察予備隊と警察は直接に関係を持たないんですか。

後藤田　持たないです。ただし、当然のことながら警察と警察予備隊の長官のあいだに援助協定がある。今でも協力協定というものがあるんです。例えば国家非常事態になったとする。ところが、法律的には防衛庁に国家非常事態宣言を出す権限がないんです。警察法にはある。これが出るとどうなるかというと、普段は自治体警察ですからそれぞれ独立しているんですが、それが一本になって警察庁長官の指揮命令の下に動くんです。

その警察庁長官は内閣総理大臣の指揮命令を受けます。そのときは、行政民主化という名目でつくられている委員会組織が全部機能停止になる。当然全国一本で、どちらへでも動けるようになっている。今まで一度も発令したことはありませんけれど、それができるんですね。そして防衛庁にも出動を要請、依頼することがあります。治安維持のために。

——その要請は警察庁長官からですか。

後藤田　治安出動の時には、警察庁長官ではなかったですか。そうすると、それによって自衛隊が総理大臣の命令によって出てくる。自衛隊も総理大臣の命令でなければ動けないようになっていますからね。そういうことですから、警察予備隊は、警察に協力して出動します。この場合は、本当の意味で警察予備隊ということです。「支援後拠」という言葉を使っていますね。要するに警察の支援後拠として警察予備隊は動くということになっていた。

——保安隊という形に組織編成が変わったときに、性格それ自体も変わったんですか。

後藤田　変わっていません。同じですね。変わってきたのは、防衛庁になってからではないですか。

――憲法九条との関係はどういう解釈だったんですか。

後藤田　保安隊ができた頃は、安保条約ができていたんです。ところが、憲法九条には、陸海空軍は持たないと書いてある、そして戦争はやらんと書いてあるんですな。交戦権まで否定しているわけです。しかし、安保条約ができた以上は、独立して、施政権下にある地域に対する不法な侵略については保安隊が武力を持って抵抗できると、こうなった。その時の憲法解釈は、陸海空軍は持てないし、交戦権もない。僕は交戦権がないというところだけは直した方がいいのではないかと昔から言っているんだけれど、いま言うとみんなに、そうだ、そうだ、と言われてかなわんから、私は言わないんだけれどね（笑）。そこでどういう理屈になったかというと、要するに独立国家である以上は、自然権として不法な侵略は……。

――不法じゃない侵略というのはないと思うんですけれど。

後藤田　それはないんだ。武力攻撃と言った方がいいかも知れない、ほんとうは。それがあったときには、当然のことながら抵抗権というものが自然権としてあるはずだと。その抵抗権の行使は国民総抵抗である。その中核として保安隊というものを置くということで、保安隊に組織替えするという議論になったような記憶がある。

多少、性格が変わったんだな。安保条約の関係で、やはり変わったと言えるかも知れませんね。そのうちに自衛隊ができても、その理屈は同じなんですね。要するに自然権です。自衛隊になって変わってきたのは装備です。警察予備隊も保安隊も軽装備なんですよ。でも自衛隊になってきたら重装備になって、子供に好きなオモチャを与えるように、いちばん高い最新のものを備え付けるようになったわけだ。

――「再軍備」という言葉を使おうと使うまいと、今の自衛隊は軍隊ですか。

後藤田　実質は軍隊だ。だけど憲法には、陸海空軍は持たないと書いてあるから困るんだよ。だから、自衛隊は攻撃力を持っていても、あくまで武装部隊なんです。外務省が防衛庁の要望があって、大使館に駐在武官を置くことになった。だいたいの国は、自衛隊の制服部隊も結構ですよと言ったけれど、フランスだけは断ってきたんです。自衛隊は軍隊ではない、軍隊でないものが駐在武官を置くわけにはいきませんという考え方です。よく説明して置くことになったけれど、それくらい曖昧なんです。

――昭和二十六年の朝鮮戦争の最中にマッカーサーは解任されるわけですが、マッカーサーの解任についてはどういう感じでお受け止めになられましたか。

後藤田　まさに政治が軍人を支配しているという印象でしたな。とてもあれだけの戦争の功労者を、トルーマンという選挙を経ていない大統領、大統領が死んで副大統領から昇格した人が、マッカーサーの首が切れるなんていうことは、やはりアメリカという国は素晴らしい国だという気がしました、率直に言って。ぼくらは常識では切れない。選挙を経た大統領であれば別だけれど、選挙の洗礼を受けていない人ですね。偉いなあという気がしたね。そして、軍人はひとことも文句を言わなかったな。

――警察予備隊、保安隊、自衛隊となって行く中で、災害出動ということはいつごろからお考えになりましたか。

後藤田　いちばん最初からです。警察予備隊を作るときに、市町村長は歓迎したんです。どうしてもうちに持ってきてくれと。それはなぜかと言ったら、元陸軍の連隊とか軍隊、あるいは軍港などがなくなっちゃったわけですね。すると町がさびれるんですよ。だから是非というんだけれど、国民全体の反発は非常に強い。全然受け容れようとしないんですよ、武装部隊を作るということについては。恐らく、選挙のためにもなると思って市町村長は警察予備隊を誘致したんだろうけれども、誘致した人は、改選のときに全員落選した。ことほど左様に、軍に対するアレルギーは強かったんじゃないかな。

――社共が組織的にそういう反対運動を展開したということもあるんじゃないんですか。

後藤田　社共は憲法違反だと言ったけれど、大衆運動そのものはなかったように思いますよ。

――自衛官に応募するなとか、警察予備隊に入るなとか。

後藤田　それはずっとあとだ。当初は飯が食えないんだから。入るなという運動は、昭和三十年代に入って少し世間が良くなってからです。当時は給料を出せば人が来たんです。僕らの時代には、僕が忘れたのかも知れないけれど、あまりいじめられたり、変な電話をかけられたりはなかったような気がするな。

――国民のアレルギー対策として災害出動は最初から考えられていたんですね。

後藤田　そこで僕は、これは国民の理解を得なければならないと思った。それには、ひとつは災害出動だと言ったんだ。そのかわり、とにかく制服を着た部隊が出て行くということに対する反発があったし、災害出動をルーティンワークにすると本来の目的からズレますからね。出動のときは必ず内閣の承認を要する、ということぐらい手続きの順序はやかましくしました。しかし、きびしい規制をかけて出動しないようにしたという話は嘘です。どんどん出すようにして、災害出動で国民に理解を求めるようにしました。

災害出動だけでなく、建設や土木工事に自衛隊を使わせる、奉仕活動も積極的にやるよう勧めたね。ただし専門家じゃありませんから、粗々《あらあら》の基本的な仕事だけですよ。仕上げはそれぞれの専門家でやってくれと。というのは、職場を奪ってはいけないという配慮があったんです。自衛隊の技術隊を使った方が県なり市町村には安くつくんだ。自衛隊にも訓練になる。だから職場を奪ってはいけないという配慮と、市町村に負担が軽くなってこちらには訓練になる、という二つのバランスをとりながらやったということです。自衛隊道路なんて今でもいうでしょう。ずいぶん出たんです。手応えはありました。新聞が書くからね。

——装備も持っているわけですね。

後藤田　だから僕は、部隊の誘致の時に、知っているやつには、おまえさん、ほかの部隊だったらあかん、工兵をもらえよ、とよく言った。工兵がいちばん装備を持っているから。それから知識がある。アメリカの陸軍でもいちばん優秀なのは工兵ですから。日本は、スマートだというので騎兵とか、平均的にいちばんいいのは歩兵とかでしょう。工兵はあまり尊重されなかった。ところがアメリカは違うんです。西部の開拓が全部工兵ですから。それで僕は、荒れ果てた国土の立て直しのためですから、工兵を使うのがいちばんいいから使え、と言ってたんです。

第四章　いつ革命が起きても不思議ではなかった

——血のメーデー、機動隊創設

破防法制定の頃は革命前夜だった

――日本が独立する前後の治安情勢をどうとらえておられましたか。

後藤田　昭和二十六年九月にサンフランシスコで平和条約が署名になり、翌年四月二十八日に講和条約が発効になったんですね。こうして、占領がそのうちに終わるといった転換点を迎えて、当時の治安状況は、まさに革命の前夜であったと言えると思います。昭和二十六年ないし二十七年というのは、集団暴力やゲリラ活動によって治安機関や税務署などが襲撃の対象にされたんです。そして、放火あるいは殺傷あるいは拳銃奪取、こういう暴力的破壊活動が各地で頻発する状況だったんですね。

その背景は何かと言えば、昭和二十六年に共産党の「五一年綱領」というものが出された。これは「日本共産党の当面の要求」という題ですが、われわれの仲間では「スターリン綱領」と言われていました。ひとつは、アメリカ帝国主義への隷属から日本を解放する。そして、民族解放民主政府の樹立を目指す、その革命の方式と移行形態として軍事革命方針を取るべきだ、これが「五一年綱領」です。これが背景にあって、国家権力の第一線である警察機関や徴税機関が集中して攻撃の対象になったわけです。

――国民にも反米気運は強かったんですか。

後藤田　六年に及ぶアメリカ軍の占領下における、なんというか、民族的な抵抗の気持ちもあったんですね。最初のうちは生きていくのに必死だったけど、少し生活がよくなってだんだん自分の周辺を見るようになる。そうなると、こんなものぶっ壊してしまえ、というような気持ちがずっとあったと思いますね。その状況を利用して、日本に革命政府を作ろうというのが共産党だったんです。よくぞ共産革命が起きなかったなと、今の時点で振り返ってみて思いますね。あの時期を乗り越えていった日本の政治指導者、それを認めた国民の選択の賢明さというものは、今から振り返ってみると、良かったなというのが率直な感じです。

――破壊活動防止法ができた経緯はどうだったんですか。

後藤田　当時は、団体等規制令というものがあったんです。これは要するにポツダム政令の一つですよ。ところが、講和条約が発効すれば、百六十日後には自動的に団体等規制令もなくなるわけです。そこで、このままではしょうがない、これは何とかしなければならん、という議論が出てきた。そして昭和二十七年三月二十八日に、閣議で破壊活動防止法案と公安調査庁設置法案、公安審査委員会設置法案、この三法案が決定されまして、四月に国会に提出された。これが大変な議論になりましたね。

当時は、共産党だけでなしに、社会全体として、いわゆる革新勢力というものが政治的な力を増していた。こういった一連の背景がありましたから、この種の暴力主義的な破壊活動を防止するための破壊活動防止法については、立案の段階から大変な抵抗があり、国会審議もなかなか容易ではなかったわけです。それで、この法律はずいぶん骨抜きにされた。だから、法律はできたけれど、なかなか適用が難しかったんだ。結果として、平成七年のオウムの事件が起きて、四十数年目にして初めて破壊活動防止法による団体規制が行われたわけですね。

――それまでに、いろんな事件がありましたよね。

後藤田　例えば名古屋の大須事件（昭和二十七年）というのがあったし、大阪では吹田の事件（昭和二十七年）がありました。いたる所で大衆暴動事件があったけれど、団体規制が適用にならないわけですよ。昭和三十年代から四十年代の前半にかけては、過激派によるいろいろな凶悪事件がずいぶんあったわけですね。私が警察庁長官時代の二年八ヵ月の間に、警察官の死者が十名前後です。負傷者は九千数百名です。それくらいのたいへんな時代を経過したんですが、その間に団体規制をいくらやってくれと言っても、公安調査庁がよう踏み切らない。

――どうして、公安調査庁は踏み切らなかったんですか。

後藤田　要するに、犯行をおかした人の特定ができていないから出来ない、なんていって警察の責任にしたんだけれど、本当は、法律が骨抜きだから自信がなかったんだな、僕はそう思う。そこで何に適用したかと言うと、三無事件（昭和三十六年）。三無というのは、無税、無失業、無戦争。結構いいことを書いてあるんだけれど、無税はちょっと謎だな。これは右翼の事件ですけれど、これに破防法の罰則規定を適用したんです。しかし、団体規制は適用しなかった。裁判に耐えられないといった心配が専門家としてはあったんだろうと思います、率直に言うと。

――この種の事件に対する裁判所の姿勢にも、問題があったんではないですか。

後藤田　私は裁判批判はやりたくないんだけれど、昭和二十六、七年頃から昭和三十年代前半ぐらいまでを見ますと、残念ながら法秩序の維持にあたる人たちの腰が引けていたと思う。要するに無罪が多いんだよ。罪が軽い。逮捕してもすぐ釈放になる、繰り返しですよ。証拠の問題がもちろんあったと思いますよ。そう思うけれど、大衆暴動事件は、取り締まりの対象は大衆なんですよ。にもかかわらず、処理するときは、日本の場合は個人による犯罪を前提とした刑事訴訟法にもとづいての処理を必要とするんです。ひとりひとりの刑事責任を追及するわけですから。あの混乱の中で、誰が誰をどのような証拠で逮捕して取り調べたんだ、というところまではっきりしない限りは駄目なんです。団体そのものを対象にする法律は、騒擾《そうじょう》罪しかないんだから。

法執行の第一線であたるものと、後ろで机の上で事件を処理し判断する人とは、非常に開きがあったということは間違いありませんね。両者が一致して、この凶悪事件は許さん、となったのが今度のオウムじゃないですか。

これは、警察も検察も裁判官も世論も、これは許さん、ということになって、ようやくこの法律が適用になったということですね。

——破防法制定のプロセスには、先生は全然ご関係はなかったんですか。

後藤田　これは法務省ですから、私はやっていません。警察は資料を出すわけです。そして要求するわけですね。

——破防法の適用がなかったということは、役に立たなかったということですか。

後藤田　そうでもないんだ。公安調査庁は何をしておったんだという批判があるんですが、現実はどうだったかと言うと、公安調査庁が、あの法律の運用をすることによって、暴力主義的な破壊活動を行うおそれのある団体を常時調査の対象にしてきたんです。これを指定団体というんです。日本共産党を始めとして今日まで二十二団体あります。もうひとつ準指定団体というのもあって、これは三十三団体。調査活動の名のもとにおいて、たえず監視をしていたということです。その意味において、公安の秩序維持にそれなりの役割を果たしていたと思います。

——対象団体は公表されているわけですか。

後藤田 初代の公安調査庁長官が裁判官出身の藤井五一郎《ごいちろう》という人でした。この方は若いときに、例の帝人事件（昭和九年）を、空中楼閣であるというので全員無罪の判決をした人ですね。私はずいぶん懇意にしていただいて、指導していただいた人ですが、なかなか骨の通ったしっかりした人でした。この人は国会の場で「共産党はわれわれの調査の対象の団体であります」と答弁しました。だから、公表はしていませんが、当然役所としては、聞かれれば、やっていますよ、と言うでしょうね。

——対象団体は右から左までですか。

後藤田 極左から極右まで全部入っています。したがって、過激派の連中も五流二十三派とかというのは入っています。右翼で言いますと、例えば防共挺身隊とか大東塾とか、大日本菊水会とか多くの団体が指定又は準指定されておりますよ。

血のメーデーで警察力の不足を痛感

——サンフランシスコ平和条約の発効を待っていたように血のメーデー事件がありました。あの事件はどう見ておられましたか。

後藤田　僕が国警本部の警邏交通課長に就任したのが昭和二十七年八月なんです。血のメーデーが起きたのは二十七年五月一日だから、そのときはまだ警察予備隊に出向中だったんです。だから、直接関与はしていません。ただ、当時、たいへんな事件でしたから、なぜああいう事件になったかについては、それなりの考え方を当時から持っていました。

当時の実態は、まだ本当は完全な独立国ということではなく、いわば半分は保護国的な状況だったんですけれど、サンフランシスコ条約の発効で解放感が生まれたわけです。それまでのメーデーも革命的な雰囲気のなかで行われていましたから、ときに暴発する危険性は十分予測されていたんですね。しかし、背後には占領軍の銃剣による治安維持力があったものですから、こちらは気の緩みとでもいいますか、そういう警察側の態勢もあったのではないですか。

当日はどうであったかといいますと、もともと、皇居前広場を使わせてくれという要求があったのに対して、治安当局は大衆行動の爆発の危険性を絶えず警戒していたものだから、使用禁止にしたんです。そこで、明治神宮外苑で中央大会を開いたわけですね。そのデモ行進が始まったとき、中央コースと南部コースの二つの流れが「人民広場奪還」というスローガンのもとに、皇居前広場に流れ込んできた。皇居前広場の使用禁止はけしからんということでね。ところが警察力が不足なもので、使用禁止にしていた皇居前広場には配備が不十分だったわけです。それで、暴発してしまった。警察力にゆとりがないときの警備は、とかく予想以上の混乱に陥るということです。このときは多くの怪我人、あるいは死者も出ました。都庁の職員か誰かが亡くなったという話です。

教訓としては、なんといっても警察力の不足、それから装備不足、それから、平素の大衆行動に対する警察の部隊訓練の不足ということですね。それから皇居前広場、これは人民広場と彼らは理解しているわけですから、そこを使用禁止にする以上は、労働者側、学生側にどういう反応があるかという情報収集、分析が足りなかったのではないか。だから、皇居前の広場の警備は手薄だった、ということです。

――この事件のとき、政府の反応はいかがでしたか。

後藤田　詳しい記憶はないんだけれど、あれは私の高等学校の後輩がたしか主管課長ですよ。倉井潔君といって、警視庁の警備課長でした。それでよく聞いたんです。あの時に聞いて頭に残っているのは、時の総理大臣が吉田茂さん、秘書官が川合武君。彼は私と高等学校の同窓なんですよ。同期ではなく、彼は旧制高校では一年上で、役所は私が一年先になったんですが、この人が吉田総理の秘書官をやっていた。

それで、僕が、総理はどう言ったかい、怒っとりはせんか、と聞いたんですよ。警察は何をしとるんだこのバカ、といって普通なら怒られるがな。だって進駐軍の車をみんなひっくり返して火をつけたんだもん。それから、お巡りさんなんかもずいぶんやられた。そうしたら吉田さんは、ニヤッと笑って、「日本人も、君、なかなかやるね」と言って、それで終わり（笑）。これは非常に印象に残っている。あの当時の指導者というものは、進駐軍と絶えず折衝しながら国の再建をした。何というかな、堪え忍びながらやっていたということだ。それが、そういう言葉の端々に出て来るんだね。考えてみると、よくやった、ということだからね。

――血のメーデー事件の直後に先生は警察に戻られまして、国警本部警邏交通課長に就任されますね。あれは普通の人事異動ですか。

後藤田　そうです。警察予備隊に満二年いましたから。今もそうですけれど、あの当時から普通のキャリアの役人はだいたい二年で移るようになったんだ。そして私より先に身体を悪くして帰ったのが人事課長の間狩信義さん。先任は間狩さんだったんです。昭和十二年組で、私より二年上なんです。腎臓を悪くして亡くなりましたけれどね。その次が私で、十四年組です。十六年が内海倫君、のちの人事院総裁ですね。

ポストを希望するということは、私は役人時代には一度もない。ただ、地方局の事務官の時に神奈川の内山岩太郎知事から経済部長にという話があったんですが、これはお断り。それから法制局もお断り。大蔵省、これも断った。断ったことはあるんですけれど、これにしてくれというのはないですね。自治省の時には、次官をやれというのを断った。こんな役所におるのは嫌だよと言って、警察に帰っちゃった。

――警邏交通課というところはどういう仕事をするんですか。

後藤田　警邏というのは、本来的には外勤の総元締という意味です。しかし当時は、街頭における集団犯罪の取り締まりは、警邏の管轄であったんです。

――それと交通が一緒になっているんですか。

後藤田　そうです。警察にはまだ本格的な内部の組織体制ができていなかったひとつの表れかも知れません。これが後にだんだん整備されました。これを警視庁で言うと、情報の方は公安系統になっています。大衆暴動の方は警備警察になっているんですね。だから、今は機動隊の運用は警備の担当になっているんですが、当時は、警邏の責任者として私が担当していた。同時に全国の交通の取り締まりの責任者だったんです。しかし、その当時は交通と言っても、あまり違反や事件がないわけです。車がなかったから。

二重橋事件では群衆の整理がまずかった

――警邏課長で戻られて約一年半後、昭和二十九年一月二日に二重橋事件が起こりました。あの事件は直接担当されたわけですね。

後藤田　二重橋で正月の国民参賀のお祝いの行事が宮内庁主催で行われるわけですね。このときの国民参賀の警備を巡って、二重橋で大惨事が起きたんです。私は、直接この仕事を担当する国家地方警察本部の警邏交通課長としての責任者であったわけです。

この事件はどういうことかといいますと、本来はお祝いの行事なんですね。それまでもそれほどの問題はなかったわけですから、いわゆる大衆運動の際の警備とは基本的に考え方が違って、普通の交通整理や雑踏警備と同じく、多くの人が集まることによる不測の事態を警戒するといった考え方が中心だったんです。ところがこの時は、天気が良くて予想以上に人が集まったんですよ。私は事件直後に二重橋の現場に行ったんですが、ああいった際の群衆の力がどれぐらい大きいものかをまざまざと見ました。二重橋の上なんていうのは、老人と子供、男の大人のものもあるんですが、靴とか履き物が散乱していた。

現場の説明を聞きますと、あの時には参賀者は署名をするんですね。ところが、署名をする場所は門の中に入ってすぐのところなんです。ですからそこで人が詰まってしまう。詰まっているけれど、後ろの方はどんどん二重橋に入って来る。中の方は人がいっぱいで動けないんです。そういう状況になったときの群衆の整理のやり方がまずかったのではないかと私は思います。

というのは、整理しなくてはいかんということで、流れをいったん止めて綱を張ったんですね。ところが、後ろの方から押し掛けてくる人たちにはそれが全然わからんわけ。ですから、どんどん押し掛けてくる。それで、体の弱いお年寄りとかご婦人とか子供が倒れたんです。それでもどんどん後ろから押し掛けて、前の方は詰まっていますから、そこで人の山になる。あのときは十五、六人の方が亡くなったんですね。

理由のひとつは、内と外との連携がまずかったのではないか。内というのは皇宮警察が担当しているんです。外は警視庁が担当している。この連携の欠陥が、予想以上に大勢の人が集まった結果、露呈したのではないかと思います。

ただこれは結果責任なんですよ。そういう例がありませんし、別段騒ぐわけでも何でもないわけですからね、お祝い事ですから。雑踏警戒といいますか、雑踏整理といいますか、そういうことについてのいわば不測の事態であったという気がします。しかし結果としての責任は免れない。ただこのときは、警視庁はまだ自治体警察なんです。私は国家地方警察本部の担当課長ですから責任はないようですが、皇宮警察についての責任は私にあるわけですね。皇宮警察は国家地方警察本部の付属機関でしたから。

そこで国会には当時の田中栄一警視総監と私が呼び出されまして、厳しい野党の追及を受けたんです。ただ、現実に国会で責められたのはそれではないんです。警視総監というのは、在職期間中は管轄外の地域には出ないというのが不文律なんです。それは今日までずっと続いている。それから、警察庁長官は長官在任中は国を離れない、外国には行けない。こういうルールがあるんです。ところが田中栄一警視総監は、一月二日、というのは当日なんですが、箱根に行って原稿を書いていた。休養を兼ねてね。一月四日に全警察署、それから本庁職員全員に年頭に当たっての恒例の訓示をするためですよ。これが問題になった。

当時は、女傑と言われた大石ヨシエさんという社会党のたいへんなご婦人の代議士がおったんです。この人が地方行政委員会で一番後ろの席に座りながらヤジを飛ばしておりました。聞くに堪えないヤジでした。それ嘘やろ、誰と行っとったの、とか言うわけですよ。日頃からこういう不測の事態というのはある、だから管轄外に出てはいかんというのが警視総監の今日までの不文の規律ではないか、それなのになぜ行ったんだ、ということを突かれたんです。総監は間もなくお辞めになったのではなかったですか。それで代議士にお立ちになって、全国一の票をとった。

――先生は責められなかったんですか。

後藤田　国警の方は、皇宮警察だけの話ですから、それほどのことは言われませんでしたね。

――ではもっぱら警視総監が責められたんですね。

後藤田　警視総監がやられた。それで、その次から、参賀者の誘導の綱の張り方、そういったものを全部直しました。それから記帳の場所を変えました。二重橋の手前に持ってきたんです。原因究明をめぐって国警と警視庁の対立があったという人がいますが、そういうことはありません。

機動隊は「後手の先」を原則にする

――血のメーデーのような騒乱事件に直面して、警察は機動隊を作りますね。これも、先生が担当されたわけですね。

後藤田　機動隊というのは戦前からあるんですよ。特別警備隊といったんだけれど、通称、警視庁新撰組と言われていた。集団としての警察力を持っていないと納まりがつかないという、東京特有の犯罪現象があったんですね。大衆騒動です。二・二六事件の時はすでにできていて、隊長が岡崎英城さん。非常に豪胆な、内務省きっての人でした。

私が警視庁に行ったときも、新撰組の流れの特別警備隊というのがあったんです。ところが数が足りないんだ。これではいけないということで、機動隊を作った。私が警邏交通課長になってからですかね。最初に警視庁につくり、それから全国に機動隊を作ろうということで、本来的な機動隊が全国的にできた。ただ小さな県は多人数を置けないわけですから、第二機動隊を作らせました。指名制になっていて、いざとなれば吸い上げて動員するわけですね。

そのほかに管区機動隊を作った。警察学校は四十七都道府県の警察学校のほかに管区ごとに管区警察学校がある。それに警察大学校があるわけです。それで、管区の学校はいつも教育訓練のためにしごいているんです。あらゆる職場の中で警察ぐらい訓練に金と時間をかけている職場はないんですよ。警察官は学校に入れられる期間が長いですね。そこで、教育ばかりではしょうがないから、いざというときに使えということで、管区機動隊というものを作ったんです。

――そこに入って訓練している方たちを使うんですね。

後藤田　訓練をしていて、用があったらそれを持って行くんだ。すぐ動員できる。必ず一地におるんですから。機動隊は一地にいなければ役に立たないんですよ。一九九五年の神戸地震のように早朝に起きると、おまわりさんはみんな自分の家にいるからあかんですよ。一ヵ所に集結していない。だから各県の機動隊員は家には帰さない。指揮官はその近くに官舎があるとか、同じところにある。それから管区機動隊は管区の学校施設の中で生活しているわけですから、集団警察力を持っているということですね。ただ、今の機動隊の使い方を見ると、戒厳令下みたいだな。君達は何しているんだと後輩に言ってるんですけれど、ちょっと人の使い方が多すぎるんですね。

勤務中の警察官の目を見たことがあるか、と警視総監に言ったんです。みんなトロンとしているから、あれはあかんよ、と言った。誰かがやっているだろうと思って他力本願になるから駄目なんだ、配置の数を少なくしないと。

――機動隊を動かすときの、基本原則のようなものはあるんですか。

後藤田　警察全部がそうなんですけれど、受け身の行政ですからね。積極的に出ていったら絶対にいかんという基本原則を立ててあるんです。秦野章君もやかましかったのは、後手で先を取れという教育なんです。軍隊は逆に先手必勝なんですよ。警察は絶対に違うよと。後手で先を取るのと先手必勝とは違うよと。後手で必勝は情報だと。情報と情報の分析、それに対する評価、これによる準備だということで、警察というものは全部訓練している。そこですべてが「忍」の一字だということになっているんですよ。

秦野君が警視総監の時によく言っていたのは、警察の特色は「我慢」だということね。だからなかなか動かさない。それから制圧を強引にやらない。これは外国の警察とは全然違うんですね。警察官は拳銃を下げているんだけれど、どこまで役に立つか疑問なんだな。使ってはいけないんだから。拳銃をヒモでくくって出て行くことがあるんだ。そんなものは持って行くなと言うんだけれど。拳銃を撃つ、つまり射殺するということを警察はやらない。何をやるかというと、捕まえるということ、要するに逮捕ということが第一なんですよ。ところが外国は違うんだ、射ち殺すんだよな。あの拳銃は伊達じゃないんだからね。

そういう違いがあるんですよ。これは機動隊でも同じですね。だから部隊が大きくないと役に立たない。それと、軍隊と基本的に違うのは、密集作戦であるということ。軍隊は密集したらみんな殺されちゃうから散るんですね。ここは軍隊と警察の使い方の違いじゃないですか。

——先生は当時、大衆活動の取り締まりの責任者をやられて、どういう感慨をお持ちですか。

後藤田　いちばん感じたことは何かというと、繰り返しになりますが、警察力の不足です。問題だったのは、占領軍によって日本無力化政策がとられたんですからやむを得ないんですが、警察制度を全てアメリカ流の自治体警察にしてしまったことですね。全国一本の中央統制下にある警察が分断されて、全国が自治体警察に分かれたんです。中央警察と自治体警察の二つに分かれて、中央警察というのは国家地方警察として残った。そして自治体警察は、全国約一千六百の市町村にできたんですね。これは名前の通り、地方団体のうち、市と大きな町村に独立した公安委員会をおいてその下に警察部隊を置く。それが独立した自治体の警察であると。要するに警察力の分断をやったわけです。

私はこの当時は、この制度は所詮は続かないだろうと思っていました。というのは、進駐軍、米軍の考え方はわかるんですね。要するに国家警察が、内務大臣のもとに全国四十七の都道府県に知事を置いて、その知事を内務大臣が一手に任命して、警察権まで全部握らせていたわけですね。これはアメリカから見れば、軍国主義を一緒になって助長したということでしょう。だからこれは日本の力を分断、分散させるという意味で、占領政策として分割をして自治体警察を置いたんですから、アメリカの狙いとしては当然のことなんです。

ところがアメリカの占領政策は、途中で米ソの関係がおかしくなってきて、転換しなければならんという時期があったんです。ところが警察はもう分断してしまっている。占領軍という銃剣が背景になって国の秩序は維持していたんですけれども、間接統治ですから、警察を分断したままでいいのかなという考え方は、当然アメリカ側にもあった。たまたま、昭和二十五年に朝鮮戦争が起きて、進駐軍が全部朝鮮戦線に出たときに、国内の治安維持はこれでいいのかという問題にやっとぶつかったんですね。警察力の不足です。

そこで、前にも言いましたが、初めは朝鮮に持っていって使うつもりだったんでしょうけれど、警察予備隊を作ったんです。

――自治体警察はなぜ続かないとお考えでしたか。

後藤田 一言でいうと「帯に短し襷に長し」という警察だったんです。日頃は、小さな市町村になりますと、事件が少ないですから警察力が余っているんです。しかし、何かが起きたら足りない。同時に、犯罪はそんな管轄地域に構っていないわけですね。広域に起こる。そうすると連携がとれないわけですから、至る所でぼろが出たんです。だからこんなものは私は続かないだろうと思っていた。警察の幹部は全員がそう思っていたと思います。そこで当時の国家地方警察本部の長官が斎藤昇さんですね。その下に柴田達夫さんという官房長がいて、企画課長が後に私の後任として警察庁長官になった高橋幹夫君ですね。この三人が中心になって、この制度の改革に当たったわけです。

警察自身の民主化を大きな柱に

後藤田　それでは、どういう警察にしようかということになった。過去の歴史の反省としては、終戦までの内務省のもとにおける警察のネガティブな面は何であったかということですね。これは警察があまりにも政治的に使われたということ、これがひとつでしょう。それから、敗戦後から組織を改正する昭和二十九年までの間における反省としては、あまりにも警察力が分散されて無力になっている、ということ。

同時に、人権の尊重ということは、当然のことながら戦後の状況として考えなければならないのではないか。こういったことを考えた結果、警察力をもう少し集中した大きな組織に編成替えをしなければならない。しかし同時に、国家権力によってそれが政治的に使われるということだけは防止しなければならん、ということで、警察自身の民主化ということが大きな柱になるわけです。

その民主化の象徴としてできたのが、民間人による警察権力の管理、コントロールということなんですね。これを公安委員会制度として採用する。もうひとつは、政治的な中立ということです。これも公安委員会制度で確保する。そして人事に政治の介入を排する。それと人権という観点から、警察権力があまりにも強大化しないようなやりかた。こういったことが新しい警察組織の中心になったと思います。警察の民主化ということと、人権ということですね。要するに警察権の行き過ぎをしない。こうしたことでいまの制度、都道府県単位の警察組織を作ったわけです。

この制度は五十年近い歴史の経過があったんですが、非常に成功だったと思います。

――中央のコントロールはきかないんですか。

後藤田　こういう組織というのは人事権が非常に重く作用するんですね。人事権に現れているんです。警察庁なり管区なりあるいは皇宮警察なりは国家警察そのものですね。だから問題ない。それから、都道府県警察の警視正以上は、国家公安委員会が人事権を持つということにしているんです。そして国家公安委員会は警察というもの全体を管理しているんですが、個々の事件に対する指揮監督権はない。警察庁長官を通じてしかない、ということにしてあるんです。したがって人事権は国家公安委員会が持っているんですが、その国家公安委員会は個々の事件についての指揮監督権はない、と。

それでは内閣との関係をどうするかということですが、初めのうちは国家公安委員長は国務大臣ではなかったんです。そうなってきますと、国家公安委員会と内閣との関係がぎくしゃくするという事態になってきた。それが前にも言いました斎藤昇長官の更迭問題ということで、吉田内閣の時に問題が起きたんです。

吉田さんの命を受けた当時の内閣官房長官の増田甲子七《かねしち》さん、これは内務省の先輩ですから、この方の時に、斎藤長官を更迭すべしとなったんですが、国家公安委員会が、ちょっと待った、と来たわけですからね。時の総理大臣が国警本部長官の任免ができなかったわけです。

——組織改正にともなって、定員が十三万人から十一万人に減っていますが、これはどうしてですか。

後藤田 自治体警察があったときの人員が十三万二千五百人ですよ。そのうち自治体警察が八万五千人ですね。だいたいそういう力関係だった。それが警察法の施行に伴いまして、約一万五千人の減員をやったんですが、減ったのは、統合することによって、無駄な人員が少なくなったということです。

——組織改正のときは、内部に抵抗があったそうですが。

後藤田 東京、横浜、名古屋、京都、大阪という大きな自治体警察は相当な力量を持っているわけですね。ところが実際問題としては警察のほんとうの中心の幹部たるべき人材は国家地方警察に集まっていたんです。そこで大きな自治体警察に入った人は、どうしても抵抗の気持ちがあったんです。だから自治体警察が一本になるときに、警視庁にはそれほどの動きはなかったんですが、大阪とか名古屋とかといったところは反対が激しかった。ということは、私に言わせれば、日本の治安をどう考えたらいいのかといったことよりは、自分の立場がどうなるかといった方に関心があって抵抗したんではないかと思う。

誰が考えても、あの時の警察力で日本の治安が維持できるはずがない。少し考えればわかる。しかし、どうしても、自分がどうなるかということが気にかかる。こんなことを言ったら叱られるかもしれませんよ。その当時の人が生きていたら、俺はそんなこと思っていなかったと言うかもしれない。しかし、実際は相当裏で動いたから、警察法の改正というのは国会の審議で大荒れに荒れたんです。

——警察法の改正に反対したのは社会党ですね。

後藤田　左翼勢力からみれば、警察力の強化はやはり妨害ですから、それは当然ですね。一般社会にも警察力の強化というと、当時は、反対の空気がありましたし、自治体警察そのものの中にも反対の動きがありましたね。そうした背景の中での国会の審議ですから大変困難を極めました。

——組織改正によって、中央と都道府県警察の関係はどうなったんですか。

後藤田　警察部隊はあくまで都道府県警察が中核なんですね。したがって管轄権はその区域の中だけなんですが、全国を統制して調整するという統一的な処理を必要とする事案、典型的な事案は公安の維持です。これは警察庁の長官が指揮するということになっています。それから教育とか装備、これは中央の予算で全部出る。それから鑑識とか、そういうものも一本でやる。全国的に統一的に処理する必要のある事項については、警察庁が指揮し管理をする。それについての必要な経費は国費なんです。

ところが普通の犯罪捜査になると県単位でやります。しかしながら犯罪の捜査に必要な費用は、その地域だけの犯罪でも補助金の対象になる。二分の一の補助金の対象になる。ところが給与は、先ほどいった警視正以上の人事は国家公安委員会ですから、国家公務員として国の予算ですね。しかし警視以下は地方の職員ですから、これは全額、地方、県の負担になる。そうなると、同じ警視であっても、あるいは同じ巡査部長であっても、警視庁の人間と徳島県警察の人間ではうんと給与が開いてしまった。

貧乏県は給与も上がらないし、具合が悪い。ということで地方交付税で見るようになった。交付税の単価計算の中に、実際の経費がなんぼいるかということを頭に置いて、自治省がはじくんですね。そのときに、地方の財政全体が豊かでなかった時期でも、警察予算に関しては特別で、おそらく僕らの時で、九十五、六%の必要経費は全部単価にはじいてくれましたから、地方の持ち出しは少ないんです。

――では地方の格差はないと言っていいんですね。

後藤田　それは交付団体の話ですから。ところが不交付団体というのがあります。警視庁の東京都は不交付団体ですから、俺のところは俺のところでやるよ、ということで独自に給与を決めていました。

――警察庁は各都道府県警察の定員を決めますよね。あれは、各警察が独自に決められないんですか。

後藤田　都道府県警察ですから、警察庁が、おまえのところは何名、と決めるわけにはいかない。だからあれは基準なんです。ところがどこの県も余計な金がかかるのは嫌だから、だいたい基準通りになっているんです。余分な定員については交付税が出ませんから。ところが、基準通りでは警察力が不足なんですね。そうすると、警察を管理している都道府県の公安委員会や警視総監、本部長にとってはたまらないわけです。そこで豊かな県は、当該都道府県の公安委員会なり警察の本部長が知事部局に対して、増員してくれと要求するわけです。だから、警視庁などには何百名か警察法で決めた基準以上の定員がありました。

しかし、最近はもうなくしました。その後、警察官の定員をどんどん増員したから、基準以上の定員も基準内の定員に入れてしまったんです。そういう操作をずっとやってきたわけです。

——最近は、オウムのような広域犯罪が多発して、日本の警察も全国一本にすべきだといった議論がありますが、どうお考えですか。

後藤田　私は、今の制度は非常に日本の風土に合っていると思います。アメリカのFBI式のものを設けて、国家警察というものを一方に据えるという議論がありますが、私はそれはとらない。それは非常に危険であると思う。やはり権力は両刃の剣ということを絶えず考えていないと過去の愚を繰り返すと思いますね。今の制度がいいと思います。

——組織改正にともなって定員をいったん減らしたのに、再び増えていますね。この辺の事情を話していただけますか。

後藤田　昭和三十二年から増やしたんです。このとき私は会計課長だった。そして新井裕《ひろし》さんが人事課長だった。このときは、八千四百人増やしている。手元にある資料には、人員増は「理由不明」と書いてある。三十三年は十名減員となっている。これも「理由不明」。それから後は、三年計画で四千、二千五百と、ずっと増やしていった。このときには、いま参議院議員をやって、この前法務大臣をやった松浦功《いさお》君、彼は私の下で以前見習いをやっていた、その松浦君が自治庁で公務員関係を担当していたんですが、「新井さんの顔と後藤田さんの顔はもう見たくない」と言ったんです。「見たくなければ見なくたっていいよ、人だけ増やせ」と言った（笑）。自治庁との争いでした。

――自治庁と喧嘩までして定員を増やしたのは、警察力がそれだけ不足していたということでしょうが、当時の状況はどうだったんですか。

後藤田　当時の警察は、全国で定員が十一万数千名だった。それではいかにも定員数が足りない。当時は革命の前夜なんですからね。といって、われわれが今日まで守りつづけて、本当に良かった、国民の皆さんにも感謝してもらわなくては、と思うのは、自衛隊というものを国民の正面に出さなかったということ。歯を食いしばってもね。他国の侵略に対して、国民の中核となって武器を持って立ち上がるという使命を持っている武装部隊を、国民に向けるということだけは絶対にやらん、ということを守り抜いたということです。非常に危機的時期があったんですから。

——安保のときですか。

後藤田　そうです。その時にも警察庁は長官以下全員が自衛隊動員に反対した。しかし、内実はどうであったかというと、機動隊を作っていても、とてもじゃないが警察力は足りなかった。いろいろやりくりはしたんです。たとえば、都道府県の警察官の多くは、外勤警察官です。駐在所とか派出所に勤務している。分散した独立勤務ですね。これらの者をいざというときに、集結させることは容易ではありません。それと同時に、警察は二十四時間勤務ですから、部制勤務で休みで家にいる警察官も相当いる。そういう人間を動員する計画を警察署毎に作ってもらい、いざというとき命令一下県本部に集まれ、という態勢にしたんです。この計画を当時の課長補佐、後に内閣調査室長になった渡部正郎《わたなべまさろう》君に立案してもらって作った。これが当時の警備担当課長としての私のいちばんの仕事でした。しかし難航しましたよ、いろいろな意見が出ましてね。

「六〇年安保」を機会に定員増に動き出した

——その後、人員はどう増やしたんですか。

後藤田　本格的に人員増強に取り組み出したのは、やはり安保騒動のときですね。警視庁はあれだけ大きな組織体でありながら、国会周辺は全国から集まったデモ隊員によって十重二十重に取り囲まれるわけですから。常時あそこへ行ける警察力はわずか三千名なんですよ。長期になると、疲労困憊するんです。

軍隊と警察は基本的にどこが違うかというと、軍隊の目的は敵を圧倒殲滅《せんめつ》することなんです。そのためには何がいちばん大事かというと、所望の時期までに、所望の地点に、所望の兵員と武器弾薬をどれくらい長く送りつづけることができるか、ということです。つまり、縦深《じゅうしん》の戦力ということ。これが軍隊の特色なんです。ところが、警察というのは、縦深戦力はゼロなんです。十一万数千名の警察力であるならば、まさに十一万の警察力しかない。したがって、事案が一週間続き二週間続き、三週間、一ヵ月と続けば続くほど、毎日、毎日警察力は逓減していく。それをどのようにうまく運営をするか。大体は、どこの国でも軍隊が出ていくんです。日本の場合だと自衛隊が出ていく。

——日本の場合、自衛隊はどういう形で協力するんですか。

後藤田　自衛隊は警察の「支援後拠」となって治安の維持に協力するということです。具体的な配置はどうするかというと、暴力的な破壊活動をやっている国民に対して自衛隊を直接ぶつけることはしない。第一線で国民との接点に立つのは警察であると。そこで、自衛隊は変電所あるいは鉄道の駅を警戒する。あるいはダムを警戒する。あるいは総理官邸を守る、そういう重要な警備対象に配置して、そこへ攻撃をしてきたときには防御をしますよ、という話で、こちらから打って出るということは絶対にやらない。

それでは全国の警備計画を立てなければならないということで、いざというとき守るべき重要施設を織り込んで計画を作りました。警察はその計画を持っているわけです。おそらく自衛隊などとも相談していると思います、わかりませんけれどね。ともかく、初っぱなに守らなければならないのは通信機関と放送機関なんです。これを押さえられたらアウトですから。そこへ誰が行くかということも決めた全国の警備計画というのがある。そういうことを、私の時代からやってあるんです。

——増員の方は抵抗が強かったんではないですか。

後藤田　警察の「警」の字がついたら国会は反対するんですから。そうなると、増員といっても通りませんよ。全体の警察力というのは警察法に書いてあるんですからね。各管区ごと、各府県ごとの定員というのも、自治体警察といいながら定められているんです。基準の数ですがね。だから、増やすといっても容易じゃないんです。

——国費だと、予算が関係しますからね。

後藤田　そうなんです。なかなか大蔵省がウンと言わないんですよ。自治省はわりあい理解がある。県の幹部や警察本部の連中が困っているのを知っていますから。大蔵省は中央にいて理解が不足していますからね。だから反対で、なかなかウンと言わない。

——それでも、安保を機会に定員増に動き出したわけですね。

後藤田　安保のときは本当に警察力不足を痛感したということです。警察官の犠牲者も多かったんです。本格的に増員にとりかかったのは、さっき言ったように、私が会計課長だったときだ。そして人事担当が新井裕さん。この人は、福島県の警察本部の警察隊長の時に事件（昭和二十四年）に遭遇して、えらい目に遭っているんです。だから、これはいかんということで、この二人で協力しながら取り組んだわけです。二人でやったといえば、他の人は怒ると思いますよ。しかし、この二人が中心でやった。この二人がともに長官となって退職するまでに十数年かかっているんですが、その間ずっと増員してきたということですね。それで、現在は二十一万人の体制になった。

――ところが、警察をお辞めになってからは、警察官の増員はまかりならん、というお考えでしたね。その辺りは、どういうお考えだったんですか。

後藤田　私が政治の場に出てからは、行政改革が大きな課題になりました。それに、警察力は単に人を増やすだけではあかん、という面があるんです。だから、警察の増員は一切認めない、内部の合理化が先であると言った。仲間の国会議員さん方の中で、出身の役所の味方をしないで、いつも難しいことを言うのはあの人ひとりだと悪口を言われました。それでも、私は増員を認めなかった。

ただ、最近は認めています。オウムの事件が起き、警察の対象事案も変化していることにも配慮して、警察庁幹部の説得をうけて、地方の警察力が足りないことに理解を示したわけです。それに、なんにもまして週四十時間制度がどの役所でも常識になってきている。二十四時間勤務の警察でそれをやると、勤務にあたる警察官の数が極端に少なくなる。すると、どこかにひずみが出てくる。そういうことがあったときに、たまたまオウムの事件で、ある意味で拳銃の犠牲になった国松孝次《たかじ》長官が私に、後藤田先生、どうしても警察官が足りません、と言ってきた。それで私は初めて、よかろう、認めるから案を持って来るように、と言ったんです。

――無条件に認められたんですか。

後藤田　いや、条件はつけました。国会周辺や総理大臣官邸の辺りは、諸外国と比較したり外国人が日本に来ての印象から見ると、日本という国は警察戒厳令の下にあるのか、という印象を持つよ。単独勤務が危険であるというならば、二人勤務でよかろう。しかし、五人も十人もたむろしておる。これは直さないと人は増やさない、と厳しく言いました。したがって最近は気をつけておるようですが、これはよほど気をつけませんとね。

人を増やすと人の使い方がルーズになるんです。そして、お互いのもたれ合いが始まる。「だれか警戒しているだろうと思って、誰もやっていないといったようなことがあるから、これはあかんよ」と厳しく言っていますけれどね。

内務省の復活は時代錯誤もはなはだしい

――話は変わりますが、内務省には地方局系と警保局系があるという話ですが、両者の考え方などはかなり違いますか。戦後の警察をリードしたのは地方局系だという話もありますが、その点を含めてお話しください。

後藤田　当時から言われていたのは、内務省に大きな流れとして三つあった。ひとつは地方局の系統、もうひとつは警保局の系統、もうひとつが社会局の系統と、だいたい三つの流れがあると言われたんですが、特に際立って言われたのは地方局と警保局の人の流れのことが言われましたね。どこが違うかと言いますと、同じ内務省の人間ですから、私は特別にそれほどのことはないと思いますが、敢えて言うと、地方局の方は考え方が理論的で緻密なんです。そして法律的にやかましく吟味をする傾向の人が多かったと言えますね。

警保局の方は、物事の考え方が常識的です。警察の幹部に適格か適格でないかという判断はいろいろありますが、いちばん大事なことは、物事を考えるときに非常に常識的で、バランス感覚がないと駄目なんです。やはり警保局の人はどちらかというと、物事を考える際に常識的でバランスがとれていた。悪く言うと政治的な判断をする場合があるということではないですかね。

しかし私自身は、そんな考え方は持っていませんよ。ことに僕は両生動物でしたから。地方局の人は、私は自治省系統だという。警察庁の人に言わせると、いやあれは警察だといいますからね、それはわからんです。強いて言えば、そういう色合いがあったのかな、というぐらいではないですか。

戦後警察の主流は地方局ではなかったのかということですが、警保局の中でも優秀な人はほとんど特高警察を体験したんです。ですから戦後みんなパージを食って公職追放になったんです。そんなわけで、戦後のマッカーサー司令部による警察の分断のときに、国家地方警察に残る人、あるいは大都市警察の幹部に残る人に、戦前の警察経歴のある人は少なかったんです。生き残っていたのは地方局の人なんですね。それが幹部に入っていた。

だから例えば警察庁の長官で言いますと、初代が斎藤昇さんですね。後に運輸大臣、厚生大臣をやりました。あの人は純粋な地方局です。それから二代目が石井栄三さん、これは純粋な警保局。私は三十二年の官僚生活のうち十八年の警察経歴があるんですが、そのうち九年間はこの石井栄三さんに使われたんです。それから三代目が柏村信雄さんです。この人が地方局、財政系統の人ですね。そのあとになったのが、江口俊男さんです。この人は地方局です。江口さんの後を受けたのは新井裕さん、これは警察です。そして、その後を受けた六代目の僕が両生動物ということですね。

私の後の人は、どこの系統というようなことはありませんね。だいたいそういうことですから、人がいなかったということですよ、純粋な警保局系統というのは。だから地方局の人が新しい警察の中心になったと、これは言えますね。

そこで、警保局系統の中の優秀分子は特高経歴があるわけですから、特高経歴を持っていた人と地方局の後から入ってきた人との意見の対立があったのではないか、ということをよく言われるんです。実際あったかどうかといいますと、これは多少、三面記事的な、社会部的な感覚ではないでしょうかね。私はそれほどには感じませんけれどね。

——特高警察の経歴を持っている人は追放解除になった後に復帰するということはなかったんですか。

後藤田　だいたいよその省に復帰した。厚生省というのは戦時中にできた役所ですからね。昭和十三年だったと思う。そういうところに若い課長を復活させたんです。だから、その後の厚生省の幹部は全員、非常に優秀な人だった。いまはあかんけれどな。厚生省に特高警察の人が集まったのは、亀山孝一さんという次官がいたんですね。この人が、あまりにも若い、まだ独身だったり、結婚早々の人がみんな浪人していたわけですから、かわいそうだというので、厚生事務官で採用したんだよ。

それから後の地方局の僕の後任者に、職員課の筆頭事務官で、いまの地方公務員法をこの人が完成したんだけれど、後に法制局に出まして法制局長官になって、最高裁の裁判官をやって、いまは民間に引退している角田《つのだ》禮次郎さんというのがいるんですが、彼はどこに行ったかと言いますと、運輸省です。なぜ運輸省かというと、内務省の土木局というのは、代表課は河川なんです。その次が道路、その次が港湾、それに対応して技術の三つの課があった。

ところが港湾は、内務省解体の時に、運輸省にとられちゃったんだ。角田禮次郎さんは、そこに復活したんです。駐留軍はわからんがな。それで運輸省に行っていたんだ。その運輸省から、今度は僕が、警視庁の課長に出たときその後にあげて来たんです。そういうように、あらゆることをした。それはやはりかわいそうだということですね、若い人は。だってまだ三十歳前後ですよ。

――最近、内務省の復活が言われたりしていますが、どう思われますか。

後藤田　独立回復と同時にチラチラ、内務省復活という意見が出ていたこともあるんです。それから今度の行政改革で総務省を置いたときに、一部そういう考え方を言う人がおりましたね。それで私は、それは駄目だと言った。どういうことかと言いますと、旧内務省というものは、これまた大蔵省と並んで官庁中の官庁でしたね。内務大臣のもとに全国四十七府県に官選の知事を置いて、その知事の任命権を内務大臣が握っていたんです。そして、その内務大臣のもとに警察権力を一手に持って、全国に警察署を置き、派出所、交番まで置いて、網の目のような警察網を張っていたわけです。

他方、初めのうちはそうではなかったと思うんですけれど、戦時体制になりますと、全国の市町村に隣組までつくって、全国民をコントロールしていたんですよ。それが内務省だったんです。そのイメージで、いま国の仕事をやっていこうというような考え方でいるならば、それはあり得ない。ことにまた、いまは公選の知事制度になって、地方がそれぞれ分権していくではないか。その時に昔の内務省をイメージして、一体どういう仕事をするんですかと。あり得ない。

特に内務省がいちばん槍玉にあがったのは、なんといっても全国の警察官を一手に握っていたということですよ。その警察がいま別になっているんです。それが内務省になって一緒になるなんていうことは考えられない。それは世論が許さない。そんな考え方は単なる過去の夢みたいなことで思い出しているだけで、それは間違いだ、時代錯誤だと言っている。

警察庁会計課長のとき警察の近代化を推進した

――先生が会計課長のときは、警察の近代化にも手をつけられたと言われていますね。

後藤田　会計課長のときは、増員もやりましたが、いちばん力を入れたのは、言葉はおかしいんですが、警察の科学化ということだったんです。これは装備の充実です。そのひとつは、全国の通信網の整備だったんです。警察通信というのは、内務省時代から普通の電話通信と違いまして、警察の専用線というのがあった。ところが、専用線だから線が悪いんです。ともかく声がよく聞こえない。とくに移動通信がだめだった。

移動通信の改善にいちばんやかましかったのは、時の国家公安委員長だった正力松太郎さんです。この人は、日本テレビの創設者なんです。通信とかテレビにはたいへん関心が強い人です。それで、パトカーを整備しろ、というのが第一の指令だった。正力大臣が在任中、私に言っていたことは、パトカーを整備しろということがひとつと、もうひとつは、東京の長官室なり大臣室から全国の警察に直接指揮ができるようなテレビ網を整備しろ、ということです。自治体警察になってからは、中央から全国に直接指揮することはできないんですが、昔の警視庁を想像しているので、そういうことをおっしゃる。

——対応に苦慮されたんではないですか。

後藤田　正力さんは、毎日僕を呼ぶんだ。長官なんかは嫌がって行かない。僕が担当の課長だから代わりに行った。そうすると正力さんはおっしゃる。「日本全国の地図を見ろ、日本は細長い列島だ、脊梁山脈が真ん中に走っている、川といえば脊梁山脈を通じて、表と裏に急流となって流れる、さらに日本の南の方へ行くと、沖縄を通り、台湾に行き、フィリピンへ行き、ジャワに行くだろう、こういう地理的条件があるんだ、そこでまずは日本の国内にテレビ網を整備することができるよう、後藤田、お前がやれ」と。

そこで、「大臣、それは警察の仕事じゃありませんよ」と申し上げた。どこの仕事だ、と言うので、それは防衛庁の仕事ですよ、と言った。これは防衛庁の仕事でもないんだけれど、そう言って逃げまくったんだ。これは有名な話なんです。

そして、八木アンテナをつくったあの八木秀次《ひでつぐ》博士を連れてきて、局長以上に講義させたりしたんです。マウンテン・トップ方式というんだ。テレビの中継基地を作って、テレビ網で日本の全家庭に行くように役所でやれ、と言うわけです。それくらい、テレビ、放送とか移動通信にたいへん熱心でした。それで私は、なるほどなと思って、通信の整備に力を入れた。そして大臣に叱咤激励されながら、パトカーの制度を取り上げたんだ。

――それまではパトカーの制度はなかったんですか。

後藤田　日産がつくった四輪車のジープはあった。そのジープというのが、日産の悪口になるけれど、砂地では動かないんだ。その頃、石川県の内灘にある射撃場に対して反対運動の大衆騒動があった。僕は取り締まりの課長だから視察に行った。そこでジープがあるから乗ったら、道が砂漠状で動かない。砂地はだめなんです。それで帰ってきて、当時の同期生の養老絢雄君という装備課長に、養老、お前が買っているあのジープは役に立たないぞ、と言ったら、そんな馬鹿なことあるか、と言っていた。しかし、実際に動かないんだから。医学評論みたいなことをやっている養老孟司《たけし》という人は、その甥です。あの時は、アメリカ軍のジープを借りたんだけど、それは動くんだ。それは、四輪駆動であると同時にタイヤが違う。だから、当時からジープはあった。しかし、いわゆる無線を積んだパトカーはなかった。私の時からこれを整備したんです。

――パトカーはどういうふうに整備されたんですか。

後藤田　国が買うんですよ。装備の経費は国費ですから。それを全国配備する。そうやって全国的に、斉一にきちんと整えるんです。人間の教育にしろ、装備にしろ、そういったものはみんな国費で出していくということです。

――科学警察研究所みたいなものはどうなんですか。

後藤田　これも整備をしました。そう、警察の科学化。それはいま言ったパトカーの問題と、もうひとつは移動通信ですね。それからもうひとつ言えるのは、鑑識を充実させろと言ったんです。鑑識というとすぐに指紋となる。そこで、指紋制度の整備と同時に、科学捜査研究所で現場鑑識の能力を増やそうということで、まずは東京に置いた。そして警察庁には科学警察研究所をつくった。そこへ偉い人をもってこなければいかんというので、勲章をもらっていた古畑種基《ふるはたたねもと》先生を所長という名前で呼んだ。あんな偉い人が警察庁長官の指図を受けるのは気の毒で、どうにもならん。まあ、それでもその人に研究所を整備してもらった。

だから科学警察研究所の中心は何にあったかと言うと、法医学です。もちろん、その後の犯罪の変化に応じて、銃器の鑑定もするようになった。指紋は万人不同、終生不変ということですね。それと同じように銃器の線条痕が一銃不変なんだ。だから、何のピストルで撃ったかがすぐわかるんです。近距離で撃ったやつは、発射のときの煙が残っている。そうすると、どの弾かという銃器の鑑定ができる。それが発展してきた。そこで麻薬もやっていた。

——先生のご経歴の中には、公安関係は入ってこないんですか。

後藤田　公安には入っていないですね。警察庁では警備実施の大衆暴動鎮圧の担当ですからね。ただ、のちに警備局長をやりましたから公安情報も担当しましたよ。

——大衆暴動の抑えをするために、情報としては公安情報は必要なわけでしょう。

後藤田　必要ですよ、ただ公安情報は課長時代にはやっておりません。私は暴動の鎮圧ですから。

——情報としては、どんどんもらう。

後藤田　それは、どんどんもらいます。もらわなきゃできない。私の時は二期先輩の三輪良雄さんが課長で、この人は後の防衛事務次官になりましたが、あの人の所にたくさんの公安の専門家が集まり、日本共産党がいま何をやっている、とかやっていました。

——そういう情報は文書で来るわけですか。

後藤田　打ち合わせをしたり、電話したりですよ。

——全部口頭でやるわけですね。

後藤田　口頭です。書いたら抜けちゃうから。

——公安調査庁でも調査しているはずですが、そういう情報は来ないんですか。

後藤田　公安調査庁の悪口になるんだけれど、公安調査庁でもやってはいるんだよ。だけど、いかんせん、全国で千七百人なんです。ところが、警察の方は二十何万おるわけです。大組織を全国に張り巡らしている。しかも、駐在がみんな触角でおるわけですよ。おそらく一万四千人か、一万五千人いる。だから、警察の情報でないと駄目なんですよ。公安調査庁はどうかというと、都道府県の県庁所在地に出先を置いているんですね。それで警察に情報をもらいに行くわけだ。

それから、公安調査庁の本庁の第一部長というのは、警察庁からの派遣なんです。あれは検事じゃない。検事さんというのは、あそこに十人ぐらいしかいない。だから、本当の意味で国内の治安情勢になってくると警察庁だろうな。それから海外の情報も、警察官が海外駐在官としてずいぶん出ています。海外駐在官の出ていない所は警備官と言って、大使館の警備を名目にして出ている。キャリアではなくてもうんと出来る人間で、僕が外国に出張してみたら、いい仕事をしている。警察庁は外地の情報にはわりあい詳しいんです。

公安調査庁も外国情報を取っているけれど、場所が少ない。要するに公安調査庁と警察の違いは、ボリュームの違いだろうな。しかし深さとなると、公安調査庁には四十何年間もそれひと筋でずっと来てる人もいるから、すごい点はあります。警察では、だんだん偉くなっちゃって現場から遠ざかることが多いからね。

今いちばん欠けているのは、外国の治安情報でなしに政治情報なんです。外務省の情報なんて当たったためしがないんだから。新聞や刊行物を翻訳して持ってきているようなものだからね。

会計課長時代から政治家との関係が深くなっていく

——会計課長時代からは、予算との関係で政治との接触が増えてくると思われますが、当時はどういう状況だったんでしょうか。

後藤田　警察庁の会計課長というのは、対大蔵省との折衝においては色濃く旧内務省時代のしきたりが残っていた。だいたいほかの役所は、大蔵省の力が圧倒的になるので、予算の折衝は主計官相手の段階から、各省の局長が折衝していた。その最終の詰めの段階に入ってくると次官折衝をやって、大臣折衝へといくわけですね。ですから、予算折衝の中心は局長クラスなんです。ところが旧内務省の時は、局長は動かないんです。ぜんぶ会計課長がやる。

その習慣が残っていまして、警察庁の会計課長は警察の予算全体を、長官折衝の前の段階まで全部やっちゃうんですよ。局長はほとんど大蔵省に行かない。それだけ会計課長の地位が、よその省より重いし、同時に登竜門でもあったんです。普通はどこの役所でも人事課長というのが登竜門として重要ですね。ところが警察庁の場合は、先にお話ししたように、人事課長と会計課長が最も重要な課長ポストで、将来の登竜門になる。ここで合格すれば偉くなるし、不合格ならそれまでといったような立場ですね。

だから現実に私がやったときも、長官折衝に何をどういう項目で残すか、どの程度までやるかまで決めるわけですね。ほかの省なら次官だけれど警察庁は長官です。同時に大臣折衝、国家公安委員長の交渉のタネをどう残しておいて、その見通しはどうやるかと、そこまでほとんど決めてしまってあるんです。それで長官折衝なり大臣折衝という段階になると、警察庁では官房長が会計課長と一緒にやるぐらいで、実質はほとんど会計課長の段階でやっているんです。これは内務省のしきたりの遺物みたいなものじゃないですかね。おそらく最近はそうじゃなくなったと思いますが、当時はそうでした。

——すると、他の役所とは違って、政治家との関係もこの段階からできてくるということですね。

後藤田 そうです。政治家との関係が深くなってくる。というのは、日本の行政全体の運営は、本来、政治のコントロールのもとで、役所がその枠の中で動くというのが基本ですよね。ところが実態を見ますと、役人がだいたい土俵を決め、中まで決めてしまって、政治がそれを追認するといった考え方が当時の主流だった。これもだんだん今は変わりつつあることは間違いありませんけれどね。

——警察庁だと、どういう政治家との関係が出てくるんですか。

後藤田 警察庁に関係のある政治家は、国会では衆参両院の地方行政委員会の委員なわけです。といっても、予算の折衝に野党は関係ありませんから、会計課長はもっぱら自民党の委員と折衝します。それから、自民党には国会の委員会に対応して地方行政部会というのがあり、さらに治安対策特別委員会がある。それで、予算はどのように出来るかと言うと、警察庁が原案を作って自民党の関係議員と折衝して了解してもらう。自民党との折衝ですね。そして最後の大蔵省の大臣折衝の時には、実体は決めてあるんだけれど、自民党の関係議員も全部大蔵省に行って、その人たちに助けてもらったという最後のセレモニーをやるわけですよ。とはいっても、単なるセレモニーではなくて、地方行政部会なり治安対策特別委員会の中に有力者がいれば、これはプラスになる。

それからやはり党の三役です。特に政調会長と幹事長、これには十分説明して、最後にいよいよというときには、三役に飲み込んでもらわないと最後の戦いができないわけですから、どうしても政治家との接触の範囲が広くなってくるということですね。

――自民党の治安対策特別委員会は、どういう性格の委員会ですか。

後藤田　治安対策特別委員会というのは、国会の委員会みたいな名前だけれど、自民党の調査会だな。これは治安に関係した役所全部の面倒を見る党の組織だ。警察のほかに法務省、法務省の中の公安調査庁もそうですね。検察庁はちょっと別組織ですから、法務省が代表している。それから運輸省が海上保安庁、これは海上警察ですから。それから厚生省がある、これは麻薬調査。

そういうように、各省に分散している治安関係の役所を全体として予算の時や法制の時に、説明を受けながら事前の審査をして、修正意見が出ることもあるし、わかったということになれば政調の中でそれが通っていって、党としてそれをバックアップするということになるんですね。治安対策特別委員会にはわりあい偉い人、古い人が多いんです。それだけに迫力がある。地方行政部会になってくると古い人もいますけれど、若い人が多いですね。

——そうやって自民党議員の応援を受けると、警察の政治的な中立という問題との兼ね合いが難しいのではないですか。

後藤田　そこで、長官なんですよ。長官はなんといっても警察の中立を守らなければなりません。といっても議院内閣制で自由民主党が政府を作っているわけですから、そこで長官は、行政と政治の接点にくるわけです。他の省庁の次官とは違って、長官だけは中立がいちばん大事なわけですよ。だから長官をあまり政治の渦の中に巻き込まないようにしなければならない。それを警察の会計課長なり、警察の官房長は頭に置いておかなくてはいかん、というところがほかの役所と違うところです。それだけに会計課長の責任が非常に重いということが言えるんじゃないでしょうかね。

——先生の前任者からずっとそういうことでおやりになられたわけですね。

後藤田　だいたいそうです。私の前任者というのは中原晴君《ただし》といって、私より一期先輩で警視総監をやった人ですけれどね。会計課長をやると、だいたい警視総監か警察庁長官のどちらかになるんですよ。

——警察庁と政治家の関係は、他の省庁と政治家の関係にも通じることですか。

後藤田　そうです。要するに、政党とお役所の関係は、いままでの治安関係の話でおわかりのように、議院内閣制で、時の政権を担当しているのは自民党です。したがって各省は党に理解をしてもらって、予算なり立法なりは事前の了解を得て、国会の通過成立を助けてもらうということをしなければなりません。そういう意味合いにおいて「政と官」の連携というのは非常に密接であることは間違いない。

そこを見ると、基本は党が決めておいて、その枠の中で役所ができるだけ知恵を出して、政府の仕事を担当して行くというのが枠組みなんですね。実態はどうだということになると、党の政策立案能力がアメリカとは違っているんです。アメリカでは一人の国会議員が二十人前後のスタッフ組織を持っていますからね。行政府は法律案を作ったり、予算案を作るなんていう建前にはなっておりません。国会がやっちゃうわけです。この点は日本とアメリカとでは違いますけれども、ともかく日本の場合には、政党に政策立案の資料と情報が少ないということなんです。それだけに弱いということです。それを補完しているのがお役所なんですね。ところが、実態は、設計の段階からみんな役所がやっている。よくよく気がついてみたら、政党がやったようでいて、なんのことはない、官の掌の中で踊らされていた孫悟空のような存在に政治がなるおそれがある。これがいまの日本の政治の欠点ですね。しかし少なくとも形は、枠組みとしての根っこは、政党です。その根っこから生まれてくるのが行政だということなんですけれどね。そういう「政と官」の関係の中で、警察の場合には予算を通じては会計課長が正面に立つことになるわけです。当時はですよ。今は変わっているかもわかりません。

ですから、警察のことについては、僕らの当時は、会計課長が政治との関係ではいちばん深くなった。その中で田中角栄さんとの関係が深くなったことは間違いありません。

――そういう政治家との関係は前任者から引き継ぐんですか。

後藤田　いや、それは引き継ぎません。人脈はそれぞれ人によって違う。ただ、公的な関係は別ですよ。自民党幹事長とか政調会長とか、治安対策特別委員会や地方行政部会、あるいは国会の地方行政委員会などの委員長や部会長とかはね。これは、向こうも替わるしこちらも替わりますからね。ただ、そういう関係が発展してそれぞれの人脈になることが少なくない、ということです。

れる人物を……。

——いろいろな方と接点があって、その中で力のありそうな、将来的にも役に立ってくれる人物を……。

後藤田　だから僕は田中角栄先生の子分だと今でもいう人がたくさんおりまして、まさにその通りだけれど。説明して陳情するときに、あの人ぐらい早く中身を飲み込む人はいない。理解が早い、そして即決する。わかった、と言ったら必ず実行してくれている。それで難しいことになると、あの人は、できない、とは言わないんだね。「それは後藤田君、難しいぞ、しかしやってみるわ」と言う。それでやってくれる。あの人は見通しが確かなものだから、難しいぞ、というときはできないことが多い。できることもある。必ず努力してくれる。そして必ず結果の報告が事前にある。この人ぐらい頼りになる人はなかったね。

普通の代議士というのは、警察あたりの幹部が陳情すると、だいたいみんな、「わかりました、一所懸命やります」と言うんだよ。でもやらない。田中さんというのはそこが他の人とは違ったね。「よしわかった」と言うときはできるということですね。それから、「難しいぞ」というのは努力するけれどできないかもしれないということですね。それこの判断がこれくらい早い人はいないし、そういう点についての正確さがある。

――どこに陳情に行くわけですか。

後藤田　陳情は、あの人が幹事長の時なら幹事長室、政調会長であれば政調会長室ですね。それから夜自宅に行く。相手が忙しいから時間がない。全省から来ているから、時間がとれない。要するに向こうさんの時間が空いたときに行っちゃうんですよ。

――しかし夜は夜で、幹事長だったら忙しいでしょう。

後藤田　それはやっぱり午後八時過ぎですよね。あの人はそんなに夜《よ》っぴてつき合っていなかったんじゃないかな。わりあい早いですよ。代議士は人によるんです。夜うんと遅い人と、夜は一切宴会に出ないという人もいる。それから家では絶対に会わないという人もいる。僕は政治家になってからは家では一切会わない。議員会館に来いという。あるいは僕は事務所を持っていますから、そっちへ来いとかいう。それは人によりますね。ほかには、当時の地方行政部会には天皇さんと言われた人がいた。それは、亀山孝一さんです。前に申し上げたように、特高で追放になっていた若い者を占領中にみんな厚生省に吸い寄せちゃった人だよ（笑）。それから皇太子と言われた人もいた。

――田中さん以外で関係のあった政治家にはどういう人がいましたか。

後藤田　三役のところに行きますからね。たとえば当時お世話になったのは赤城宗徳《むねのり》さんとか、のちに衆議院議長をやった前尾繁三郎《しげさぶろう》さんとか、役所の先輩では先ほど名前の出た亀山孝一先生、これは天皇さんですね。

——さっきおっしゃっていた皇太子は誰なんですか。

後藤田　皇太子は渡海元三郎《とかいもとさぶろう》さん。その息子（紀三朗《きさぶろう》）さんがさきがけの政調会長か何かをやっていた。渡海さんは私と大学の卒業年次が一緒なんです。ただし京都の人で、高等学校が同時代ですから、この人とは死ぬまで友人づきあいでした。亀山先生は、年中怒られるから小さくなっていたけれど、これは大先輩ですから。それからずいぶん私はいろいろな人に可愛がられもしたし、教えてももらうし、助けてももらいました。町村金五さんという人もいた。それから古井喜実さん、古井さんのあとに私がいま日中友好会館の会長をやっているんです。古井さんが生きているときに頼まれたんだ。「おまえ、俺のあとやってくれ」と。あの人には、指導もされるし、お叱りも受けるし、可愛がられもしましたね。政治家としてはそういうところですかね。

——警察ＯＢの政治家というのは、そんなに多くはなかったですか。

後藤田　ああそうだ、それを忘れた、怒られちゃうな。岡崎英城さん、これは終戦当時の保安課長、勅任の内務省の課長ですね。それから丹羽喬四郎さん。息子さんが元厚生大臣の丹羽雄哉君。こういう先輩たちに大変引き立てられましたね。この人たちは警察でしたから、私は岡崎さんとか丹羽さんには非常に助けられました。そのかわり警察の内部では、私は特高系統の男だといわれた。その面で僕はマイナスの影響を受けたかも知れませんね。ところが僕は全然やったことがない。ぼくは戦に行っていたからやっとりはせん。それでも僕は、警察の中では、地方局系統と特高系統の二つの流れのうち特高の流れの方に入れられちゃったんですよ。その理由はそのお二人の先輩の関係だな。

――特高で追放になった方で、あとで警察に戻られた方もいたんですか。

後藤田　追放になった特高経歴者たちは、優秀な人が多かったんですね。地元採用者の中にも立派な人が居りましたよ。そして生き残った人の中心になったのが警視庁ではついこの間まで参議院議長をやっていた原文兵衛《ぶんべえ》さん、鹿児島県で特高課長をやりましたよね。あの人が警視庁のなかで重きをなしたのは、ご本人の力量もさることながら丹羽、岡崎といったような人とか、町村金五さんなんかとの人の繋がりもあったように思う。人間関係は大事だよね。

小佐野賢治君とは昭和二十二年に知り合った

――小佐野さんとの関係も、当時からあったんですか。

後藤田　世間で誤解しているのは、田中さんというのは小佐野賢治君との仲をいろいろ言われて「刎頸の友」と言われた。小佐野君というのは政商の筆頭だと言われていた。ところが、その小佐野君と田中さんと僕を一体にして、僕らは一時期攻撃をされた。しかし、小佐野君と知り合ったのは、私の方が田中さんより古い。知り合ったのはバラバラなんです。私は小佐野君とは昭和二十二年に知り合って、それからつき合いをした。これは優れた男だ。よく働く。あれだけ働いたら金儲けができない方がおかしいな。彼は小学校だけだけれど素晴らしい頭の回転だ。どこの社会にいても旗頭になる能力があったと思うね。

それで田中さんとは、昭和二十七年、私が国警本部の警邏交通課長時代に交通の予算で会ったのがきっかけで、会計課長になってから本格的につき合った。だから公式のつき合い以外は田中さんとはやったことはありません。小佐野君とはよく料理屋で飲んだ。田中さんとはそういうことは一切なく、公の仕事だった。それで田中さんと小佐野君との関係がどういう関係であったかは、ぼくにはわからない。わからないけれど、少なくとも小佐野君との関係で見るならば、それは僕の方が先だったと思うな。

——先生と小佐野さんの関係というのは何の関係なんですか。

後藤田 それは交通です。僕は経済警察ですから交通とは直接関係はなかったんだ。交通警察をやっていたのが僕と同期の海原治君だ。そして小佐野君はバス業者、タクシー業者ですから。警視庁の交通課は、当時、ガソリン配給までやっていた。敗戦直後で、切符制で物資配給をしていた時代ですから。小佐野君はそれをもらわなければならない。だから警視庁に絶えず出入りして海原君と知り合ったわけですね。そのあと一年後輩の橋本健寿君というのが交通課長になった。

彼が交通課長になったとき、私は経済二課長をやっていて、海原君が経済一課長をやっていた。そのとき橋本健寿君に紹介を受けたんです。こういう素晴らしい能力の男がいますよ、つき合ってみませんか、と言われた。それなら連れてけ、と言った。そんな関係で橋本君が僕に紹介したと思います。海原君に言わせると、いやおれが紹介したんだと言うんだけれど、僕が小佐野君と知り合ったのは橋本健寿君の紹介だと思うんですね。当時小佐野君はまだ独身でしたよ。新橋など至るところで派手な遊びもしていたようだ。でもよく働く、能力は素晴らしい。田中さんとウマが合ったというのは、あの回転の速さと馬力じゃないかな。

——それは似ているわけですね。

後藤田　似ている。彼がハワイに進出したとき、小佐野君の社長室にはハワイのでかいホテルの写真が二枚ぐらい飾ってあるんだ。小佐野君、これはどこのホテルだ、と聞いたら、ハワイのホテルだ、という。誰のホテルだ、と言ったら、俺のホテルだ、と言うんですね。その時に買収していた。その当時、敗戦国の若い実業家が戦勝国のホテルを買収したと言って現地で有名だったというんだね。それくらい能力があるんですよ。ただ、そうはいいながら欠点は何かと言えば、そろばん一丁だからな、何もかもが。それは僕らとは趣味が合わないな。まあ、怪物の一人だ。五島慶太さんに、陸と海で引き立てられたという、陸の一人が小佐野君だ。海の一人が横井英樹さんと言われていた。

岸信介さんの総理就任は疑問に思った

——鳩山一郎さんの政権から、石橋湛山《たんざん》さんを経て岸信介さんに替わりますが、岸内閣ができたときに、何か感慨はございましたか。岸さんは、日米関係を見てゆく上のキーパーソンで、戦犯容疑がありながら、政界に復帰するとあっという間に総理になられたわけですよね。

後藤田　僕は個人的には、戦犯容疑で囚われておった人が日本の内閣の首班になるというのは一体どうしたことかという率直な疑問を持ちました。文字通り統制経済の総本山の方ですよね。そして中央集権主義的な行政のあり方、政治の主張、これを色濃く持っている方ですから。私はたまさか、あの人の幹事長時代にお会いしたことがありまして、大変な素晴らしい能力の方だという印象を持つとともに、率直なところ、いま言ったような気持ちを持っていました。これは、戦争に対する反省がないからです。それが、いまにいたるまでいろいろな面で尾を引いている。

しかし、これは結局は日本の国柄でして、敗戦当時の国際的な責任の負い方なり、国内的な責任追及が充分できなかったということは、当時おかれていた日本の状況、そして日本人全体の気持ちから言いますと、いま責めるわけにはいかないんですよ。終戦のポツダム宣言を受諾するかしないかというときの議論にしろ、マッカーサー司令部と日本の政治のあり方をめぐっての話し合いにしろ、同時に戦犯裁判の時の占領軍と日本政府との関係等を見ましても、いちばん中心は何だったかというと、国体の護持ということですよ。それ以外の何ものでもない。

国体の護持というのはもう少しわかりやすく言うと、天皇の戦争責任の問題になってくるわけです。さてそうなってくると、当時の状況から見て、ここで天皇制の問題を敗戦責任ということで追及するということは、国内的にももちろん不可能ですし、外国に対してもそれだけは避けたい、ということにならざるを得ませんね。ほんとうは補佐する人の責任がいちばん重いんですよ。旧帝国憲法は文字どおり欽定憲法であるし、天皇制中心の憲法であって、天皇大権がすべてですからね。統治権は天皇が総攬《そうらん》するんですから。しかしそれは形式であって、やはり明治以来の日本の皇室というものは、イギリス王室を基本にして「君臨すれども統治せず」ということが基本になっていた。ことに昭和天皇になってからはまさにその通りです。

だから昭和天皇は、陸海軍の統帥については参謀総長と軍令部総長の上奏以外は何も聞きません。上奏があればその通りでしょう。そして行政はどうかといえば、内閣の国務大臣の輔弼《ほひつ》がなければ天皇はサインなさらんのですから、内閣から上がってくるものについては条件は一切おつけにならない。ですから、全責任は、陸海軍について言えば参謀総長、軍令部総長、行政全体について言えば総理大臣を始めとする各国務大臣が責任を負うべき事柄です。陛下に責任を持って行くというのは、形はまさにそうかも知れませんが、実体を伴っていないわけですからね。

それで国民はどうかといえば、それはみんな天皇がなさっておるんだと思っているわけだ。その天皇がご自分で判断なさって、戦争が終結した、それは天皇がいらっしゃったからだとみんなこう思っているわけです。その天皇の責任を追及するということは、当時の雰囲気としてはできなかったんですね。ほんとうは、輔弼責任者の責任を追及しなければいけないわけですよ。極東軍事裁判はまさにそれで終わったんだな。それで国内的にはほんとうの意味での責任者の追及が行われなくて今日に至っているものだから、これは外国の目から見たらおかしいではないかということになるんじゃないですかね。何もかもが国体の護持ということですから。

しかし、よく天皇制が維持できたと僕は思うよ。ほんとうに天皇がご自身で判断なさったのは、終戦後になっていろいろな資料が出ているのを見ると、終戦の最終決断だな。陛下のご裁断を仰ぎます、と鈴木貫太郎総理大臣が言ったんだからね。それで陛下は終戦の裁断を下されたわけですから。ほんとうを言えば総理が決断をして、陛下、これでご署名願いますというのが当たり前だと思うよ。僕はおかしいと思うよ。だから、何もかもが不徹底だ。

いちばんずるく立ち回っているのはドイツなんですよ。ワイツゼッカーなんです。一九三三年から十年余りナチスが政権を握っていたときのドイツはドイツじゃないのかというんだ。ドイツそのものではないか、というんだ。ところがあれはナチスの責任であって、俺たちドイツじゃないよと、ワイツゼッカーはいうわけでしょう。そのかわり外人特有のしつこさで、今でも戦犯を捕まえるな。それで全部ナチスにかぶせて涼しい顔をしている。日本はそれができないわけだよ。だから、いまだに日本は謝っている。ドイツは謝りゃせんがな。やっぱり国柄の問題で、責任の追及ができなかったということだと思うね。

ですから、岸さんが総理になったときは、これはいかがなものか、と思いました。――後藤田さん以外でも、当時官職におられた方は多少なりともそういう気持ちはあったのでしょうか。

後藤田　話をしたことはあまりないけれど、話をすればみんなそうだなと言うだろうね、普通の役人なら。戦争責任を考えたらね。あの人はしかし無罪なんだよな。そこなんだ、ひとつは。あの人は無罪放免になったんだよ。裁判にかからなかったもんだからね。容疑の段階だから。岸さんの立場になれば言い分はあるだろうな。

第五章　政治家の力と官僚の力

——自治庁、自治省の時代

大蔵省との折衝にまとめ役と喧嘩役を立てる

――ちょうどその岸内閣の時、昭和三十四年三月に自治庁の官房長に転出されるわけですね。警察から自治庁に移られる。移られて七ヵ月後に税務局長になる。岸内閣のもとでの後藤田先生自身の異動と、自治庁と警察庁との関係についてお伺いしたいんですが。

後藤田　それは、くり返しになるが、僕が両生動物ということからくるんだな。僕は両生でもないな、三生動物かな。生まれは土木局なんですよ。灘尾弘吉さんに仕えたんだ。ところが終戦後、地方局時代に今の地方公務員制度を作るために神奈川県の課長から地方局に呼び戻された。だから今の自治省からみれば地方局の人間なんだ。ところがその後、僕は重箱の隅をつつくような仕事が嫌で、常識で仕事ができる警察へやってくれといって、警視庁の課長になったわけです。爾来、警察の人間になった。だから私の場合は両方に籍があるということですよ。

僕が自治庁に呼ばれたのは、先行きの次官の人事までにらんでいたんだな。そこで、後藤田君を返せ、ということになったんだな。自治庁にすれば返せということになる。

警察にすれば、返せとは何事だ、おれの方の人間だということになる。そこで当時の長官が、「後藤田君、自治庁が官房長に来てくれというんだけれど行ってくれないか」というから、「行くのはいいですよ、だけどいつでも帰してくれますか」といった。すると、君のいいときに帰すから、と言うから、それなら行きます、と言って、いとも簡単に行ったわけだ。行ったのはそういうこと。だから、僕には両方に籍がある。

——籍があるというのは、両方の省庁で、あれは自分たちに属している人間だと思っているということですね。出向してきた人間だと思っているわけではなくて。

後藤田 おれの方に帰ってきたと思っているんだ、両方ともな。お里はおれの方だと両方が思っている。

——お里というのは、一般的にあるわけですか。

後藤田 ありますよ。だから建設省もまた僕はお里だと思っている。だから今でも建設省の顧問をやっているよ。建設省（土木局）なんて七ヵ月しかやっていないんだ、何もしないんだもの、無理だよ。自治庁の方は若いときに事務官をやっていますからね。そして同時に官房長と税務局長をやっていますから。

——先生が自治庁の官房長の時に、庁から省に変わりますね。その時は先生も工作なさったんですか。

後藤田　そう。僕は政治家とのつながりが警察の会計課長のときから出来ているから。僕と奥野誠亮《せいすけ》さんで、庁から省への運動をやったんだよ。奥野さんは地方交付税を握っているだろう、だから代議士は自分の出身県に交付税をよけいもらわなければいかんから、奥野さんのところに陳情に来る。だから、奥野さんは強いわけだ。それで彼が手を回し、僕は僕で会計課長でみんな知っているから。

それに、自治省を作るときにやはり非常に助けになったのは、僕の先輩の丹羽喬四郎さんだ。彼は当時の前尾派の大幹部ですから。それから皇太子と言われた渡海元三郎さん。のちに皇太子から天皇になったんです。それで亀山孝一さんは法皇になった（笑）。そういう人がみんな助けてくれた。

――先生は自治庁官房長から、その後、自治庁税務局長になられますね。これは普通の人事ですか。

後藤田　僕が官房長の時の人事の布陣は、小林與三次次官ですね、彼は後の読売新聞社長です。行政局長が藤井貞夫さん、彼は後の人事院の事務総長になりましたね。財政局長が奥野誠亮さん、税務局長が金丸三郎さん、後に鹿児島県知事から参議院議員になって総務庁長官をやりましたね。今は引退した。そして、官房長が私ということでした。

ところが、税務局長の金丸さんが鹿児島県に帰ったんです。それで税務局長をやる人がおらんから後藤田君やってくれという。しかし、僕は税金は素人だ。だから、それじゃあ国会の答弁だけはするよ、仕事はあかんよ、仕事は次長を置いてくれるか、と小林さんに言った。すると、君の言うとおりやる、という。ただ、これは役所のなか限りのプライベートな次長だ。

それをやったのが、その後代議士に出て防衛庁長官をやった大村襄治《じようじ》さんで、彼は勉強家で税金に詳しいんだ。それで、お前おれの次長をやれ、そのかわり机もおれのところに置くぞ、といって、局長室に机を二つ並べたんです。僕の左隣に大村君が座った。それで大村君が判を捺さない限りは僕も判を捺さない。初めから課長にそう言ってあるんだ。大村が判を捺さないやつはおれは捺さんぞと。その代わり国会は駄目なんだ。プライベートな次長はものを言えない。そこで国会答弁は僕がやる。だから楽なんだ。何しろ質問する方が素人なんだから（笑）。

――税務局長になると、大蔵省との折衝なども厳しくなるんでしょうね。

後藤田　地方税収の確保や自治体財源の創出、これが税務局長の仕事なんですよ。これは大蔵省との税金の争いだな。地方交付税は財政局で、奥野誠亮さんがやっている。僕は地方税をやっていた。だから例えば僕の時にやったのは、県民税の税率の累進性をフラットに改めたんですよ。その代わり、所得税の方を持ってきてね。そういう税源の争いを大蔵省とやった。その当時は地方の財源がなくて、地方財政がうまくいかなかった時で、奥野さんというのは終始大蔵省との戦いだ。僕も税金についてやはり喧嘩ですね。

ただ、相手が偉かったな。向こうの主税局長が。原純夫《すみお》さんという人がいた。この人は後に東京銀行の頭取になりましたね。彼は偉い人だった。そのあとやったのは村山達雄さんだよ、大蔵大臣を二回ぐらいやったかな、新潟から出ている。彼は僕より二年先輩だよ。原さんの方は五年先輩だ。向こうは大先輩ですから、たいてい言うことを聞いてくれた。しかし、下が聞かないんだ。聞かないやつがおったんだ。塩崎潤さん。大臣をやったでしょう。あれは理屈ばかり言う人で、全然話がわからんかった。

だから大蔵省との喧嘩です。ただ、喧嘩といっても、喧嘩別れしてもいいときと、まとめなきゃいかん時がある。それで、絶対にまとめなければいかんという時は、のちの自治事務次官で、参議院議員をやっていま引退している降矢《ふるや》敬義《けいぎ》君を呼んで、「いまこうなっている、これはこの程度で収めてくれ、喧嘩別れはするな、まとめてこい」というと、わかりました、と言って、ずいぶん時間がかかるけれど、まとめる。というのは、彼は理屈に合わないことは言わないんだ、非常に論理的なんだ。

ところが、何が何でも喧嘩させなければいかん、まとめてはいかんというとき、少々こっちが無理を言うとき、そのときは鎌田《かまだ》要人《かなめ》君を呼ぶ。鹿児島県知事をやって、いま現職の参議院議員ですよ（二〇〇一年まで務め、二〇〇五年逝去）。「鎌田君、おまえ行って喧嘩してこい、まとめたらあかん」と言う。すると、向こうがくたびれるまで徹夜で頑張る。そういう使い分けをしながらやったね。僕は中身がよくわからないんだから、奥野さんほど喧嘩しないで済んだ。向こうの原さんとか村山さんが、物分かりのいい人だったということですね。

――税金の素人だからといっても、何も知らないわけにはいかないんでしょう。

後藤田　私が役人のときにいちばん勉強したのはこの時期です。税金というのはまったくの素人でしたからね。地方行政は内務省の地方局の事務官時代にやったわけで、地方局の空気は知っているわけですが、当時やったのは地方の人事制度の話で、税財政はやっていませんからね。ですからこの時期にいちばん勉強した。経済学の基礎から、同時に国税の基本税制は所得税、法人税ですね。こういうものを、毎日毎日夜遅くまで家でも勉強した。私の生涯にとっては、この時期の勉強がその後にプラスになったと思います。きつい時代でしたよ。三年か四年近かったけれど、たいへん厳しかった。毎日毎日が勉強ですから。

——やはり本で勉強されるんですか。

後藤田　本で勉強するし、私は自分が知らないのは平気ですから、下のやつに、わからないから、おまえら教えてくれ、と言って全部吸収しちゃうほうです。局長として恥ずかしいけれど、そんなことは言っちゃおれんから。

——仕事は部下に任せっきり、というわけでもないんですか。

後藤田　だいたいの仕事は次長と課長に任せる。国会関係は全部局長が、答弁から何からやるという、役割分担みたいなことですね。大蔵省の局長との折衝は私がやりました。大蔵省の事務当局の下の方、課長以下との折衝はそれぞれの課長にやらせる、局内の引き締めは次長にやらせるということでした。

当時、大蔵省との話は非常に難しかったですね。それはどういうことかというと、高度経済成長がだいたい軌道に乗り出すまでの間は、本当に地方の財政は厳しくて、ゆとりがまったくないんです。それは、全体の地方財源が少ないということがあり、同時に地方税収入というものが少ないわけです。どうしてかというと、いい税種は全部国税に押さえられているんです。残っている地方税というのは、税として考えると、ちょっと筋からみてあまり良質の税というものではない。良質な、というのは税の理屈あるいは徴収という面からみても無理のない税がいちばん良質ということでしょう。

ところが、地方に税源を寄越せという議論は正しいと思うけれど、ただ税源配分を直せ、直せといってみても、地方団体というのは三千以上あるわけですからね。そうすると、田舎へ行ったら税源をくれても対象がないんです。税源を地方にそのまま移すと、ある地方団体はダブダブになってしまう。東京とか大阪とかはね。ところが田舎の県へ行ったら、取るものがないんですよ。相手がないんだから。そういうような地方財政のアキレス腱みたいなものが、どうしてもあるわけです。

それを補ってやるのが地方交付税です。ところが、この地方交付税があまりに多くなれば、今度は、地方分権、地方分権とやかましく言うけれど、実はおてんとう様から降ってくる雨を待っているような形の地方財政になるんですね。地方財政というのはそこが非常に難しい。当時は、それがいちばん苦しいときだった。だから、ほとんど毎日毎日が、奥野さんは大蔵省主計局との戦いです。金丸三郎さんなり私は、大蔵省の主税局相手の戦いになる。大変厳しい時代でした。

固定資産税の改革には悔いが残る

——当時、奥野誠亮さんが佐藤栄作さんに叱られた、という話がありますね。

後藤田 そうそう。奥野さんは、佐藤栄作さんに、満座の中で、「バッジを付けてからものを言え」と叱られたわけです。そうするとこれは佐藤栄作さんの負けなんだな。相手は役所の一局長ですよ。片方は幹事長をやり、それから大蔵大臣、次に総理大臣になるかという人でしょう。それが、バッジを付けてからものを言え、なんていうことは、理屈で負けたということですよ。奥野さんというのは昔から理論一点張りの人ですから、とてもじゃないが理論でやっつけようと思ったってなかなか降参しないです。そういう激しい戦争をやった。

私は少し違ったやり方で、できるだけ話し合いで解決しようという基本方針でして、前に言ったように、喧嘩するときとまとめるときで、折衝役を選んでいたんです。

——先生が税務局長のとき、税率の区分が改正されましたね。

後藤田　所得課税ですね。これは納税者の立場からみると、超過累進が厳しかったんです。税の段階区分がたくさんあるんです。少なくても国税の所得税と、地方税の住民税等をひとつにして考えて、税収を少し地方に回してくれと。そのかわり、全体の所得課税の姿というものをもう少し是正しようではないか、といったようなことで、都道府県民税の税率区分が十いくつあったのを五つぐらいに減らした。そして、所得税の方を削って少し地方税に持ってきてもらった。これは非常にありがたかったと思いますが、これなどはわりあい喧嘩をしないで、相手方、原純夫さんも村山達雄さんもそういう性格の人で、非常に立派な人でうまくいった。

もうひとつは、私自身の失敗だなと思っていることがあるんです。それは固定資産税の改正です。固定資産税の改正というのは、私の前任の金丸三郎さんが税務局長だったときにすでに委員会を作りまして、検討が始まって、議論がなかば過ぎてしまったときに私に替わったわけです。だから路線変更ができなかった。

それはどういうことかといいますと、戦前まではどちらかというと、地方は資産課税が中心でしたよね。それを直したらどうだということで、固定資産税は土地、家屋と、これは税制としておかしいですが、工場設備などにもかかるようにしたんです。これは固定資産税の理屈としておかしいと思いますがね。しかしそうなった。

　同時に不動産、土地家屋、ことに土地に対する課税標準を見直すということになった。というのは、固定資産税の課税標準は時価なんです。時価が評価の基準になっている。ところが、時価とはなんぞや、ということになってきた。昭和二十五年のシャウプ税制以来、時価とは収益還元価額による時価である、ということで来ていたわけです。課税たとえば土地についていえば、宅地と田畑と山林は、それぞれ収益が違いますね。課税するときは、その違いを税額に反映するということです。実際、地価もその土地の収益をそれぞれ反映して安定していました。

　ところが、だんだん経済が復興してきますと都市化が始まります。そうすると、土地の値段というのは、必ずしも収益によってバランスがとれた値段ではなくなってくる。需要が強くある所ほど高くなっている、というのは、土地は再生産がきかないわけですから。そこで、売買時価と収益還元の価額に開きが出てきたんですね。それで、今度は、売買時価を課税標準にしようということになったわけです。

　しかし私は、収益還元の評価額が公正だと思いますよ。何故かというと、麹町で親代で住んでいた宅地を持っているとすると、麹町の土地はむやみに地価は上がっているんですが、収益はひとつも上がっていない。取りたいというのなら、売ったときに、不動産の値上がりに対する一回きりの税金で取るのなら話はわかるけれど、固定資産税は年税ですから、それを売買時価というのはおかしい。やはり収益還元の方がいいんですね。あるいは、農地というのは収益が少ないですよ。コメの方は統制経済になっているんですからね。だから非常に低い。さらに山林となったら値打ちがないみたいな話です。それだから収益還元の値段でやったほうが、課税標準としてはわりあい公平なんです。

ところが、税収がともかく足りないということがひとつ。それと、これは大蔵出身の委員の方に非常に強かったんですけれど、地方から税源をよこせ、財政交付金の交付率を上げろとやかましく言うものだから、大蔵省も困るんです。そこで、地方財政をもう少し安定させて豊かにしなければいかんという考え方があって、収益還元価額ではなく近隣の売買時価で決めることになった。

そのときの課長は萩原幸雄君という人で、これは後に自民党の代議士になり広島から出てきていましたが、病気で早死にしました。これはわたしの下の課長だった。彼に言ったんだ。いいか、お前、これじゃ土地の値段はどんどん上がるわ、三年毎の見直しで、そのたび税金は高くなるわ、これは調節できるか、こんなことしていたらいかん、前の方がいいよ、収益還元の方がいいよ、と。しかしもう、間に合わない。

それで、とうとう売買時価になった。売買時価になったらとてもじゃないけれど、同じ町のなかでも商店街と住宅街のアンバランスが出てきますよ。宅地と田畑では、百姓からそんなに取れません。東京周辺の農地というのは、宅地と同じような値段に上がっているんです。それでやられたら納められないでしょう。年税じゃ無理なんです。

そこで、調整をかけることになった。東京で宅地については、売買時価といいながら、その十分の一ぐらいが課税標準になるとか、まことに恣意的で、匙加減みたいな話なんです。それも限界がきた。特に自民党は農村地盤の議員が多いものだから、農地に対してはとてもじゃないが課税できない。だから、農地課税というのは非常に低くならざるを得ない。そうすると町の方から見れば、おかしいじゃないかとなるし、いろいろなところで矛盾撞着が出てきた。

私は今から二年か三年前に地方行政の部会に出て初めてわかったんですが、現在の固定資産税というのは、実態は、いつの間にやら売買時価から収益還元になっているんですよ。やはりこのときの局長としては、これは大失敗だったと。いくら途中で引き継いで、そこまでいっていたといっても、それは駄目だと言えばよかったと思うけれど、なんせこちらは素人だから。税なんかやったことがないんですからね。これは私の大きな失敗ですね。

「官」は「政」より圧倒的に強かった

——当時は電気やガスの課税制度も変わりましたね。

後藤田　電気ガス税ですね。電気ガス税というのは、税の質からいいますと、理論的にやかましく言えば、例えば電力の消費あるいはガスの消費は収入・所得に比例するんです。貧乏な人ほど家庭の消費電力は少ないし、ガスの使用量も少ない。そうは言いながらも、この税金は電力を使っている会社にとってみると、原料課税です。アルミ精錬工場なんて、この税をまともにやられた日にはどうにもならんです。

それから、ガス税についていえば、都市ガスの使用家庭とガスボンベの使用家庭があります。なるほど所得に比例しているから公平であるといっても、都市ガスを使用している家庭とボンベを使っている家庭とは、その当時の人口比から見ますと、必ずしも公正にいきかねるという面があったんです。だから、この税は、本当はいろいろ問題があった。

自治大臣に赤澤正道さんという人がいたんです。鳥取県選出です。彼のおじいさんは、私ども徳島の出身です。明治維新で大山《だいせん》の開拓に行った蜂須賀の侍さんの子孫ですよ。私は懇意だったけれど、この人に自民党の総務会で面罵されましたな。お前は悪代官だ、と言うんだ。不公平だからこの税は止めろ、というんです。この人は都市ガスの小さい会社の社長なんです。私は、そうはおっしゃっても、豊かな人と豊かでない人では使用量が違いますから、これは担税能力を端的に表しています、というような理屈ではねのけちゃったけれど。

それと同時に、時の総理大臣が池田勇人さんで、彼は税金屋です。池田さんが人を介して、あれは悪税だからよせ、と言うんです。よせといっても代わりの税金は何をくれるんだ、こっちは財源に火が着いているんだから、というようなことでがんばりました。これはもう少し大局的に素直な気持ちで税制の改正をすればよかったと思いますがね。この二つが失敗です。

――料飲税に関しても政治家と対立しましたね。

後藤田　これは当時の官僚の力と政治家の力のひとつの見本になると思います。料理飲食等消費税の問題です。料飲税というのは悪税だ、これもよせ、というのが、時の総理・池田さんなどの考えなんです。総理大臣だから直接は言わないけれど、回り回ってくるんです。ところが私はがんばっちゃった、駄目だと言って。

そのときは次官に、徹底抗戦しますという許しを得ていたんです。これだけあっちから減税こっちから減税と言われたら地方の財政が成り立たん、いいですか、と言ったら、構わん、と言うから、それじゃあ徹底抗戦やります、といって、断じて言うことを聞かないわけです。地方税法の改正は毎年やるんですから法案を出すんですが、料飲税については入れない。そうしたらしまいに、自民党から三役の修正というのが出てきた。自民党政府ですから。

そのときの三役の幹事長が前尾繁三郎さんで、この人がまた大蔵省の税金屋なんです。政調会長が田中角栄さん。この人は純粋な政党政治家だ。頭は天才的に切れる物知りだ。総務会長は赤城宗徳さんで、この人は私の旧制高等学校の先輩で、村長さんから国会に出た人です。この三人が、自民党政府が出しておる法律原案について三役修正をしてきたんですから珍しいんです。それをまた私が、うんと言わないわけだ。というと、本当はやられるわな。

ところが地方行政委員長が園田直《すなお》さん、後の外務大臣ですが、この人に諄々と地方の財政の状況から税の現状、地方がいかに苦しいかという話をして、この税金というのはそれほど筋のいい税金だとは私も思わない、しかしながら今日までの長い税で、今ここで改正はできないんだ、といったようなことを縷々述べました。すると、君の言うことはわかる、俺は味方する、といって、委員長が三役修正案を全然審議しないんだ。政府から出ている案は審議するのに自民党のは審議しない。審議しなければ通るわけがないですよ。

それで原案の方だけ通っちゃった。そして自民党の三役修正は廃案です。その後、先輩の赤城さんに呼ばれて、君の徹底抗戦はよくわかったよ、しかしあれは行き過ぎだ、と叱られた。それは赤城さん、あなたのおっしゃる通りだけれど、しかたがないんだ、と言って帰ってきた。ところが、その後お咎めなしだ。僕はクビになると思ったんだ、ほんとうは。

田中さんはよく廊下で、「手を握ろう、手を握ろう」と言ったんですよ。だから、「あんたと手を握ったら高いものにつくから僕はいやだ」と言ったんです。そしたら、「何!」なんて目をむいていたけれどね。それでも咎めはなかった。前尾さんは税金屋ですから、法案を提出するときは、委員会で前尾さんが提案理由を説明するわけですよ。その横に自治大臣がおるわけです。左に私がおる。前尾さんは、事情が分かっているから、裏では、君、すまんよ、すまんよ、これは今やるのは無理だよ、君の言うとおりだ、と言ってたんだけど、なにしろ党の幹事長だから、委員会ではしょうがなしに説明していた。だから迫力がなかったね。

その時に、かつて仕えていた内山岩太郎という神奈川県知事、私はこの人にたいへん可愛がられていたんです。この人が、後藤田君がクビになるのは気の毒だ、あれは家があるまい、県営の宅地を安く売ってやれ、ということで、僕は戸塚に土地を百二坪くらい買った。その後クビがつながったので売っちゃったけれどね（笑）。つまり、その当時はそれで通ったんです。

――当時は官僚の力が圧倒的に強かったんですね。最近はそれほどでもないようですが。

後藤田 今の方が本当かもしれないけれどね。ただ、実際には日本の政治というのは変わっていない。変わっているようにみえるが、本当に変革がやれているかというと、五十年間、革命的な変化はありませんよね。これはやはり官僚ですよ。その官僚が最近おかしくなってきたというところに問題がある。官僚が政治家のような真似をしてはいかんのです。何とか勉強会とか研修会とかやって企業を集めて会費を取る。その会費はどうなるのか。そこまで来たら、この国はもたなくなる。

警察運営に三つの原則

——六〇年安保闘争の国会占拠のとき、自衛隊を動員するという話がありましたね。

後藤田 防衛庁が昭和二十九年にできていましたからね。でも自衛隊を出すことには、警察は絶対に反対でしょう。だけどいざとなったときには支援することはできるわけですね。だから二十年代後半よりは治安力はやや強化していたけれど、それでも当時は国会の中に三千人の警察官しか動員できないんですよ。だから非常に不足だった。

それでハガチーという大統領新聞係秘書が来たけれど動きが取れない。あの後、運悪く、樺《かんば》美智子さんが疲労の結果踏みつぶされた。そういう気の毒な事件があって、さらにこれが燃え上がった。それで、柏村信雄警察庁長官が、アイゼンハワー米大統領が訪日したらとても警備に責任を負いかねるということで、アイゼンハワーの訪日を中止してもらえないかと進言したわけです。警察というのは、与えられた条件の中で治安維持力を投入するというのが使命なんですよ。事前に行政に関与することはやらない。にもかかわらず当時の柏村長官は、こういう進言をしたわけです。

そのときに、自衛隊を出すということがひとつの考え方でした。もうひとつは、ある有名な政治家が、当時のテキヤその他の暴力団を警戒に当たらせるといった無茶な意見まで出したんです。しかしそれは警察庁長官は絶対にウンと言わない。自衛隊を出すということについても、警察はウンとは言わないし、時の防衛庁長官だった赤城宗徳さん、あの人がウンと言わない。そういったことで事なきを得たんですが、あれはひとつ間違えれば革命的な事態になったと思います。

あの条約は、参議院で批准の案件が通過すればいいんだけれど、とてもできません。衆議院では通過していたから、自然成立を待っていたわけだ。そこまで持つかどうかということだったね。それで自然成立まで持つことができて、岸さんがすぐにお辞めになったものだから、高揚した革命的な情勢が水が引くように収まった。その当時の岸さんの進退も良かったし、治安当局の判断も、私は大事だったと思いますね。あれで無理をしたらエライことになったと思います。

それから今度は池田内閣が「寛容と忍耐」という標語で緩和政策を採ったんですね。

同時に「所得倍増計画」です。これで国民の気持ちが全部変わった。この政策がだんだん浸透していって、国民が次第に生活のゆとりを持つことが可能になってきた。その結果世間は平穏化してしまって、少なくとも戦後二十年近く、日本にいつ何が起こってもおかしくないという雰囲気は収まってきたということですね。

——当時から現在まで貫いてきた警察の原則というものは何だったんでしょうか。警察運営の基本ですね。

後藤田　戦後、今日まで警察を運営していく基本的な考え方を申しますと、ひとつは、「セキュリティ・ミニマム」ということです。その時々の犯罪情勢によって、警察力というのはたいへん不足することがあるし、そうかといってあまりにも警察力過剰というようなこともありうるわけです。

ですから、警察の人員と装備については、犯罪現象の態様からみて、ミニマムに止めるべきであるという観点に立つわけです。そこで警察としてはいろいろ研究をして、住民五百人に一人の警察官が必要であると。これは諸外国との比較で考えると、それでも警察力は少ないんです。ところがその当時は、七、八百人に一人だったと思います。だからこれでは駄目だということで、三十五年頃まで少しずつ増やしていましたが、まだ足りないということで、その後、五百人に一人にしよう、ということになった。そこで、警察官の総数を、一般職員を除いてだいたい二十万人にしようということになったんです。そこまで整備をしようということですね。

それから、装備としては機動力は持たせる。しかし、集団犯罪の鎮圧用の機材は催涙ガスまでにしようと。銃器は拳銃が中心で、自動小銃までは軽火器としてはよかろうと。しかしこれは各都道府県警察に、せいぜい五丁とか十丁で止めるといったような、だいたいの基本的な考え方が今日まで守られているんです。これが「セキュリティ・ミニマム」の思想です。

その装備、機材を運用して、どこまで警察はやるかということになりますと、専門語で言うと、「警察比例の原則」ということをやかましく言っていたわけです。要するに、相手方の対応によって、最小限の警察力しか使わない。圧倒・殲滅ということはしない。そして、長期に治安を維持する要諦は、世論の動向というものを見て、目の前の事態を叩き潰すというのはできるわけですが、それは避けるということで、できるだけ我慢をする警察の運用をやるということで、「警察比例の原則」ということが、二番目です。

その根底に、警察としては絶対に自衛隊を使わないという大原則を立てていたんです。そこで、二十万人のうち十万人は一般警察、残りの十万人はいざというとき集団的な革命行動に対して対応できるという考え方です。

ですから、第一次の安保騒動のとき、政府がたまらなくなって、どうしても自衛隊を使う、ときたわけですが反対したわけです。自衛隊は外部、外国からの侵略を受けたときに、初めて国民の抵抗組織の中核部隊として、外敵に対して武器を取るのだ、国民に対して自衛隊の鉄砲は使わない、それはいけない、ということが警察の基本方針だったわけです。

——自衛隊の銃を国民に向けさせるべきではない、ということですね。

後藤田　そうです。第一次安保の当時の警察力というのは、セキュリティ・ミニマムからみても六割ぐらいの力しかない。そうすると、警察力の行使が行き過ぎることになるんです。余裕がないからかえって悪い。局面ごとで極端な警察の力の使用が出てくる可能性があるんです。

そういう傾向は、第一次安保の当時はなきにしもあらずでしたね。私は自治庁から横でみていたんですね。あのとき、東大法学部の学生が五、六名ぐらいでしたか、私の官舎に乗り込んできたんだから。助けてくれ、と言って。何もしていないのに仲間が留置場にぶちこまれたというんですよ。あくる日警察に電話して、あれを放せ、と言って出してあげましたが。そういうようなことがありました。

——それから、政治との関係では中立を守るということですね。

後藤田　これは繰り返しになりますが、警察が守ってきた三番目の原則、それは「警察の中立性」ということだったんです。もちろん公安委員会制度ですから民主化ですが、警察の民主化であると同時に、われわれが一所懸命守ろうとしたのは警察の中立性でした。そこで、政治権力と絶えずぶつかりがあるのは人事なんです。人事には、時の政府の関与を許さんと。そうすると、これは警察独善になるんです。長官というものは、自分で進退を決めなければいけない。そうなるととかく長くなり過ぎるという弊害を生んだことは間違いない。

そこで、私どものときからは、警察庁長官はいくら長くても三年で、警視総監はもう少し短くてよろしい、だいたい私は二年交替だといった。そうすると各年次役人を採用していますから、特殊なポストで重要ポストは長官と警視総監の二人ですから、そのどちらかで回転しますね。ある期からは長官も総監も出ないというのは具合悪いですからね。だいたい、そういうようなルールを決めようという努力はした。しかし、残念ながら人間の弱点が出まして、どうしても長くなる。そうすると中が緩むんです。そういう弊害があるんですけれどもね。

第六章　警察人事はいかにして機能してきたか

——警察庁へ戻る

自治省の次官ポストを拒否して警察庁に戻る

――池田内閣における所得倍増計画まっさかりの昭和三十七年の五月に、先生は警察庁に戻られて官房長に就任されるわけですが、自治省から警察庁に移られるときは、すんなりいかなかったとか。

後藤田　警察庁から自治庁へ行くときは、警察庁の会計課長ですよ。そのときの長官は柏村信雄さんだった。このときは、いつでも帰ってこい、というから行ったわけです。これは前に話しましたね。ところが、だんだん深場に入ってきちゃった。官房長で済むと思ったら、税務局長をやらされたからな。そのうちに自治省の次官をやれ、ということになった。

内務省というのは、戦争遂行の際、陸、海軍と並んでの大きな国内の強力な組織体だった。これを潰せというのが占領軍の命令ですからね。そこで内務省は解体させられた。土木局は建設省になるし、警察は警察庁になるし、地方局は、最後は総理府のひとつの課にされた。だからたいへんな苦労をしたわけだよ。奥野誠亮さんなんかはそのひとりだ。鈴木俊一さんなんかもそうだ。そのときに僕は警察に行っていたから、なんていうことはないんだ。そういう苦労した人がおったから、僕は、自治庁に移ったときに言ったんだ。おれはお前らの前を塞がないよ、と。ところが、塞ぎそうになってきた。それで、帰してくれ、と言った。

その前に、その当時の次長で、これも地方局出身で後に警察庁長官になった江口俊男さんという人が、後藤田君、近く警察に異動があるから、君との約束があるから戻るか、というので、できれば帰してもらいたい、約束だよ、と言った。それじゃあそうするよ、という話だったんです。

ところが今度は、自治省の方が、帰さん、と言うんだ。次官をやってもらうと言う。というのは、奥野誠亮さんは次官をやって三ヵ月位で辞めるんだよ。代議士に出るのが決まっているから。そうすると、僕しかおらんわけだ。それで、これはあかん、ここで次官をやらされたらたまらん、と思って、あかんと言った。それでも、帰すわけにいかない、自治省のためにやってもらわんと困る、というのが、当時の安井謙自治大臣と小林與三次次官の要請だった。

ある朝、僕に、ちょっと大臣室に来てくれないか、というので行った。そうしたら小林次官が、後藤田君、せっかくだが自治省に残って後を引き受けてもらいたい、という話だった。それは誠にありがたい、ありがたいけれど私は、自治省の連中というのはたいへん苦労をしてここまできたんだから、これは自治省で苦労した人の方がいいと思う、私の帰る巣はあるんだから警察へ帰してくれ、と言った。そうしたら、いや、どうしてもそういうわけにはいかん、と言われて押し問答になった。

するると安井大臣が押し問答をじっと聞いていて、後藤田君、これだけ言っても、きみは大臣や次官の言うことが聞けないのか、と言うから、あなたは大臣として職務命令を出しますか、と言った。職務命令でお前はここに残れというのなら、私は残らざるを得ない、そうしなければ、役人を辞めるしかないんだから、と言ったら、きみはそこまで言うのか、と言う。だから、どうだというからそう言っているんですよ、是非とも帰してもらいたい、と言ったら、大臣が最初に折れたんだ。

折れて、小林君、この男は言うことを聞きゃあせんし、ここまで言うのだからしょうがないじゃないか、ということになって、ありがとうございました、と言って帰ってきたんだ。それで、僕は何とも思っとりゃせんのよ。だって初めからの約束だから、自治省で次官をやる必要はひとつもない。だって人材は大勢いるんだから。

それに僕の同期生がおったんですよ。僕が帰った後だれが次官になったかな。ああ、金丸三郎さんが帰ってきたんだ。僕より先任の彼が鹿児島から帰ってきたんだ。彼は副知事で郷里に行っていたんです。僕は金丸さんが行くときにこう言ったことがある。あんた、自治省の局長が鹿児島の副知事に出るとは何事だ、おかしいじゃないか、あんたが行ったら税務局長はどうするんだ、と。すると、後藤田君、お前がやるんだよ、と言う。冗談じゃないよ、と言ったね。

それがまた帰ってくることになって、それで僕が反対したんだ。それはおかしい、田舎の県の副知事が自治次官ということがあるか、そんなもの、各県の知事が言うことを聞くわけがない、と。しかし、この意見は通らなかった。僕の同期が駄目なんだ。そうかといって、もっと若くしたら各省との釣り合いがとれない。金丸さんが自治省の次官になった。おかしな話ですね。それでまた次官から鹿児島の知事になったんだ（笑）。

――そうやって反対を押し切って警察に戻られて官房長に就任されるわけですが、警察庁官房長はどういうポストだったんですか。

後藤田　官房長の仕事はその役所の中の総合調整なんです。各省の総合調整を内閣がやるのと同じような意味合いがあるんですね。しかも、官房には普通、人事・会計があるんです。だから権力的には役所の中で非常に強いんです。それを背景にして総合調整をやる。ところが、官房長にあまり先任者を置くと、ただでさえ権力があるところにもってきて、大先輩が官房長ということになって強すぎるという弊害が出てくるんです。したがって、大官房長制を敷く役所と、小官房長制を敷く役所と二つある。

普通は小官房長制です。ところが、技術官と事務官との間の勢力均衡に問題があるとか、あるいは大きな外局があるとか、あるいは全国的に手足を持っている役所とかいうのは、やはり官房長が本当の意味での力を発揮しないとばらばらになる恐れがある。そういうような役所は大官房長制です。つまり、その次に必ず次官になるという人が官房長になっている。小官房長制のところは、いちばん出世の早い人で、まだそれから局長をやり、運がよければ次官になる、そういう人がやるんです。だいたいそういう二通りのやり方があります。

僕らのときには、自治省は小官房長制じゃないですかね。僕はいちばん若い官房長でした。警察庁も小官房長制です。警察庁というのは大組織で全国に出先機関がありますから大官房長制でいいんですが、警察庁の官房長というのは、よその官房長と違って人事権を持っていないんです。人事権は警務局というのが持っている。だから警務局長が次に次長になって長官か警視総監になる、といったような重要ポストになっている。

なぜ官房長から人事権をはずしたかといいますと、国家公安委員会が警察の管理をすることになっている。いちいちの事件には指揮権はない、しかし全体を管理するということです。警察庁長官に対してのみ公安委員会はものを言うという仕組みになっているんです。そこで、その世話役というのが必要になる。国務大臣たる国家公安委員長を入れて六人の委員の面倒を見ると言うとおかしいですが、お世話役ですね。それは官房長がやる。

その官房長が人事をやっていると公安委員会と近くなり過ぎるわけです。そして、公安委員会がいちいち人事に口を出した日には、これは収拾つかないわけです。そこで人事をはずしてある。ですから、官房長の仕事は会計と警察全体の企画ですね。小官房長制ということです。

これは警察の成立のときから、警察法を作った人の知恵だな。非常に良かったと思いますよ。そのかわり、さっき言ったように、自らの出処進退は自らが決めるというだけの見識を警察庁長官は持っていないと困るんですよ。長くなって閥ができたら困る。そういうマイナス面をどうするかというのは、とにかく中での自戒というのが必要な組織ですね。

汚職の証拠書類を隠してくれと頼まれたが……

ていたんですか。

――官房長制の話に関連して、警察人事に関してうかがいますが、警察人事は外からの干渉がなければ自動的にポストが上がって行くように見えてくるわけですね。そのように人事予測ができるような体制にはいつごろからなって、それはどういうふうに機能していたんですか。

後藤田　警察の課長クラスで登竜門といえるのは、警務局の人事課長、それから官房の会計課長です。会計課長は予算を扱いますから。それと、警備で言うと情報中心の公安一課長、刑事では捜査二課長、知能犯ですね。それから交通では交通企画課長、保安は保安課長。だいたいそういうふうに分かれているんですけれど、中でも本当の意味で登竜門といえば、警察の場合は人事課長と会計課長じゃないでしょうか。だいたいどの役所でも人事と予算をやっているやつがいちばん強い。

それが次の段階で必ず官房長になったり局長になったりする。大官房長制の時にはこれが次官になる。今の警察庁は昔と変わって大官房長制になっています。だからこのあいだ（平成八年八月）、官房長の菅沼清高君が辞めたでしょう。もって行く場所がなくなっちゃったんですよ。大官房長制の官房長は警察庁の次長になるか、警視総監になる以外ポストがない。それで、年次が来たということでご辞退願うということになったんです。大官房長制をやると行く先がなくなる可能性があるんですね、優秀な人が。

この人事のルールはおのずから備わったもので、それを違えてやろうとする人がいると、派閥ができるおそれがあるんだ。それは後で必ずつぶれるな。そして必ず元に戻る。役所の人事は、自分をこれにしてくださいとか、なりたいとか陳情する人がたまさかいますよ。これは必ずクビになる。ところが、じゃあなりたくないのかといったらなりたいんだね、みんな。だけどそれは禁句だな。それからあまり上にサービスしようとすると、ほかがみんな見ているからアウトだ。

——料飲税引き上げ法案騒動に関連して政治家の汚職事件を警視庁が捜査していたのを、先生は捜査を打ち切らせたということですが、この事情はどうだったんですか。

後藤田　私が自治省の税務局長時代に、料飲税問題でがんばって三役修正を廃案にしたわけですね。その時に、料飲税の改正に対する反対運動がありまして、三役修正には裏の事情があったらしいんです。当時私は、うすうすは知っていたんですが、警察ではありませんからそのままにしていた。

ところが警察に戻ってしばらく経ったときに、警視庁の刑事部長に玉村四一君という人がいた。これは私と同期生なんです。しかもこの人は、巡査で入りまして、高等文官試験に合格をして、年齢は私よりも四、五歳上ですけれど、非常にできる人です。ただ、早死にしまして、五十代で亡くなったんです。これが当時刑事部長なんですが、私のところに電話がかかってきたんです。後藤田、お前、えらい自民党のやつらにいじめられたな、と言う。何の話だ、といったら、税金の改正だよ、と言うから、ああそうだよ、と言った。

するとあいつらけしからん、と言うんだ。何がけしからんのだ、というと、あいつらの裏で金銭の動きがある、と言う。それをお前のところで調べているのか、と聞いたら、調べているよ、あれは汚職事件だよ、と言うんだ。だから僕が、おいちょっと待てよ、お前、それはちょっと勘弁してくれんかい、と言った。なぜだ、と言うから、なぜだと言って、お前な、おれが自治省の時にいじめられて、警察に帰ってきた途端に敵討ちだ、と知らん人は思うよ、それはおれは困るよ、と言った。

そうしたら彼が、それはお前の言うことだ、おれの方は、これは犯罪があるんだから遠慮なしにやるよ、と言うんだ。それで、お前がやるというものをおれは止めるわけにはいかんよ、いかんけれど、お前少しものを考えたらどうだい、おれの立場に立って考えたらどうだい、と言ったんだ。そうだな、てなことを言ったけれど、まだウンとは言わんのだ。何も言わないんだ。そのままにしていた。

そうしましたら、その時に、名前をいまだに思い出せないんだけれど、料飲業界の反対運動をやっている団体の事務を担当した責任者が、ある日、私のところにやってきたんです。警察庁の官房長室です。風呂敷包みを持ってきた。そうですね、十センチから十五センチぐらい。そして、後藤田さん、いま税制改正の問題に絡んで警視庁の調べが入ったんです、だからこれをあなた預かってくれ、と言うんだ、その風呂敷包みを。それはなんだい、と言ったら、強制捜査で押収されたらそのものズバリの証拠書類だと言うんだ。そして、あなたのところを警視庁が捜索するわけがないというんだな。

だから僕は、それはあるわけがないよ、第一、おれは関係ないんだから調べられるわけないよ、と言ったんだ。すると彼は、だからいちばん安全だから、これは男と見込んで頼みますと言う。とにかく、あの時のあなたの反対行動を見とったら、この人に引き受けてもらえば心配ないと私は思った、とうまいことを言うんだな。だから、おい、おまえ、おれの部屋の入り口の看板を見てご覧と言った。看板とは何ですか、と言うから、看板だよ、「官房長」と書いてあるだろう、その上に「警察庁」と書いてあるだろう、警察庁の官房長に証拠書類を預かってくれと言うことがあるかと言った。駄目ですか、と言うから、駄目だと言ったんだ。

そうしたら、何か知恵ないか、というんだ。知恵なんて、おれはお前を助けるわけにはいかんよ。お前は悪いことをしているんだから。それで弁護士さんは誰だと聞いたんだ。そうしたら、海野《うんの》普吉《しんきち》さんだと言った。それは当代一流の弁護士だ。そうか、海野さんのところに預けておけ、と言った。海野さんの弁護士事務所なら、いくら何でも捜索は入らんわ、と言ったんだ。そのあとは知らんよ、どうしたか。それで放ってあった。そうしたら玉村自身が判断したんだな、途中でやめちゃった。

マスコミの批判に絶えざる注意を払う

――当時、先生は警察庁の中ではものすごく厳しい顔つきだったそうですね。
後藤田　僕は自覚はないんですが、ただやはり、部下には非常に厳しかった。それだけは間違いがありません。それが顔つきに現れたと思いますが、それはやはり先ほどから言っているように、警察力の不足を感じ続けていたんですよね。もっとも僕が警察庁に帰ってきたときは、第一次安保騒動の後で、やや沈静化した時期ではあったんですね。けれどもだんだん、ベトナム反戦運動その他が出て来つつある状況ですから、やはり日本の治安そのものに起因して、なんとはなしに私自身に不安感があったことは事実です。そういうことで顔つきに出たかも知らん。確かに、当時の写真を見ると実に難しい顔をしている。

ただ、私は弁解するわけではないんだけれど、僕の部下に対する叱り方は袋叩きにしないんです。必ず逃げ道を与えてあげる。私は海原治君によく言ったんだ。彼も部下には厳しいんです。海原君は同期生ですし、郷里が一緒ですから。君のは袋叩きと違うか、袋叩きは恨みを残すよ、怒る時には逃げ道を作れよ、と僕は雑談の時によく言ったものです。僕は絶えずそれには気をつけた。

具体的には、厳しく言った後で、「まあそういうことだよ、君な」というようなかけ声をひとつかけてやるわけですよ。そうすると向こうはホッとする。僕は警察のような階級社会、とりわけ上下の厳しい社会で、部下を怒るときにはよほど気をつけてやらないと行き場がなくなると思いますね。

それからもうひとつ僕が基本的に考えていたのは、ときに失敗する人がいるんですよ。何かというと、警察の場合は、金銭の間違いというよりも婦人問題と、もうひとつは酒による間違いですね。だいたい大きな事故を考えますと、その二つですね。私はどの場合でも一回は勘弁するんです。その代わり徹底して怒るわけだ。「おまえ、ええか、このつぎにやったらあかんよ」と言うんです。一回許すんです。人事の時にも、一回目の失敗では左遷しない。下へは行かせない。横転《よこてん》させるんです。そしてじいっと、そいつを一年、二年見ている。そこで立ち直った奴は、横転を飛び越して、次の人事で遅れを取り戻させる。

その結果を見てみますと、酒の大きな失敗はみんな直る。女は直らん。婦人問題というのは一生だな、また同じことをやるな。女の問題というのは駄目だね。僕の経験はそうです。今は役人でいろいろあるけれど、昔だってひどいのはたくさんあるんだよ。今は世間がやかましくなったからな（笑）。ただ、ああいう金をもらったり、ツケ回しとか、良くないよ。それは昔はないな。

——酒とか婦人問題のほかに、仕事での失敗については、特にどういう失敗を厳しくとがめておられましたか。

後藤田　一例を言いますと、成田の闘争というのは僕の時代の全共闘の騒ぎの全盛時代ですよ。成田がひとつのシンボル的な闘争場面だったたんですね。あそこで警察官の犠牲者が出たんです。これは文字通り、ああいう激しい現場ですから。しかも軍隊と違って警察の場合は、一人ひとりの司法処理を必要とするんですよね。要するに誰が誰を逮捕したというところまで出すわけですよ。軍隊ならば圧倒殲滅すればいいんだけれど、警察はそうではありませんね。

そこでどうしてもやり方が密集作戦になる。だから犠牲者が出るのは避けがたいんですね。僕は、これはしょうがないな、避けがたい不可避の事故だなぐらいの見方をするんですが、本部長になるとそうはいかんのですね。責任感があるから。それで、ある本部長が僕のところに辞表を持ってきた。部下が犠牲になったということで。しかし犯人は捕まっていないわけだな。

それで僕が怒って、「何をお前は言っているんだ、お前の辞表一枚もらったって何にもならない、おれのところに謝りに来るなら犯人を捕まえてここへ連れてこい」とやったんです。それで、おまえ帰れ、と言って追い返しちゃった。辞表は受け取らないんだよ。そういうやり方をやるものだから、相手にするとどうかね。辞表というのは持ってきたときに本当に覚悟して来る人と、形だけで来る人と両方いるからね。

——慰めて欲しいというので持ってくる人ですね。

後藤田　だからどっちが良かったのかわからんね。本当に持ってきた人だったら、その時どうするかね。形の上だけで持ってきた人だったら、それでホッとしたということじゃないかな。その代わり、受け取られたら終わりだからね（笑）。いや、やはり厳しかったよ、それは。

——官房長のときは、報道関係者との接触も多かったと思いますが。

後藤田　治安というのは、最終は国民がどこまで理解してくれるか、その理解の度合いにかかっているんです。積極的に支持なんていうのは今の社会ではまずあり得ない。しかしながら、せめてこれはやむを得ないな、というところまでは理解してもらわないと治安というのは長くは維持できない。そういう意味合いにおいて、僕は新聞記者との接触は絶やさなかったんです。そして同時に、新聞記者の厳しい権力機関に対する批判というものがないと、権力機関というのは運営できないんです。その意味において新聞の論調というのは絶えず気をつけていた。

今でこそ難しい本しか読みませんけれど、当時はくだらん週刊誌、暴露的なものまでほとんど全部、僕は読みました。だいたい週刊誌の場合はよほどでないと中身は見ません。見出しはぜんぶ見ます。そこまでやりましたね。だから非常にマスコミの批判に絶えざる注意をしたことは事実です。そういうつもりでマスコミとのつき合いはしていた。

ただ、経験上いいますと、政治部記者と社会部記者は全然違うんです。警察庁の場合は社会部記者ですから。たまさか政治部の記者が来ますが。絶えずこちらが警戒しているのは社会部記者です。それは一発勝負なんです。バサーッとやられるんだ。ところが政治部の記者というのは、ある程度つき合いが深まって、気心が知れないとなかなか真相がとれないんですね。そこで政治部の方はとかく馴れ合いになる。社会部は絶対にそれはあり得ません。社会部は厳しい。だからその点は絶えず注意してつき合っていませんとね。私はそういう意味では、彼らの意見も聞きますしね。

それからもうひとつ、社会部記者ですけれど、注意していたのは、ベテランの記者ですが、ときどき人事にくちばしを入れるんです。この人を偉くしようと思ったら、その人を褒めるんだな。そしてこの人とこの人（褒める社会部記者と褒められている警察庁幹部）が、うまいことをやっている。情報でも何でも。そういうことがあるんだよ。だから人事について言う人がいるけれど、これは一切右耳から左耳だな。何を言っているんだということだ。これには注意している。それはベテラン記者に多いんだ。そういう記者に限って第一線に行ったら全然駄目なんだ。

——やはり夜討ち朝駆けというスタイルなんですか。

後藤田　私は官房副長官になってからは全部夜十一時からでしたけれど、警察庁長官の時には、だいたい家にはあまり人を入れないんです。役所が中心ですけれど。もちろん家には来ますよ。来るけれど、僕は滅多に入れない。政治家と違っておべんちゃらを言う必要はひとつもないからな（笑）。

高度成長の中で起きた右翼の事件

——官房長のあと、先生は警備局長などを歴任されるわけですが、この少し前には浅沼事件（昭和三十五年）、嶋中事件（昭和三十六年）、三無事件（昭和三十六年）などが起こりますね。ちょうどこの時期は高度成長時代ですが、高度成長期の警察行政はどうであったかなど含めてお話しください。

後藤田　高度成長期というのをいつからいつまでと定義するかということにより、多少違うと思うんですね。だから、一般的に高度成長期が始まった頃となると、池田内閣時代ということですね。所得倍増政策は正しかったし、うまく成功してだんだん国民の気持ちの中に飢餓感というものがなくなり、ゆとりができてきた。そして、いちばんよかったのは、その結果として中流意識というものが社会の中に定着してきたんです。七、八割もの人が、私は中流だ、と言うんだから。ということは、社会がそれだけ安定をしたということじゃないですかね。

これは非常に政治の成功だったと思うんですが、一面その成長が進むにしたがって、経済成長のひずみというものが政治の面にも出てくるし、経済活動の面でも出てくるし、社会運動の中にも出てくるしということで、ひずみがだんだん大きくなってきた時代ではないかと思います。

そのひずみとは、ひとつは共産党が武力革命方式を止めてきて、それに耐えられない革新勢力の中で特に、安保騒動なんかもひとつの境目ですが、街頭闘争も変化してきましたね。どうも今の世の中けしからんと。政治はともかくけしからんし、アメリカもけしからん。金持ちはけしからん、と端的に言えばそういうようなことで、今の世の中をなんとしても変えなければならないと。頼りになるやつはいないと。それならおれ達がやろうか、という過激派というやつが出てきたわけです。これは極左ですよね。

もうひとつの方は、そういった過激派に対応して、極右の右翼運動がだんだん尖鋭化してきた。しかもその右翼というのが、戦争中の真正右翼というか、あるいは皇道右翼とでも言うか、最後は影山正治《まさはる》さんだな、散弾銃で自決した、ああいうものではないんです。そうでなくて赤尾敏《びん》さん式だな。

そこで、この当時起きた事件を考えてみますと、ひとつは岸さんですね。総理官邸の裏庭における池田さんの自民党総裁就任の祝賀パーティーの席で自民党の院外団の人に刺された。太股を刺されたが、動脈が切れていなくて助かったんだけど。岸さん刺傷事件というのがある。

そのうち、「アメリカは日中共同の敵だ」といって共同宣言を出していた社会党委員長の浅沼稲次郎《いねじろう》さんが、三党首の立会演説会の席上で、山口二矢《おとや》という人に刺し殺された。二十歳足らずの若者ですね。これの背景は誰か、ということになると、彼の親父が自衛隊員なんです。そして、赤尾敏に使嗾《しそう》されていた。それであういう跳ね上がり右翼の極右の事件がありました。

それから、中央公論社の嶋中鵬二《ほうじ》さん宅が襲われた事件。ちょっと風変わりな異色の作家で深沢七郎という人がいるんですが、あるとき変な「風流夢譚」という題で皇室を侮辱する文章を『中央公論』に書いたんだよ。それに触発されて右翼が嶋中さんの家に文句を言いに行ったんだな。ところが嶋中社長は運よく不在だった。それで奥さんはだいぶ抵抗したけれど、お手伝いさんが殺された。これも偏狂右翼の跳ね上がり事件ですね。

もうひとつは、前にも少し触れた三無事件、これも右翼の事件です。長崎の川南工業の経営者が既成右翼で、右翼団体を使って計画を立てて、資金を出して起こした事件です。既成の右翼を使って、同時に自衛隊に働きかけたんだ。この三無事件は一部自衛隊が関係しているというので、当時秦野章君が、破防法の中の罰則規定を思い切って適用して制圧したんです。

それから、これはだいぶ後の事件になるが、竹入《たけいり》義勝公明党委員長が刺されちゃった。あれはおそらく創価学会に対する反発でしょうが、中国に対する反発もあったのかも知れないね。公明党というのは、わりと、自民党がそこまでいっていないときに中国との古い井戸を掘った党ですからね。右翼の事件はもう少しなかったかな。

――昭和三十九年にライシャワー駐日米大使も刺されましたね。

後藤田　これは、昭和三十九年三月だ。要するに在外公館の、これはウィーン協定で決まっているんですね、どこの国も在外公館の安全確保というものは接受国の責任なんです。ところが大使館構内というのは、不可侵権の地域なんです。しかし、あの地域は接受国の領土であって、派遣国の大使館の所属の国の領土ではない。不可侵権だけなんですね。したがって、あそこは治外法権地域だと人はいうんだけれど、やかましく言うと、そうではないんですね。不可侵権なんですね。一九九六年のペルーのテロ問題などでは、勢いのいい人は、日本の自衛隊でも何でも持っていってやれとかいろいろなことを言うんだけれど、そうはいかないんです。

あの時は、確か犯人は精神障害の少年じゃなかったですか。裏門からライシャワーさんが車に乗ろうとするところをやられたんです。ところが裏門には、アメリカの場合は、アメリカの軍人が警戒しているんです。世界各国どこでもそうですけれど、アメリカの大使館には若い兵隊がいますよ。それが警戒している地域でやられたんですからね。しかし塀を乗り越えられた責任は警視庁にあるわけですからね。ですからなんとしても、こちらの責任が半分以上あることだけは間違いない。しかしながら同時に、向こうにも警備の手落ちがあったことは間違いないことなんです。僕はその時の警備局長ですよね。さあ大変な問題が起きたといって、へこたれたんです。

結局これはこういう結論になったんですね。法律的にはともかくとして、政治的な責任は国家公安委員長たる国務大臣が負うべきであるという理屈で、早川崇さんがお辞めになった。早川さんにはまことに申し訳ないという気がしますね。こちらにも警戒の手薄があったと思うんです。塀が低いんですよ。今は高くしたんですけれどね。

民主主義社会でのテロ防止は難しい

——昭和三十八年十一月にアメリカのケネディ大統領がダラスで暗殺されたとき、先生はテレビの前で涙ぐんでおられたということですが、その時の心情はどうだったんですか。

後藤田　私は率直に言って、あの民主主義の国のアメリカで、どうして一体こういう事件が起きたのだろうかということで、一瞬戸惑いを覚えましたね。ただ、やはりアメリカ社会というのは激しい、裸の力がぶつかり合う社会なんだなと。日本は何というか、フワッとしていますね。アメリカはそれがドライというか、そういう厳しい、本当に裸の力と力がぶつかっているのかなという印象は持ちましたけれどね。しかしあれだけの民主主義の国でどうしてそんな事件が起きるのかと、これがひとつです。

それからもうひとつ僕は、民主主義の世界における政治家などの警戒警護がどれほど難しいかということを感じた。やはり大衆政治家にならなければいけませんからね。民衆とその指導者との間に、警察が垣根を作るということはできないわけです。彼らはじかに大衆の中に入って行くわけですからね。その身を守るというのは、言うは易くして至難の業です。

同時に、翌年には東京オリンピックがありますね。外国から要人が来る。たちまち日本で要人警護をどうするのかという問題が頭にのぼりますね。やはり日本でもこれは起こり得るかもしれないな、という気がしたんですね。そこで佐々淳行《さっさあつゆき》君というプロがいるんですよ。彼が警察庁の警備課におったかな、外事課におったかな、あるいは警視庁の課長かのどちらかですよ。若い優秀な警察官でしたね。これを、お前ちょっとアメリカに行って来い、そしてホワイトハウスの中の警備の状況とか、ダラスの問題とか全部調べてこいと言って、彼を調査にやったことがあります。

この経験が、その後のオリンピック警護の時に生きたと思います。このときぐらいから、確か警護の方針を少し変えたんじゃなかったですかな。隠れた警護から、さっと正面に出ていく警護とか、いろいろやり方があるんですね。これは佐々君が変えたのかもしれない。そういう経験をいたしました。

この時の経験が、私が代議士になってから役に立ったことがあるんです。昭和五十四年でしたか、総裁選挙で福田（赳夫）さんと大平（正芳）さんの争いがあって、大平さんが勝ったんですね。私は総裁選挙で東京の担当をして、大平さんを応援した。それで、このときに確か大勢でワーワー言ってお祝いの集まりがありました。酒の席ではありませんが、その席上で、総理自身の身辺の警戒が必要だよ、と言ったことがある。岸さんが刺されたときも祝いの時ですからね。

竹入義勝さんが刺されたときは、車を降りて、右のドアを開けて降りて、車の後ろに回って、それで前に出たところをやられたわけです。僕は、全共闘が全盛の時代から狙われていましたから、自動車の乗り降りのときは注意していました。乗るときには必ず右左を見てから乗る。ドアだけを見ていきなり飛び込むようなことは一切しない。必ずちょっと止まって右左に誰かいるかを見る。降りるときは、必ず車の前後を、後ろは見えませんから脇ですが、そこを見てから降りる。これをやったら半分は防げるんです。

それを大平さんに話したんです。それが役立った。公邸に脇の門があるんです。あのときに、（賊が）飛び出してきたんですよね。しかし大平さんはそれを守っていたのでやられなかった。それで両側からSPが捕まえたんですよ。あの当時まではピストルではないんですよ。これは長い間の経験ですね。短刀ですよね。

――そういう心構えのせいでしょうか、昭和三十九年の東京オリンピックは何事もなく過ぎましたね。

後藤田　あれも忘れられないね。これを事故なくやるためにはどうすればいいんだということですね。いちばん苦労なさったのが当時の警視総監の原文兵衛さんです。これはしかし、大したトラブルもなかった。若干の亡命事件があったかもしれませんが、特に大きな事件が発生し、日本が責任を負わなければいけないという重大事件は起きておりません。しかし警備警察としては忘れることができない体験だったと思います。やはり偉い人が来るもんですからね。

――話は変わりますが、当時は共産党などから、警察は過激派を泳がせていると批判されましたね。

後藤田　警察は右からも左からも批判されました。例えば共産党から見たら、極左を泳がしているとやられるし、自民党から言うと、お前ら何しているんだ、極左にも手緩《てぬる》いし、おまけに右翼に対しても弱い、と言われる。実際は自民党の人は右翼とつながっている者だっておるんだから（笑）。だから警察というのは、所詮はそういうふうに右、左から叩かれるんです。

叩かれるのはやむを得ない。あくまでも政治から中立で、現行法秩序を守るという一点でやる。その守り方は比例の原則でやっていくと。こういう基本精神でやってきたと思います。この精神は、伝統としては流れているんじゃないですかな。しかしだんだん、残念ながら崩れてくるんじゃないかなということが心配に思いますけれどね。

――そういう警察の基本方針が崩れつつあるのは、警察官僚が政界に進出したことにも関係があるんではないか、という見方がありますけど。

後藤田　僕らが政治に出たのが悪かったかもしれないな。そうすると、政治に色気を出す奴がおるな。

――先のことを考えて在任中から、ということですか。

後藤田　ところが、長官までやり、官房副長官までやって、こんなにトットといったのは僕一人しかおらん。後はみんな何回も当選しないと駄目だから、年取って駄目になっちゃう。僕は六十二歳で出たんだから。みなが辞めるころに出た。それでずっと上まで行っちゃった。それを見習おうとする。だから僕は役人から聞かれたら、絶対代議士なんていう商売はよせ、つまらん、と言うんだ。でも、みんな僕みたいになれると思っているんだ。行けると思ってる。行けるわけがない。僕は運がよかったんですよ、人の巡り合わせが。それだけの話です。

――警察庁に戻られてからも国会答弁はなさったと思うんですが、自治省のときと警察庁のときでは、やはり質問のやりとりや中身がかなり違いましたか。

後藤田　それは自治省のほうが楽だ。警察は、当時イデオロギーの対立があったから、やはりきついです。社会党、共産党の諸君は、質問ばかりして育っているから質問は上手だし、その上存在価値を示すということでわりあい勉強しているわね、与党の人より。ただ、調査能力という点では、だいたい資料なんて、要求されても出すわけがない。出して叱られるのはかなわんから。

――公明党などはどうですか。

後藤田　これは調査能力は高いと思う。資料を彼らはみんな持っている。それはしょうがない。否定する外ない、水掛け論になる。それでなんていうこともない。

第七章　事件多発に最高責任者の孤独を

――警察庁次長、そして長官

各国情報機関の情報収集体制を研究

——昭和四十年五月に警察庁次長になられて、先生はよく外遊されるようになりました。この目的は何だったんですか。

後藤田　警察庁にはルールがあって、長官になると日本から離れられない。次長が外遊するんです。そこで私は東南アジアとか、ヨーロッパ、アメリカに行きました。私が行くときには、警察の仕事で行ったことはありません。全部情報関係です。だから相手が情報機関です。一番最初は、四十一年九月に三週間あまりイギリス、それからフランスに行ってドイツに行って、イタリアに行って帰ってきたんです。それで各国で情報機関と話しました。

そこで受けた印象は、なんと言いますか、日本の情報収集体制と能力がいかに低いかということです。というよりはむしろ、国として無関心だなということがひとつですね。これはある意味において、いま日本では平和ボケ、平和ボケとよく言うでしょう。そこで、すぐ軍事力を強化しろというような主張があるでしょう。僕はそれと根っ子は同じなのかなという気がするんだけれど、やはり平和ボケのひとつの表れではないですかね。日本のような国は兎の耳を持たないといかんのですがね。

本当の意味での情報を、国としてしっかり持っていないと、とてもじゃないが厳しい国際情勢のなかで生きてゆけないという気がしました。どの国も、情報の組織、人員、能力、使っている予算などが、日本とは問題にならない。そしてその中に国の性格がみんな出ています。いちばん顕著なのはイギリスとフランスでしたね。イギリスは非常に情報収集が徹底して深くて、そして執拗だな。そしていかに外に漏らさないか。それが端的に出てきますね。月曜日から金曜日まで、だいたい朝の十時から四時頃まで五日間やったんですから。

——相手の方を呼んでお話をするんですか。

後藤田 相手は二時間か三時間か専門家がつく。本部でね。MI5とMI6です。片方が防諜で片方が諜報ですね。当時、行く前にイギリスから注文がありました。それは、日本のゾルゲ事件の資料をくださいという。これは戦争の後、神田の古本屋などに出たんですよ。誰かが売ったんだな。それがあったから、ああ結構です、日本語でいいですか、と言ったら、いいですというので、それを持っていった。そうすると、それ専門にまだ調べているんです。四十歳少しの男だったかな、足の不自由な人だったからいまだに覚えているんですけれどね。彼がやっていて、大まかな説明をしてくれというので、僕は説明をしたんです。

そして、何でいま時こんなことをやるの、と言ったんだ。これは第二次世界大戦のさなかの話ではないですか、と。いやまだ残っている、というんだ。どこに残っているの、と言ったら、上海だと言ったね。根が残っているんですよ。その追及をわれわれはしているんですと言ったな。それぐらい執拗なんだ。

向こうのやり方は、聞いてみてもなかなかしぶといな、言わないな、イギリスの機関は。そしてやはり工作するときは、投入しているスパイですね。それなんかは、日本でも昔は商社マンとかがやっていましたけれどね、牧師さんだな。ああいう人を使ったり、いろいろな人を至る所に残している。特にアフリカの話を聞いたんです。当時中国がアフリカに、あるいは中国大使館を中心にアフリカ工作をしていた時期があるんですね。そういった関係があって、アフリカの情報を聞いたときには、非常に深い。組織が整備されている。

能力が高くて、僕を案内した人はホブソンという人でしたが、日本語も達者で、インドネシア語も達者なんだ。そして九月三十日事件（昭和四十年、インドネシアのクーデター未遂事件）のときにはバンドマンをやっていたというんだから。政府の高官が来るクラブでバンドマンをやっていた。日本語はペラペラだ。それが日本の大使館にいたんだ。日本語はどこで習ったかと聞いたら、本国で習ったと。それでいちばん修練したのは、日本の捕虜をシンガポールで取り調べた時だといった。非常にうまい。MI6の担当にしても、皆大学出身だな。入るときの試験を、自分が担当する国の言葉で受けるんですね。一人ひとりの能力も高いし、組織としても強くなっているし、非常に執念深くて、もともとが陸海軍の情報機関ですからね、それが総理大臣直轄になっている。

それに対比して、非常に組織は膨大で金は使っているけれど、ちょっと浅いのではないかなと思うのはアメリカだな。非常にシステマティックではあるけれど、少し浅い。僕はベトナムに行ったときCIAの出先と話してそれを感じたな。フランスは、本当によくしゃべるな。どこまでが本当で、どこから嘘になるのかわからなかった。

――先方からいろいろなことをしゃべってくれるわけですね。

後藤田　しゃべってくれる。ひとつ聞いたら、いくらでも出て来るんです。そういう情報機関ですね。

――それで日本としても何らかの手を打たれたんですか。

後藤田　駄目だな、日本は。公安調査庁があんなことでは駄目だ。あれは本当に直さなければいかん。あまり僕がいうと嫌がるから言わないけれどね。

――その他にも、先生は何回か外遊なさってますね。

後藤田　それから東南アジアをずっと回った。これも情報機関です。東南アジアに視察に行ったのは、ひとつはベトナム戦争です。アメリカは、兵力の逐次投入という、戦争でいちばん避けなければならないやり方で非常に現地の抵抗を受けて難儀している。一体あそこの戦線がどうなっているのかということ、特に宣撫工作をやっているわけですね。その宣撫工作はＣＩＡがずっと担当してやっているわけです。それと同時に、台湾でもアメリカは蔣介石政権を応援していましたから、ＣＩＡが活動していましたね。これらの状況をみて回ったんです。

このときには、後に内閣調査室長をやって亡くなった渡部正郎君という人、イタリア駐在を長くやった、できる人でしたけれど、彼を連れて、視察に出かけました。私は最初に台湾に行ったんですが、やはり警察庁の次長という立場ですから、向こうも大変気を使って対応してくれました。そしていろいろな説明をしてくれたんですが、大変警戒されたお客さんの扱いでしたね。

私は、台北のホテルの貴賓を泊める部屋に泊まりました。ところが、僕はＣＩＡの台湾の状況を聞きたいというつもりがあるんですね。それと、中華民国政府の台湾統治がうまく行っているのか、現地の人の意見も聞こうと思っていたんですね。私は台湾に六年間いましたから、知人が多いんですよ。二・二八事件で逮捕されて刑務所で拘禁されていたような人が、その後釈放になって、第一線で働いているんです。その人たちの意見を聞こうと思ったんですが、会えないんだ。

事前に電話をかけると全然通じない。僕の電話がホテルの中から通じない。しかも僕は八階ぐらいに泊まっていましたが、そっと抜け出すわけだね。ところがどうしてわかるのか知らないけれど、僕が降りたときには、一階のエレベーターの入り口に案内さんがスッと来て、ご苦労さんでございますという。だから、行けない。

要するに台湾人との接触を好まなかったなという印象ですね。しかし政府それ自身はたいへん気を配りまして、草山温泉などでたいへんな歓迎をしてくれました。そういう状況ですから、台湾政府の方からはまともな話はまずは聞けなかった。

情報戦争でも防衛に徹すべきだ

後藤田　それからベトナムに行きますと、例のハノイ政府、北の政府軍の方がだんだん優勢になってきて、夜間は郊外ですでにホー・チ・ミン軍の軍隊の砲声が聞こえていたというような状況で、町中も騒然としていた。話した相手は、南のサイゴン政府の首相、グエン・カオ・キという人でしたね。治安維持に当たっている人は、名前を忘れたんだけれど、その後拳銃を相手に向けて射殺している写真が出た人だ。その人と小一時間、話をした。

ホテルはアメリカが接収しているところに泊まりました。その時に、三階以下は困る、少なくとも五階とかにしてくれという要求をしたら、その通りやってくれたんです。というのは下から手榴弾を投げられたらたまらん、という気があったんです。町の中の十字路などの広場では、群衆の見守る中で処刑が行われているんですね。そういう状況でした。

ホテルに泊まったときに、まずは水がないんですよ。ともかく、下痢をしたり赤痢になったりチフスになったらかなわない。ところがミネラルウォーターはないんだ。僕はしょうがないからコカコーラで過ごしたんです。それはいいんだけれど、それで歯を磨いたところが、口中泡だらけになってね（笑）。その記憶がいまでも残っている。ということは、いかに市民生活が混乱していたかということです。ショロンにも行ったんです。ショロンというのは、大東亜戦争のさなかに一回行ったことがあるんです。ここはコメの集散地です。ところがこのとき行ったときには、その機能がほぼ失われかけていました。

受ける印象としては、この政府も長くはないな、ということだった。問題はアメリカがどこまで頑張れるかということだ。アメリカのＣＩＡの出先機関に行って説明を聞くと、やはりベトナム全域、国中で、サイゴン政府、アメリカ軍と協力するような村づくりをやっているんですが、それがなかなかうまく行っていないという印象でした。

私は、「どうして北からの兵力の浸透と補給路を断たないんですか、それには南北を遮断したらいいじゃないですか、日本軍ならやりますよ」と言ったんだ。アメリカとしては、ベトナムの中の戦争で、隣はカンボジアとかラオスとかいろいろありますね。「あのインドシナ半島を横断して補給路を断ってしまうということができないんだ」と言っていましたね。地図でご覧になればわかるように、ベトナムというのは細長い国で、海岸線が南下しているんですね。内陸部の方は国が違う。そこを通ってどんどん、兵隊も来れば物資も来ているんです。国境なんてわかりゃあせんのですからね。そこを思い切ってやったらどうですかと言った記憶があるんだけれど、なかなかやれないというような説明をしておりました。

ここでアメリカの情報機関のやり方を見ていますと、なんと言いますか、非常に組織的でお金を十分かけているし、ある意味において、合理的とでも言うか、そういう活動はしているけれど、情報機関のやり方としてはあまり上手ではないな、という印象でしたね。要するに、すべてを物量で押していくということですから、やはり情報ということから考えると少し無理なのではないか、無理というより、成果が少ないのではないかという印象でした。

――いらっしゃったのは、その二ヵ国ですか。

後藤田　タイまで行きました。タイは特別なことはありません。相手は警察の人でした。あそこは昔日本の警視庁留学生が多かったんです。ここでの私の印象ですが、タイという国は、厳しい国際社会の中で生き残るのに、どれくらい巧妙な外交的な手を打っているかということですね。それから、やはり小乗仏教の国だなということです。坊さんの力が非常に強いということと、王室の力が圧倒的に強いな。メコン川を見学したんですが、川の縁に家があるんですね。下が川で、川の上に家がある。それを船の中から見ていると、どの家にも、タイの王様ご夫妻の写真が全部ある。それからあの国は何代か前まで元に戻していったら必ず中国の血が出てくる。圧倒的に、中国の華僑の勢力が経済の実権を握っている、そういうことを、わずか二日か三日ですが、強く感じました。

――そういう見聞から、先生は、日本の情報機関はどうするのがよいとお考えですか。

後藤田　日本の情報機関というのはいかにも呑気だ。情報収集の組織も貧弱だし、力もない。無力だ。この国はこんなことではあかん、ということが、私の外遊の結論です。それはなんと言うんでしょうか、戦前の反動でないですか。ただ、外国のＣＩＡなり、ＫＣＩＡなり、セデックなり、ＭＩ5、ＭＩ6などは全部情報の収集と同時に謀略をやるんですね。日本の場合は謀略だけはやらない方がいい。あくまでも情報の収集、防衛だよ、ということですね。諜報謀略というのは攻撃して行くわけですから、これはよした方がいいよ、ということがひとつです。

もうひとつ、いまはコンピュータ社会になっていますね。仕事もサイバービジネスが非常に発達している。このサイバービジネスというのは、セキュリティが駄目だと横からいくらでも盗られてしまうんです。その防衛すら日本はできていない。しかもサイバービジネスというものは、アメリカが数年先行して日本はその次ですが、この防衛が全然できない。だからウィルスでみんな盗られたり、妨害されたりするんですね。そこで、これからの日本の本当の意味での情報活動は、そういったサイバー戦争、その防衛をむしろやった方がいいのではないかと思います。いま日本はどこもまだやっていないのではないか。

反則金の処分をめぐって大蔵、自治を退ける

――高度成長が進むとモータリゼーションということで、車が増えて交通事故も増加したと思いますが、交通警察の充実も先生の在任中の大きな課題だったわけでしょう。

後藤田　経済が回復してくるにしたがって、なんといっても、交通革命が起こる。これは世界のひとつの流れで、日本もその波に乗ったわけですね。初めのうちは車も非常に少なくて、交通法規も未整備だった。ところがこれでは間に合わないということで、交通法規の法制度を整備すると同時に、事故が増えてきたので事故防止を考えるようにな

ったんですね。

交通事故がいちばん増えたときは、事故死が一万六千人、負傷者が九十万人、これは田舎のひとつの県が全員事故を起こしたぐらいの数字なんですよ。当時公安委員長をなさっていた篠田弘作《こうさく》さん、北海道選出の代議士さんですが、この人が僕に、後藤田君、これをどうするんだ、これはひどいぞ、と言いましてね。あの人は歳が古いから、日清戦争の例を持ち出して、日清戦争の被害より、この一年間の交通事故の被害が大きい、と言うんだよ。

おっしゃる通りです、ということでとりかかったのが、交通取り締まりの人員の増強、取り締まり機材の整備、同時に免許制度の充実、一方では一般の国民に対する交通安全の啓蒙活動、そして三番目にエクイップメントといいますか、交通安全施設です。例えば、建設省が道路を造るにしても、必ず曲がり角にはガードレールをつけてくれ、といったようなことを各省折衝でやるとかですね。これは3E政策といって、外国でもやっている政策です。エンフォースメント（Enforcement）、エクイップメント（Equipment）、エデュケーション（Education）ですね。これを警察内部でも、建設省、運輸省などと連携をとりながら強力な政策展開をやったということです。

これは非常に成功したんです。その後、交通事故が目立って減りまして、いちばん少ないときは、死者八千人と負傷者四十七万人になった。日本の各省の政策の中でいちばん成果が上がったもののひとつですね。それが最近、ここ数年また死者が一万人を超えている。負傷者は六十万人ぐらいになっているんですね。

警察庁に交通局をつくったのはこの時期です。同時にその年に路上を車庫代わりにすることを禁止した。保管場所の確保の法律ですね。それから交通安全施設の整備事業、こういうことをやったわけです。

——刑事罰以外の反則制度ができたのもこの頃ですか。

後藤田　交通事件の処理を早くやらないと件数が多くて、警察も検察も手を上げちゃったわけです。そこで刑事罰以外に反則制度を設けました。違反によって点数制で、一定の点数になれば講習所に行って教育を受けないと免許取消ということですね。そこで交通違反については、検察庁に立件してゆく事件と、反則処分で赤切符と青切符という制度を設けた。青切符が反則ですね。反則というのは反則金ということで罰金ではないんですよ。罰金だと前科になるんだな。科料になると行政罰になる。

その時に、大蔵省と自治省の間に論議があった。しかしこれは僕が頑張っちゃったんだ。実は、取り締まりをやる警察官は都道府県警察なんですよ。だからその反則金収入は、当該都道府県の雑収入にはいるのが建前なんだね。働いている人間が都道府県の職員ですから。ところが大蔵省の方は、いやそうではない、これは罰金類似だから国庫に納めるべきであるという争いがあった。ところが僕は、それは両方ともあかんと。というのは自治省の主張に沿うと、まさに理屈はそうだけれど、県の財政が豊かでないから、県警察の予算を増やすために取り締まりだけを先にやる。むやみに取り締まりをやるのはとてもじゃないが認められないと。迷惑するのは一般のドライバーや国民だ。だからおまえのところの主張は駄目といった。

大蔵省に対しては、これは罰金じゃないよ、都道府県警察の取り締まりの結果出てきた金をなぜ国庫に納めなければいけないんだ、おまえのところの雑収入に入れないよ、という主張をした。その代わりに、これはいったん国に入れて、その配付は交通警察の必要度合いによって別の基準で各県警察の費用として国が交付をする。だからある県が一所懸命金を増やすため取り締まりを強化しても、おのれのところには必ずしも返ってこない、そういうことにした記憶があります。そういう制度を作り、他方でいま言ったように点数制度を実施しましたね。それから運転免許などの管理のセンターをつくった。それと同時に、交通安全対策の基本法を作ったんです。これは関係省庁みんなが協力する、という法律ですね。

それからもうひとつは、この基本法に基づいて交通安全の基本計画、五ヵ年計画みたいなものをつくりました。この当時は、交通戦争の時代であるという標語を使ったんです。同時にその時に、建設省とか警察庁の関係で協力しながら、安全施設の整備の五ヵ年計画をつくったんです。同時に高速道路の交通の警察隊を設置した。そういうことを見ていると、まさに交通警察というものが警察の中で大きな比重を占めてきたわけです。

過激派対策に罰則強化は逆効果である

——先生が次長になられてから、治安情勢はだんだん悪化していきます。警察の首脳として、何かとご苦労がおありだったと思いますが。

後藤田　当時すでに街頭大衆行動がやや暴力化しているという時期でした。だいたい、大衆擾乱《じょうらん》事件、騒擾事件といいますか、街頭の警察の取り締まりに対しては、自由民主党からは「手ぬるい、もっと強硬になぜやれんか」というお叱りをしょっちゅう受けておりました。ところが日本のマスコミは逆でして、少しでも警察の欠陥があれば、それを大きく報道するといったような厳しい批判があって、警察の行動を監視するというのが当時の情勢でした。

それから、共産党の批判がある。共産党は、警察は過激派を泳がせている、というんですね。要するに警察は意識的に彼らの取り締まりを怠けて、われわればかり狙うということです。ところが、その批判にあたるほどのゆとりは、警察にはなかったんですね。警察力自身が足りないなというのが私どもの考え方でした。率直に言わせてもらえば、警察の治安維持とはどういうものかを本当の意味では理解していない人からの批判だなと思う。ことに自由民主党の場合はそうなんです。共産党の批判は意図的なものですから。

大衆暴動の取り締まりは、いくら警察力が不足だといっても、正面の相手を蹴散らすことはできるんですよ。その代わり、それをやった後は惨憺たる状況が残りますよ、ということです。つまりこちらに十分な力がないわけですね。しかし、ガンとやるだけの力はある。訓練から体力から違うんですからね。しかし全体の警察力は足りないんですから、ガンとやれば相手方から大変な犠牲者が出るでしょう。そうなったときに、本当に中長期に治安を維持することができるのかということです。

――羽田事件では有効な警備活動ができなかったといって、自民党が非難しましたよね。それに対して当時の新井裕長官は反発されたということですが。

後藤田　だから率直に言えば、私どもは激励されるのはありがたいけれど、あなた方は素人ですよ、そんなことでは治安は維持できません、われわれに任せてもらいたい、という気持ちがあったのは事実です。新井さんだけではなくて、僕らもみんなそうです。反発ではなくて、何を言っているんですか、本当に治安というものがわかっているんですか、ということです。

――昭和四十三年十月の国際反戦デーのときは、新宿で大きな騒動がありました。

後藤田　これは恒例の大衆行動のあった日なんです。ところが昭和四十三年十月八日のときは、米軍のタンク車、戦車ですね、その輸送阻止闘争があったんですよ。米軍はけしからんということですよ。これは誰しも腹の中ではそう思っている者が多いんですけれどね。次に十月二十一日に国際反戦デーの行動があった。これは過激派の連中が新宿駅の構内を占領し、線路を占拠し、バリケードをつくって電車が全部止まってしまい、それから一部で火をつけたと思いますね。まさに騒乱罪適用の条件を満たしていたわけです。そこで、二十二日の午前零時過ぎだったと思いますが、警視庁が騒乱罪を適用するということで、何百名かを検挙したという事件ですね。秦野警視総監の決断です。

――東大でも大きな事件がありました。

後藤田 これは大学入試が中止された、警察首脳は非常に怒った、ということですが、大学騒動というのはだいたい昭和四十年代の前半ですね。その時のわれわれの基本的な考え方は、大学の自治を最大限尊重するということです。という意味は、大学当局の管理責任があるので、責任回避は許さないよという考え方がわれわれの腹の中にはあるわけです。したがって、大学当局から出動要請がない限りは大学の構内には出ていかないという基本方針があったんです。

警察権の行使は、大学の中で刑事事件があれば、行ったって一向に差し支えないんですよ。差し支えないんだけれど、われわれが大学の自治を尊重したということは事実なんです。しかし同時に、その裏側には、先生方、あんた方だって責任を持てよ、という狙いがあったことは事実なんですね。基本的にはそういうやり方で対応していたんです。

――四十四年の東大入試の中止については、どうお考えでしたか。

後藤田　私も東京大学の卒業生ですから、それはなんと言いますか、残念だな、なんということをなさるんだ、試験をやったらいいではないか、という気はしました。けれど基本には、そんなことは大学が決めることだ、批判を受けるのはおまえさん方だよ、という気持ちがあったことも事実ですね。決めたのは佐藤総理なんですよ。視察に行って。素人があんな現場に行って判断したら間違いを起こす。東大がつぶれてもいいなんて、私共はそんなことは全然思っていないな。秦野章君は厳しかったな。やはり東大は大学の中の大学だと思う。そういう観点でこれを見ていた。そういうことです。

——大学の先生方の対応をどうお感じになりましたか。

後藤田　加藤一郎さんが学長代行でたいへん苦労したんですね。発端が医学部のインターンの問題で、関係ない人を処分したとかいったようなことがあって、それが発端だったんですね。しかし林健太郎さんなんかは、文学部長としてはほんとうに百七十時間余り閉じこめられてえらい目に遭ったんですよね。なかなか頑張った先生もおるんだけれど、一般的に、どうも僕の受ける印象は、東京大学の先生方というのは、ご自分の研究あるいは講座等を大事にして努力精進しているということは、私でも、あそこを卒業しているだけにわかるんですが、大学をどのように維持管理したらいいのかについては、ほとんど能力がないんじゃないかと思った。何もやろうとしないのは教授会なんだよ。ところがその教授の中に、彼ら（学生）に心を通じているのが、若い人におるわけですよ。

だからうまく行くわけないわ、と思いました。やはり、管理者としての意思と能力に欠けるのではないか。反面、それなら、いったい大学の管理者が大学を管理するのに必要な道具は、大学の学長なり学部長に与えてありますかというと、与えてないんだよね。これは政治の問題だ。

——そこで、大学管理法というものをつくることになったわけですね。

後藤田　保利《ほり》茂さんですよ。人が悪いんだ。もちろん善意なんですよ、僕と秦野章君に一緒に意見を聞いてくれればいいのに、別々に聞くわけなんだ。自民党というのは何かあると、党の中から罰則強化が必ず出てくる。それに終始反対するのが警察なんですよ。「罰則運用というのはどれくらい難しいものか、注意しなければならないものか、あなた方はご存知ない、罰則さえ強化すれば事件が減ると思っているのは、基本的に間違いだ」と。これは警察の考え方なんです。今でもそういう考え方だと思いますよ。ところが自民党というか、要するに素人は、罰則をむやみに強化したがるんだ。そのうちおのれが引っかかるんだけれどね。

それで、保利さんに呼ばれた。そして、党は大学管理法に厳罰の規定を入れろと言われるけど後藤田君どうだい、という。僕は言下に、罰則強化をやっても駄目だ、と言ったんです。なぜだ、と言うから、ああいうのは世の中をこうしたいという確信犯が中心なんだから、確信犯にはいくら罰則を強化しても、かえって確信が強くなるだけで逆効果になる。大学の先生が管理するのに必要最小限の罰則をつけさえすればいいのであって、あとは管理権者の権限をある程度強化すればよい、と言った。本当をいったら、大学の管理権者を辞めさせるぐらいにすれば、それでいいんですね。罰則をつけたってしょうがないんだ。保利さんは、そうか、と言った。

それで今度は秦野君が呼ばれて行ったんだ。秦野君がまた同じことを言ったらしい。それで保利さんが、それを頭に置いて党を押さえたんです。だから、あれにはほとんど罰則らしい罰則はないんですね。

警察庁長官の出処進退は難しい

——先生の前任者である新井裕長官は長く在任されたわけですが、その理由として、先生が政界に出るのを邪魔するためだった、という噂があります。どうお考えですか。

後藤田　それは聞いたことがないよ。これは、こう言ったら理解できると思う。初代の長官が七年二ヵ月やった。これは警察経験者が追放になりましたから人材不足ということだった。ところがその次におやりになった方が四年数ヵ月やっているんです。そのあとは揃っているんですよ、人材不足ではないんですよ。柏村信雄さんが四年なんぼやっている。そして江口俊男さんが二年でお辞めになったかな。江口さんのあとが新井裕さんで、四年三ヵ月ぐらいですね。僕は率直に言って、それは長すぎると思います。今でも思っている。僕の理論は、だいたい二年交替だったんです。これは前にも触れましたね。しかし、だからといって新井さんに特別な意図があったとは僕は思いません。

警察庁長官の出処進退というのは難しいんです。内閣は積極的に警察庁長官の人事について口を挟まないということで来ていた。ところが人事権がある国家公安委員会は合議制の機関ですから、長官、もう辞めたらどうですか、とはなかなか言いにくいんですね。そうすると長官人事というのは、自分が判断しなければいけない。自分自身の出処進退を自分で判断するというのは、口では当たり前ではないかと言うけれど、実際になってみると非常に難しいんですね。そういうことがあるから、私は新井さん自身が特別な意図を持ってそうしたのではないと思います。

——佐藤栄作首相が国家公安委員に元最高裁判事の真野毅氏《まのつよし》を任命しようとしたとき、先生は最後まで反対されましたが、反対の理由は何だったのですか。

後藤田　これは社会党が推薦したんじゃなかったですかな。それで政府の方から、国家公安委員に真野毅さんはどうだと、公安委員長に話があったんですね。そのときは、参議院議員の塩見俊二先生が国家公安委員長だった。そこで長官に意見を聞いたので、長官は反対したんですね。私も反対をした。それから警務局長が秦野君だったけれども、秦野君も反対した。ほかの二人の反対理由は聞いていません。

僕の反対理由は、真野さんという人は、実は僕はよく知っているんですよ、この人が立派な人だということは。しかし大臣に言ったんだ。真野さん個人が立派なことぐらいわしは百も知っていますよ。しかし公安委員というのは無理じゃないですか、なぜならば真野さんは自衛隊違憲の判決をしていますよ、そうすると、われわれが今やっているのは、基地反対闘争とか自衛隊違憲だ廃止だといって、至る所で大衆行動があるんですよ、その取り締まりをわれわれがやっているところに、違憲論者が警察全体を管理するメンバーに入るというのを、一線の警察官はどう思いますか、それは無理筋ですよ、だからそれはおやめになってもらいたい、と。僕がいちばん最後まで頑張ったらしいな。だから塩見さんが、あいつは頑固なやつだと言っていたらしい。それは耳に入った。

――結末はどうなったんですか。

後藤田　最後まで、僕は反対ですよ、しかし政府が任命することだから、私ども事務当局がどうこう言う問題ではないと思います、しかし大臣、あなたがどうだと言うから、それはあかん、と言うだけですよ、私はいくら言われてもウンとは言いません、と言って、言いっ放しになったんです。それで向こうは予定通り任命したんですね。それはしょうがないです。

――昭和四十四年八月に警察庁長官に就任されます。長官時代はいろいろな事件が起きていますが、まず、昭和四十五年五月に瀬戸内海で「ぷりんす号」乗っ取り事件がありましたね。

後藤田　これは厄介な事件だったんですよ。こいつは泥棒ですよ。自動車の窃盗犯で二十歳の若者です。それが福岡で盗んで、福岡、広島、と逃げ回ったんですね。その途中で警察官三人に重傷を負わせている。そして広島港まで逃げてきて、そこで瀬戸内海汽船の広島―今治航路の観光船の「ぷりんす号」という、確か十数名乗客が乗っていたと思いますが、それをシージャックしちゃったんですね。犯人自身はライフル銃と、警察官から奪っていた拳銃を持っていて、これを乱射したんですよ。そこで、これは一体どう処置するかということになりました。

当時の県警本部長は出来のいい人で、須藤博忠君という人でした。これはそういう事件ですから、いわゆる警備公安事件とは違うんですね。刑事事件です。その時の刑事局長がこれまた立派で、高松棟治君という人でした。彼は亡くなりました。そこで、僕は、場合によっては制圧しなければならないという気がしたものですから、高松君を広島に派遣したんです。そのとき高松君に、あの十数名の人質から死傷者を出さないということが第一だぞ、それを中心に対策を考えなければならないが、制圧するときには、犯人が一人で人質が十数名だから、手負いにしたらあかんよ、やられるよ、と言ったんです。

向こうはライフルを持っていますからね。だから、一撃で抵抗力を失わせなければあかんよ、と。手を撃ったり足を撃ったりするのはあかんよ、といって殺すのも具合が悪い、だから頭は狙うな、と言ったんです。しかも船は浮いているよ、動いているよ、と言ったんだ。だから、射撃の名手を派遣したんです。しかし、いずれにせよ人質の無事救出が先決だから、最大限説得活動をやれと、しかし最後はそうだぞと。そしてその最後の処置をしなければならないときには、現場に須藤本部長を出して、須藤君に最終の判断をさせてくれと。そして二人のあいだで意見が一致したところでやってくれ、という指令を出したんです。

なぜ私が高松君という刑事局長を派遣したかというと、彼は静岡県警本部長の時、その一、二年前ですが、金嬉老事件を経験していたんです。だから、彼がいちばんいいと思ってやったんですね。そして現地で、親を呼んで説得してもらったところ、親に向けて撃って来だしたんだ。そこでこれはもうやむを得ん、ということで、ライフルの射撃手に射撃を命じたんです。

これは高松棟治君が行くときにも言ったんだけれど、責任はそれぞれにあるけれど、これはおれの命令ということで構わんよ、と言った。警察法にはそんなことは書いてないんですけれどね。しかしながら数県にまたがる事件ですから、中央でやっても構わないわけです。だから、おれの命令でということでやってくれや、ということでやったんです。

これは慎重に判断してやりましたが、このときとあさま山荘はまるっきり違うということです。あさま山荘は人質が一人で犯人が五人なんですよ。犯人が五人だから、一撃にやるといってもやりようがない。しかし、あの場合は、犯人さえ倒したらいいんですね。それで、左胸を外して右胸をやっている。心臓を外しているんだけれど、動脈を切っちゃったんだな。それで出血多量になった。

これだけで、僕は国会で三時間とっちめられた。なぜ犯人を射殺したんだということでね。その僕をとっちめたのが、群馬県から出ている山口鶴男さんだ。まあ山口さんもわかってやっているんですけれどね。これは万やむを得ない、最後の手です。しかもかわいそうなのは、その時の射手をマスコミが嗅ぎつけたんだな。これは圧力を受けたね。辞めた。かわいそうなことだ。

——警察は守れなかったんですか。

後藤田　新聞記者が張り付いているから、撃った者の写真から何からあるわね。射撃手は一人だけではないんです。ほかの人も並べてやるんですけれど、こういうときは、やはりいちばん腕のいいのがやる。変なところに当てられたら困りますからね。かわいそうだった。自分でたまらなくなって辞めちゃったんだね。

外務省機密漏洩事件の扱いは厳しかった

――四十七年に外務省の機密漏洩事件がありました。このとき、警察は機密漏洩に怒った佐藤栄作首相と知る権利を主張するマスコミとの間にはさまれたわけですが、どのように対応されましたか。

後藤田　知る権利と言いますか、マスコミの立場に対しては、これはこの前も言いましたように、警察というのは批判のないところにいい運営は期待できない。だから広く批判や意見は聴くべしという態度ではあったんですが、さればと言って、マスコミといえどもあらゆる手段を是認するわけにはいかん。やはり取材活動といえども、知る権利は最大限に尊重しても、手段がそれによってすべて正当化されるわけにはいかんよ、という基本的な考え方を私は持っていました。例えばその取材の過程で、人権蹂躙の行動があったということになると、それは認められないという基本の考え方を持っておりました。

この事件に着手するかどうかというときに、当時の高松棟治刑事局長が僕のところに来て、こういう内容の事件ですがこのままというわけにはいかんと思います、という話だった。君な、そう言ってもなかなかマスコミは報道の自由だ何だといって、面倒になりやせんのか、どうしてもやらなければならないか、と聞いたら、これは長官、やらなければいけません、ということだった。そこで、どういうことだと言ったら、取材の方法など詳しくここまでやっていると言うんだ。ならば、それは許すわけにはいかんよ、ということになった。

しかしこの種の事件になると、政治問題になることは極めて明確だ。そのときに、警察が逮捕してもそのあと起訴にならなかったらあかんよと。検察との関係は間違いないかい、と言ったんだ。少なくとも僕なんかの時までは、警察の方がわりあい純粋なんですよ、人事権が政治にないんだから。そういうことがあるので、どうかなと聞いたら、それは十分打ち合わせをしておきますと言う。大丈夫かと言ったら、大丈夫ですと言うわけだ。

じゃあそれはわかったと。それじゃあこの事件は警視庁は誰にやらしているんだと聞いた。そうしたら名前を挙げたから、よしわかった、それならそれだけに限るよ、と言った。三名か四名でした。あとはまかりならんと言った。だいたい警察の汚職事件とか、知能犯事件式の厄介な事件になってくると、警察は人の手が多いですから、割合きちんと事件は詰めるんですけれど、漏れるんですよ。警視庁の刑事の家庭教師まで新聞記者がやっているんですから。

――家に入り込むわけですか。

後藤田　家に入り込むんだ。これはいかん。だから係はそれだけ。それから報告のルートは、捜査二課長、刑事部長、総監、総監からお前、高松だと。そしてあとは俺だ。そのルートを守れよ。そうしないとあかんよと言ったら、そうしますということで、そこまでやって、それでかかってよろしい、となった。

ところが国会がやかましくて、佐藤総理が責められるわけだ。ところがこの事件は外務省の官房長の女性秘書ですから、そうすると外務省はああいう役所ですから、官邸から言われると、外務省で知っている限りのことは全部報告しているわけです。それによって官房長官も総理も大よそのことはわかっている。ところが実際の、深いことはひとつもわからないわけだな。それは容疑者の記者本人を調べているわけではないんだから。ご婦人の方の話だからね。そこで捜査の内容を報告しろと官邸がやかましいんだ。

いちばん困ったのが、国家公安委員長の中村寅太《とらた》さんだ。これは気の毒だった。中村寅太さんというのは非常に地味な自民党の国会議員で三木派の方でした。この方は若いときに農民運動をやっていたんです。私も全然知らない方だったけれど、お仕えしてみて、表面とは違って、しっかりした立派なお方だったね。この人はあさま山荘事件にもぶつかったわけだからね。

それで、僕は中村大臣には、こういうことですと報告をして、こういう態勢でやりますから、いま国会で大臣もずいぶんとっちめられている、総理もとっちめられている、お立場は判りますがしかしこの事件については任せてください、一切報告をいたしませんから許して下さい、と言った。お任せ願えますか、ではなしに、お任せ願います、と言った。その代わりと言っては失礼ですけれども、必ず起訴の前には詳細報告をします、と言った。そうしたら、後藤田さん、それは起訴になりますかな、と言うんだよ。なります、必ず起訴になります、検察との関係はきちんと取らせていますから、と言った。それならそれでやってください、と言われた。

国会で中村さんは、何も知らんじゃないかと責められるんだよ、国家公安委員長のくせにけしからんと言って。ところが、法律的に知る必要はないんだよ。管理するだけの話で、個々の事件を指揮する権限はないんですから。そこであの方は、捜査中の事件でございますから、詳細な報告はまだ聞いていないし、自分としてはお答えできる段階ではない、いずれお答えするけれども、といったようなことで、捜査中、捜査中でやった。刑事局長も国会に行っているな。ところが刑事局長は専門家だから、いや、いま捜査中でございますから、といって、とうとう最後まで押し切った。

そして官邸には言わなかった。だから佐藤さんはご機嫌が悪かったんだ。それで起訴の前の日に、中村さんに、いよいよ検察が明日起訴しますから、と言った。報告をしなくて申し訳なかったが、実はこう、こう、こういうことです、といって、全部説明しました。そうしたら、ああわかりました、と言ったな。このような取り扱いをしたのはこの事件をめぐって国会の中で政治的駆け引きの道具にされることを防ごうと思ったからですよ。

――総理には最後までご説明にならなかった。

後藤田　やらない。国家公安委員長が説明したでしょう。そこでマスコミの方ですね。これは僕は、警察庁記者クラブの毎日新聞のキャップと、そのキャップを補佐している記者二人でしたが、何回か呼んだんです。ある程度の節々のところで。そして詳しいことはもちろん言うわけにはいかんから、これはな、結局お前の方が駄目だよ、だから社としてどう考えるか、その方が賢明だと思うよ、と僕が言ったんですよ。毎日は対抗して、知る権利一本でとことん警察と戦うという方針を立てたわけですから、それは駄目だよと言った。必ずこの事件は起訴になって、無罪になるわけがないよ、と言うんだけれど、明くる日の朝来たら、長官がそう言っても、僕らが、おまえら警察庁の回し者だと言われる、と言うんだな。

そこのところを非常に賢明に処理したのは朝日新聞だった。朝日新聞は、この事件ではなしに、その直前に、朝霞のキャンプで自衛隊員殺しの事件があったんだ。あのときには証拠資料を記者が隠しちゃって、特ダネで書いたわけだ。それが証拠隠滅で引っかかってきた。そこで僕は、朝日の記者に、あれはあかんよ、早いところ処分しておけよ、そうしたら「前記者」になる、現職記者ではなくなって、前記者になるから書きやすいだろうと。朝日はサーッとそれをやっちゃった。それで痛手を受けないで済んだんです。

僕はそれをやるだろうと思って、駄目だよ、と毎日に言うんだけれど、聞かないな。お前のところ早く辞めさせろ、とは言えないからね。新聞社とのあいだは、非常に厳しい対立になった。いちばん気の毒な立場に立たされたのは、警察庁クラブにいた毎日の責任者二人ですよ。彼らには言ってやったんだが、残念だけれど本社のデスクの方が受け付けなかった。こういうことですね。それでN記者はやはり有罪になった。

第二次安保以降は大衆行動が下火に

――昭和四十五年には第二次安保闘争がありますね。当時の治安情勢はいかがでしたか。

後藤田　第一次安保闘争は、占領政治けしからんという大きなうねりのような大衆闘争だったわけですね。それが池田内閣の「寛容と忍耐」、所得倍増政策でだんだん下火になってきた。そうすると、どこかでまた芽を吹こうとする動きがあるわけです。それが昭和四十年代に入って出てきたわけだ。第二次安保闘争という形で出てきた。第二次安保というのは、要するに、第一次安保の改定で、十年経っていずれか一国が廃止を申し入れれば、一年後から安保条約を解消できるという条文があるからですね。それで、その昭和四十五年に安保をやめさせようという動きが出てきた。

しかし、安保条約が四十五年に自然成立したのに伴って、だんだん下火になってきた。同時に学生なり過激派なり大衆闘争があまりにも行き過ぎたものだから、国民から浮き上がっちゃった。支持する人がなくなってきた。そういうことでだんだん学園の中も社会全体も沈静化してきた。過激派の諸君も、だんだんおとなしくならざるを得なくなって行った。いま政党の幹部になっている人の中には、あの頃さかんに走り回っていた者がいるね。役人にも居るよ。僕の県から出た仙谷由人《せんごくよしと》君なんかは東大の副委員長ですね。そういうように、全共闘の連中も利口なのはみんな沈静化してきた。

ところが、まだ初志貫徹派というか、過激なのが残ったわけだ。それが神奈川県の日共革命左派神奈川県常任委員会（京浜安保共闘）というんだな。これは共産党じゃなくて過激派だ。それと赤軍派、これはブントから流れてきた連中だ。だから、片方が毛沢東主義、片方がトロツキスト集団ですよ。それがだんだん追いつめられていった。周囲が脱落していったから。他方、警視庁の追及が激しくなってきて、山岳アジトに入った。そして、片方が武器を持っている、片方が金を持っているというのでドッキングして連合赤軍となった。その最終局面があさま山荘事件（昭和四十七年）になっていったということですね。あさま山荘事件であういう結末になって、だいたい全部、過激な行動が治安面から消えていったわけです。

一方、国内では取り締まりが厳しいということで外国に逃げた。そこで何が始まったかというと外国でハイジャックが始まった。いちばんひどいのが、日本赤軍がテルアビブ空港で起こした事件（昭和四十七年）。これは日本赤軍がやったわけですよ。その根は、いまでもまだ日本の国内にある。一時は三多摩地方にあった。まだいまでも残っていると思いますけれど、いまは動けるような事態ではない。しかし日本赤軍の一部はレバノンに逃れている。福田内閣の時にハイジャック事件があって彼らの要求を呑んで超法規だなんてことを言って殺人犯まで国外に出しちゃったな、ああいう連中がおそらくまだベッカー高原にいるかもしれない。あるいはチュニジアに行ってしまっているか。あるいはレバノンにいるか、僕はその後の事情はわからないけれど、まだ根は残っているということです。

――話は飛びますが、先生は国会議員になられてからパレスチナ解放機構（PLO）アラファト議長に会いに行かれましたね。

後藤田　そうそう。そうしたら警察の人から、日本赤軍を匿《かくま》って軍事キャンプで訓練しているアラファトのところへ行くのはけしからん、と文句を言われましたね。それで僕は、君ら、人命は地球より重いと言って、国家の主権をどう考えているんだ、日本国外にそんなやつを放して、よその国はどうなるんだ、君らの手で取り締まりは出来るのか、と言った。事件を起こさないことが大事だよ、そのために俺は行くんだよと言って、超党派の議員団で、元外務大臣の木村俊夫さんが団長で、自由民主党から三名行ったんだけれど、そのうちの一人が僕でした。会談の席でアラファト議長に言ったんだ。

アラファトさん、われわれはあなたを日本に招待するために来ているんだけれど、日本赤軍の連中があなたのところの軍事キャンプで訓練を受けている。人数は正確ではないが二十人前後でしょう。それがイスラエルに対して、あなた方と一緒になって闘争するんだというのなら私は知ったことではない。しかし、あなたが日本に来る以上は、連中が日本の政府、国民に対する活動を軍事力をつかってやろうというものは止めてもらわないと困る、と。

そうしたら、そういう勢力はイギリスにもあるし、フランスにもあるし、朝鮮にもある。それからイエメンにもいるし、キューバにもいる。しかし、それはそれぞれの国民が活動しているのであって、自分は関係ない、と言うから、関係ないと言っても、あなたはあの事件を起こしたときの世界の新聞をご覧なさい、ちゃんとあなたのところで訓練していた日本赤軍じゃないですか、と言ったんだ。そうしたら最後に彼が、自分はそういうモンスターではない、と言ったな。

そのモンスターで大笑いになったんだけれど、僕は、いや、あなたは怪物だ、と言ったんだ。だから止めてくれ、と言ったんだけれど、それをやらせるようなモンスターではない、という意味なのか、やめさせるだけの力のある怪物ではない、というのか、その意味はわからないんだけれどね。

過激派の皇居侵入で進退伺いを出す

――昭和四十六年六月に沖縄返還協定が調印されるわけですが、そのころ、佐藤栄作首相に、皇居に過激派が侵入する恐れがあるという忠告を受けながら侵入を許した、という事件がありました。その時は、進退伺いを出されたようですが。

後藤田　これは失敗なんだ。佐藤総理から直接僕に電話があったんですよ。「後藤田君、皇居の中に外部から侵入して悪さをするという動きがあるようにおれの耳に入ったよ、だから気をつけてくれないか」という話だった。だから、わかりました、それはありがとうございました、と言った。僕も耳にしていなかったものだから。

そのことをすぐに警視総監に伝えた。警視総監は本多不道《ひろみち》君。この人はたいへん豪放な人です。口数も少ないし、警視総監らしい警視総監だった。立派な人です。ただ、警視総監以外は務まらないかもしれないという男だな。まさに親方だ。僕は彼に電話して、こんな情報があるがどうだい、と言ったら、いや、ないよ、と言うから、しかしやられると皇居の中だから具合が悪いぞ、といった。皇居の濠の外は警視庁管轄ですが、中は皇宮警察の所管です。皇宮警察というのは警察庁長官の直轄部隊ですから。外をまず固めなければいけないですね。皇宮警察というのは守衛さんみたいなものだからね。

本多君に、おまえやってくれよ、と言ったら、わかった、わかった、と言ったんだけれど、実際はやっていなかったんだ。わかっていないんだな。西郷さんのような総監だからな。ともかく美濃部亮吉知事と絶えざる衝突だったからね。そこで、坂下門を突破されたんだ。そして、宮内庁の玄関のドアも壊されて、あそこまでやられた。それで逮捕したんだけれど、これはまことに言い訳の出来ないミスであることは間違いない。それで僕が本多君に電話して、本多君、おまえ、進退伺いを俺のところに持ってこい、と言ったんだ。それはなんでや、というから、なんでやとはなんだ、お前書け……、と言って。それで、持ってきたんです。僕も書いた。

それで、二人とも進退伺いを出したんです。ちょうどその時に僕は就任から二年になったんです。私は二年論者ですから、ほんとうは辞める時期だった。本多君も警視総監として、一緒にやっていたものですからね。それで僕は、進退伺いを中村寅太さんに出したんだ。中村さんがそれを見て、これは後藤田さん、わしに預からせてくれ、と言うんだ。それで僕は、預からせてくれといっても、僕は辞めさせてくださいよ、と言ったんだ。そうしたら、気持ちはわかるけれど、なんていうようなことでね。

そうしたら、年が明けて一ヵ月ぐらい後だな、総理と相談した、これはその儀に及ばずでしばらくやってくれんか、ということだった。それで僕は、ともかく大臣、私を辞めさせてくださいよ、と言ったときに、中村大臣がいや僕も長くない、だから僕がやっている間だけ一緒にやってくれ、と言うんだな。ああそうですか、それならご一緒にやらせてもらえますか、と言って残ったのが運の尽きだった。それからがいちばん激しいことになったんですよ。あさま山荘事件から、ありとあらゆることがその後あったんです。だからいちばん縁が深かったですね、中村さんが。そして本多君も一緒に辞めたんです。

――昭和四十六年にはそのあと、日石ビル地下郵便局での小包爆弾、警視庁の土田國保《くにやす》警務部長宅における小包爆弾、派出所における爆発事件など、過激派による事件が相次ぎましたね。ご自身も狙われたわけですが、当時は、どういう心境で職務を遂行されましたか。

後藤田　日石ビルの事件は十月十八日だな。僕と新東京国際空港総裁の今井栄文《よしふみ》君宛に爆弾小包が送られてきた。それを日石ビルの地下の郵便局員が、普通の郵便小包と同じように扱って投げたんです。そうしたら爆発しちゃって、腕をやられちゃったんですよ。そういう事件でした。

それから二ヵ月ほどですよ。十二月になって警視庁の土田國保警務部長の家に小包が送られた。これは同期の友人の久保卓也君（元防衛庁事務次官）の子供さんの結婚式に同期生代表で祝いに行ったんですね。二人は東大法学部を昭和十八年に卒業しているんだ。それで、そのお礼の小包が送られてきたわけです。だから奥様にすると、何の疑いもなしにピッと開けたんですね。それで爆発しまして、爆死、即死ですね。私はその直後に行きましたけれど、こんなところで言えないぐらい悲惨な状況でした。気の毒で言葉もありませんでした。

あの頃は、なんと言いますか、極左の連中が派出所に爆弾を仕掛けるとか、いろいろな事件があったさなかですね。成田闘争というのがひとつのシンボル的な闘争になっていましたからね。

僕は当時、何を考えていたかといいますと、何というのか、過激派というものは続かんと基本的には思っていたんですが、いずれにせよ徹底的に検挙してやろうということで、過激派の壊滅作戦ということを絶えず頭に描いていたんですね。そうすると、こっちも攻撃されているんだけれど、こいつらを壊滅させてやろうという気持ちが強いものだから、自分自身が危険に晒されているという印象は、必ずしも持っていませんでした。

ただ、家族は危ないなという気がしたんですね。それで、小包爆弾のあった以降は、ともかく年末になりますと、全国の知事さん、あるいは本部長さんからお歳暮がたくさん来るんですよ。この扱いに困っちゃってね。周囲が壁で遮断されているところがいいだろうというので、玄関には置かないで、全部風呂場に持って行くんです。そして置いておく。そして二日にいっぺんぐらい警視庁か警察庁か忘れましたけれど、ガイガー管みたいなもので爆発物を検査してもらって、大丈夫なやつを家族が開けていたというように、用心はしていましたね。

しかし、自分自身は何とも思わなかった。僕は、家庭、家族がどうかなという心配だけがあったことと、子供がやられはせんかな、と思って、これは気をつけていましたね。でも子供はそんなこと一向お構いなしだから、まあ何の警戒もしていないでしょうな。ただ自分の気持ちの中では、そんなことで特別な印象はありません。

——あさま山荘事件があったのは四十七年二月でしたね。先生はこの事件解決を指揮されて、解決してからは現場に行かれたようですが、どういうお気持ちでしたか。

後藤田　事件が終わった翌日早朝、ヘリコプターで行ったんですが、印象的だったのは、軽井沢のゴルフ場が雪に覆われていまして、人は誰もいないんですね。それから、河合楽器のあさま山荘に行って視察いたしました。このとき作戦指導したのは丸山昂《こう》参事官、それに佐々淳行君、彼はこのとき官房付だったかな、こういう事件のエキスパートですよ、この二人です。それから、僕は気がつかなかったんだけれど、公安四係にいた亀井静香君（後の建設大臣）が志願して行っていたそうです。亀井静香君と僕のあいだは年次が余りに離れすぎていまして、わからなかった。四係というのは警察の特殊な係なんです。それに二年いたらしい。志願して行った。勇ましいんだ、現場向きなんだよ。

　このときの感慨は、最高責任者というのはいかに孤独かということだ。それは、いつどういう処置をするか、結果がどうなるかということだけれど、結果の見通しが立たないわけですよ。うっかりすると不成功に終わる可能性があるんですね。何が成功かといいますと、警察の目的は何かという私の考え方に関係してきます。それは市民保護です。だから人質になっている牟田泰子さんというご婦人を無事救出できれば、これは警察としては合格だと思っていたんです。それは部内にちゃんと言ってあった。

人質は殺されたわ、犯人は鉄砲を撃ちながら逃げたわというのは、これはいちばん悪い。人質は無事救出した、しかし犯人も殺してしまったというと、これは下策ですね。やはり逮捕しないと駄目だ。犯人は逮捕したが人質は殺されたというのもあかんのです。同時に警察官の犠牲者を出したらあかんのだ。そういういろいろな段階があるんですけれどね。そういうことを考えながら処理をしたわけですが、ああいうふうになったときは孤独ですね。たいていの仕事は、（部下から）「こうやりますがどうですか」と来るんですよ。ところが、ああいうときはそうではない。「どうしますか」といってくるんですね。

――指示内容は全部先生から出るんですね。

後藤田　細かなことは言いません。いちばん孤独だな。私は長官の時に経験したんですが、総理官邸の中にいるときも、総理大臣というのがどれぐらい孤独かということを、そばにおりましたから、よく判りましたね。

あさま山荘事件では犠牲者を出したのが残念だ

――どういう作戦で指揮されたんですか。

後藤田　いちばん最初は、ともかく説得でやれ、それで揺さぶりをかけろと言った。要するに投降を呼びかけるわけですね。それはあらゆる手をつかった。ところがあの時の軽井沢というのは、夜零下十五度ぐらいに下がるんです。また、あそこは多少坂道になっていて、装甲車でいきなりぶち込むというわけにはいかないんですよ。テレビではわかりませんが、離れているんですね。階段を降りていかないと玄関に行けない。道の下にあるわけですからね。だからキャタピラがついた警察の車は、駄目なんです。それから水が駄目なんだ。水と一緒のガス銃が作動しない。それから山の上にあるタンクの水がすぐに涸れる。なくなると補給しなければいけないけれど、それもできないんですね。そういう非常に悪条件でした。

そこで、いつまで説得あるいは揺さぶりをかけるかということになって、お医者さんと心理学者など専門家を集めまして、ともかくどれぐらいもつか、専門的に聞いてみてくれといった。すると、いちばん厳しい条件の時は数時間で死にますというんです。それから犯人と人質とのあいだで、建物の中で人質が自由に行動ができる、意思がお互いに疎通し出すということになると、一ヵ月ぐらい絶対に大丈夫ですという話なんです。ぼくは、そんなのあるかい、と言ったんですよ。数時間から一ヵ月と言ったら選択のしようがない。

それだから条件をもう少し絞って、こういう条件のときはどうだ、という形で意見を聞いてくれというと、そこで出てきたのが、一週間という話でした。それからもうひとつ出てきたのは、うっかりすると精神異常を来しますと言ったね。だから精神異常を来したらあかん、そんなのは駄目だよと言ったら、それは治ると言うんだ。拘禁性のものですから、元に返る可能性は十分あります、ということだった。

それで結局、九日目から攻撃したんです。いくらやっても揺さぶりは駄目だったんですね。その間に一人殺されちゃったんだ。それは新潟県から来た民間人が、ちょっと変わった人で、いくら止めても無理に隙を見てふりほどいて駆け込んでいって、玄関口に行ったらバーンと一発でやられたんだ。そして制圧の時に、二人幹部を失ったという大変残念な結果に終わったんですけれどね。やはりああいう事件というのは厳しいですね、責任ある人の立場は。しかし同時に、私は明くる日に現場を見まして、警察官というのはよくぞ、責任とでも言うのか、使命感とでも言うんですか、ここまでよくやってくれるものだなと思いました。明くる日行ってもガスで目が開けられないんですね。ただ長くいると感じが鈍ってくる。涙が出なくなるんだ。

犯人が五人いるから、至る所にバリケードを築いていた。その上に向こうは鉄砲を持っているから行けないわけですね。突入後最後に逮捕したところは、蚕棚のベッドのある部屋で、犯人と警察官が対峙していたのが三メートルぐらいしかないところだ。そこまで行ってやっている。それで最後に飛びかかっていったんだね。最後は少し怪我をしたのかもしれないけれどね。よくやるものだなという熱い気がしましたよ。

――そういう決死隊のような人はどうやって選ぶんですか。

後藤田　志願者を選ぶんです。この関係のことは佐々淳行君が『連合赤軍「あさま山荘」事件』で書いていますよ。あれはいろいろ厳しいことを書いているんですが、彼はいわゆるメモ魔なんです。毎日朝からのことを全部名刺の端に書いたり、紙切れに書いたりしてあるんです。そして夜一時間ぐらいかけて、それを全部整理するんです。だから彼と論争すると負けるんです。そんなことありませんと言って全部見せられる。たいへん厳しい事件ですね。

佐々君の本は間違いありませんね。ただ、現地警察は多少不満があったんです。しかし私は、そんなことはないよとは言えませんし、あったとも言えないけれど、佐々君の言っていることは間違いない。要するに、これは慣れの問題なんですよ。警視庁の警察官は慣れているんですよね。ところが地方の警察官というのは、意気込みはみんな持っているんです。でも残念ながら慣れていない。それともうひとつは、地方の人はマスコミ相手が駄目なんだ。

警視庁は慣れているんです。だからあの時、警視庁の広報課長があそこに行ったんです。その広報課長が、オウムにやられたといわれる国松孝次君なんだ。ああいう人がいないと駄目なんだ。結局慣れの問題ですけれどね。能力はみんなあるんだけれど、慣れていないから駄目なんです。

――あの事件の処理について何点をつけられますか。

後藤田　難しいですね。私は、牟田泰子さんという人質を無事救出したということで十分合格点をつけていただいていいのではないかと思いますが、残念ながら二名の警察官を失ったんだ。あれは責任感なんですよ。旧軍隊で言いますと、塹壕《ざんごう》の中から敵陣を見る眼鏡があるんですね。カタツムリのような眼鏡が。それで見れば、頭を土嚢《どのう》から上に出さなくても見えるんです。でもやはり指揮官というのは自分の目で直接見ないと納得ができないんだね。これは責任感からで、どうしても部隊を突っ込ませるときは見るわけです。そうしたら向こうは照準を合わせているわけですから。いまの照準というのは、三十メートルや五十メートル離れていても百発百中なんです。ついそこに見えるんですから。

あのときは、目と目の間をやられた。鉄兜をかぶっていますから、普通の弾だったらピンと跳ねるんですよ。文字通り直角に来ないと撃たれませんからね。ところが目と目の間を抜かれた。まったくの即死です。そういう殉職者を出しましたから、これは満点の警備であったとは絶対に言えないと思います。しかしあの事件で成功したことは、後になって、あの取り調べの中から十四名でしたか、総括という名のもとにおいて、彼らがリンチ殺人をやっていたということがわかりまして、全員検挙して、殺した死骸も全部発見したわけですね。

――殉職警察官の遺族などに対しては、どうされたんですか。

後藤田　これはせめて生きているものの当然の責任だ。政府も党もよくやってくれました。できる限りの遺族の救援という措置を警察としては最大限やれ、ということでやりました。長い間の騒擾事件で多くの殉職者や負傷者を出しました。警察が先鞭をつけると、消防がついて来るんだ。ただ、今でも当時の後遺症で苦しんでいる人はたくさんいるんですよ。今でもいるんだ。かわいそうなんですよ。これは、現職のまま置いておけという指令だったんです。構わんといった。定数外で出来る限りは置けばいいんですよ。

最近の警察、検察には危惧している

――昭和四十七年六月に警察庁長官をお辞めになって、後任に高橋幹夫さんが就任するわけですが、この一連の手続きはどのように行われるわけですか。

後藤田　たまたま私が長官になったものですから、私はなった当時から、ともかく自分は三年以内には辞めるという気持ちをずっと持っておりました。そして、あさま山荘事件などでおよそのことがケリがついたし、邪魔が入らないような形で、自分自身の判断で、佐藤（栄作）内閣が終われば辞めようと決めていたわけです。ただ、一つ問題が出てきたのは、佐藤内閣のあとに誰が総理になるか、争いがあって決まっていなかったんです。福田さんと田中さんの総裁争いですね。これがどちらか決まる前に辞めよう、決まると面倒で厄介になる可能性があるから、ということで、どちらが総裁選に勝ち残るかわからないとき、ということで六月二十四日に突然辞表を出しちゃったのよ。

——辞表は中村寅太国家公安委員長に出すんですか。

後藤田　委員長に出す。そしてその足で、保利茂さんと総理に挨拶に行って、辞めさせてもらいますということで、次の人はこれがいいと思いますということで推薦したんです。高橋幹夫君をね。それで帰ってきてすぐに新聞記者会見をやって、おれは今日辞めたよ、とやったわけですけれどね。辞表はもちろん、すぐに受け取ります。辞めるというんだもの。やってくれと言ったって、いやもう辞めますといってそれで終わりですからね。

——慰留はなしですか。

後藤田　それはもう中村寅太さんと話ができているから。佐藤さんは嫌いなんだよ、僕を。僕も好きじゃないんだよ。だから、官房副長官になったときの挨拶に行くときに、小池欣一君というのが前任の官房副長官だったんだ。それで別々に行ったら具合が悪いだろうということで、小池君と一緒に佐藤さんのところに挨拶に行ったんだ。

——ほかの国家公安委員それぞれに、辞められる長官が説明して回るということはされないわけですね。

後藤田　公安委員会がだいたい週三日開かれますから、それに合わせてその行動をしますから。

――警察庁長官の後任を推薦するというのは、前例があるんですか。

後藤田　みんなだいたいそうです。長官は自分の進退を自分でするわけですから、そういう習慣になっているんです。斎藤昇長官と吉田茂総理との人事抗争以来ね。自分のあとに誰を据えるということを決める人は他におらんですからね。だから長官が、これがいいと思いますよということを時の大臣（国家公安委員長）に話して了承を得て、それによって官房長官と総理の了承を得る。というのは、国家公安委員会が任命するんですけれど、警察庁長官と警視総監だけは、ほかの省の役所の次官とは違うんですよ。内閣の承認を得るということなんだよ。警察法でそうなっている。総理大臣の承認を得なければならない。そこでバランスをとっているわけですね。

任命するのは国家公安委員会です。これが嫌だといったらどうにもならない。といって、内閣の承認を得なければならんということで、相互牽制の仕組みになっているんですね。だから後任については、最後は総理大臣の承認を事前に得なければなりません。

もちろん辞職の話は大臣に先に言いますからね。公安委員長は、総理大臣や官房長官のところに行って話はしているでしょうけれど。

――推薦するという行為はそうとう重みを持つわけですか。

後藤田　それは違う、ということは誰も言わない。いかなる場合でも言わない。

――後任に指名された高橋幹夫さんは健康がすぐれないといわれていましたが。

後藤田　彼はもう亡くなったね。長官に指名する数年前に、赤坂で交通事故に遭って負傷もしたし、何よりも、会議の席で脳血栓で倒れたんです。ようやく回復したんですけれど、言語中枢をやられた。その関係で、失語症にかかった。言葉を失ったんです。だから多少健康に心配があったんですけれど、私の後任にするときに、治療に当たった警察病院の院長さんに直接話をしまして、どうだろうかと聞いた。実は身体が許せば彼に長官をやってもらって僕はもう辞める気なんだが、と言って。

国会の答弁はどうだい、と聞いたら、三時間ぐらいはいいでしょうと言ったな。三時間いけばいいなと僕は言ったんだ。どうせ昼休みになるわな、午後は出なければいいんだ、と思った。ただ、問題は判断を間違えないかということなんだ。判断を間違えるようではやるわけにはいかんと言ったら、判断は間違いませんと言ったな。ただし長時間の答弁ということになると、なかなか難しいと。それで、高橋君には、健康の問題は自分自身もわかっているだろう、ともかく医者に聞いてみると、何ら心配ないということだからやってくれ、その代わり、一年ないし二年、それで辞めなきゃ駄目だよ、と言ってやってもらったんです。彼は二年ちょっとで辞めたかな。

——長官人事の場合はだいたい次長が昇格という形になるんですか。

後藤田　それはわかりません。それは辞める長官の腹ひとつだ。だいたい次長が昇格しますけど、場合によると、年次の関係がありますからね。次長は、警視総監になる場合と、長官になる場合と、もうひとつは次長で辞める、この三つの場合が先例としてあります。

話は違いますが、今度のようなこと（井上幸彦警視総監の辞任）は、非常に難しいんです。例のオウム事件は全国捜査になっていますから、報告しなければいけない事項なんですね。ところが、自分が拳銃で撃ったと言っている巡査長は記憶喪失の注射を打たれていますから、記憶が途切れることがあるんですね。このため、捜査の指揮官としては多少の迷いがあったんでしょう。隠すことではありません。迷いがあったものだから、まだ報告することはないといったような推移だったんですね。

ところが、僕もおかしいと言っているんだけれど、ああいう自供があれば白黒はっきりさせなければいけないわけですよ。迷いがあるといってもね。その白黒はっきりさせる典型的なものは何かというと、自供の裏付けをとるということです。拳銃を捨てたというんだから、これはどんぴしゃりなんですよね。それをやっていなかった。だからこれは捜査の落ち度です。辞めるほどのことかどうか問題はあると思いますが、辞める道を選んだのだと思いますね。進退というのは難しい。

――警察庁長官時代を今になって振り返ってみられて、いかがですか。警察の大先輩として、現在の警察におっしゃりたいことは何かありますか。

後藤田　この前、警察庁から私の在任期間中にどんな事件があったかをまとめた表を持って来てもらったんです。局長がたまげて、よくこんなにやりましたな、と言ってました。一言でいうと、やはり私の十年間は疾風怒濤の時代だったと思います。異常な治安への対応に追われた十年であったと思いますね。大事件が次から次へと起こっているわけですから。それをよくぞ乗り越えられたな、という気持ちがいっぱいです。なぜそれが出来たのかといいますと、警察の運営それ自体が、権力行使の限界を超えないで、絶えず、警察は堪え忍ぶことだよ、ということに徹することによって、国民の理解と支持を求めてきたからだと思います。

ただ、最近は警察にしろ検察にしろ、オウムの事件の捜査を見ておりますと……。これは世界的に歴史に例がない事件ですね。というのは、誰か対象があって、それに対して攻撃をして殺人をする、暗殺するというのはいくらでもあるんですが、地下鉄サリン事件では、全く何の関係もない一般市民を十数名殺して、数千名のけが人を出したわけですね。これは特に異例な事件だから認められる捜査のやり方であったとは思うんですが、これを一般化されたら困るんです。やはり警察が治安を維持する、検察が適正な執行をやるというときに何がいちばん大事かということを忘れてもらいたくない。

それがどういうところに現れているかというと、最近、別件逮捕が多過ぎる。これは検察も警察も両方です。もうひとつは、初めから容疑がわかっているのに、それは後までとっておいて、別件からひとつひとつ片づけていくというやり方によって長期勾留・取り調べをやる再逮捕の繰り返しです。つまり、ひとつの事件で令状を執行して二十三日間身柄拘束しておいて、二十日目ぐらいにもうひとつ新しい事件で令状をとる。そうすると次々といける。刑事訴訟法が定める手続きから見ると、僕は少し、行き過ぎた面が最近出てきているのではないかと思います。

それからもうひとつおかしいと思うのは、殺人・強盗のような、必ず重犯、累犯を重ねるやつは起訴しても外に出しませんね、またやるから。殺人事件は単発ではなかなか捕まらないんですよ。あれはいっぺん味をしめるとまたやるので捕まるんですね。だからそれはしょうがないから出さないけれど、普通の事件で第一回の公判が始まったのにまだ証拠隠滅とかなんとかで、未決のままで放っておく。長きにわたって、二年半も置いた例がありますね。戸塚ヨットスクールだ。これは業務による殺人事件ということがあったけれど余りにも長すぎた。

あるいは政治家なり民間人の偉い人は出さない。その理由は証拠隠滅なんだ。裁判が始まっているんですから、何の証拠隠滅があるんですか。居所不定でもないでしょう。逃亡のおそれも有名人はあるわけがない。ところが出さないんだな。というのは国民の、あの野郎けしからん、という声を背景にしてそれをやるんだ。最近そういう傾向があるのではないかと思う。

三番目は強制捜査だ。これは見せしめの強制捜査ではないかと思う。ひとつの会社、ひとつの役所に百人以上の人間が乗り込んで、何百箱の書類を押収する。持ってきてそれを読めますか。取調官は何人いるのかということですよ。読めないですよ。それを根こそぎ持っていって、テレビでどんどん放映するということですよ。デュープロセス（法の適正手続き）というのは最大限に守らなければならないルールだと思う。それが少し緩んできた。これは考えてもらわなければならないと思いますね。それでなければ治安が持たないというのなら、それは立法によって解決すべきだと思う。

捜査内容も洩れすぎる。リークの疑問すらある。

第八章　田中内閣の政治指導の様式に明と暗

——内閣官房副長官時代

警察庁長官を辞めてからは休みたかった

――昭和四十七年六月二十四日に警察庁長官を辞任されて間もなく官房副長官になられたわけですが、警察トップをお辞めになって、次の人生をどのように過ごそうと考えられたんですか。その当時の田中角栄さんとの関係を含めてお話しいただきたいんですが。

後藤田　私が田中派だというのは、内閣官房副長官になってからの話です。私が警察庁長官時代にいちばん接触があったのは、むしろ福田赳夫さんなんです。なぜかというと、福田さんが自民党のプリンスの時代なんだ。福田さんは幹事長もやったし、私は接触が多かった。ただし、どっちが古いかというと角さんの方が古い。角さんとは昭和二十七年頃からですから。福田さんは昭和三十年代に入ってですね。しかし私が次長、長官時代にいちばん接触があったのは、福田さんの方です。

長官時代に接触のあった政治家は、国家公安委員長は上司だから当然なんですが、あとは官房長官と内閣総理大臣、党では幹事長と総務会長と政調会長の三役、それ以外には、呼ばれても一切行かなかったんです。これは前にも話しましたね。だからせいぜい六人です。それ以外に私が、ああ行きますよと言って行くのは、雑談に決まっているんですが、私の高等学校の先輩の代議士のところですね。

例えば水田三喜男《みきお》さんとか宇都宮徳馬《とくま》さんとか岡崎英城さんとか丹羽喬四郎さんとか、小幡治和《おばたはるかず》さん（参議院議員）、そういう先輩の代議士のところには行きましたが、これは個人的な雑談で、いわゆる仕事として行くのは、いま言った六人ですね。政治からの中立ということです。会いに行ったらマスコミにも目立つわけですからね。あまりいらざる憶測をしてもらいたくないということです。それで済んだんですよ。いまのようにあちこちでへェへェは絶対に言わん。警察庁長官と警視総監は。それが公安委員会制度のプラス面だったね。だから選挙違反だけはまったく公正無比だね。ただ、公正無比で、参院選初出馬のときは僕がやられたんだよ（笑）。

――それは自縄自縛というんですかね。

後藤田　何でおればかりやるんだといったら、あなたがそう教えたじゃないですか、という反撃を喰っちゃった。

――長官在任中に、例えばこんなことをやってみたいなというような、夢に属するようなことも含めて、どういうようなことをお考えになったですか。あるいは夢は全然お持ちにならなかった。

後藤田　だいたい警察庁の長官を辞めますと、行く先が三つあるんです。ひとつは、政府機関の総裁とか理事長というポストですね。もうひとつは、晴耕雨読、どこかの顧問をやって生活費の若干は稼ぎながら、年金がありますから、自分の生活は維持できますからね。そしてできるだけ地味に生活をする。もうひとつは政治に出るという道がある。こんなところじゃないですか。私がいちばんやりたくないのは、政府関係機関の総裁とかはやりたくない。いつも若い連中にはそう言っていたんです。

だいたい政府関係機関の総裁だの理事長だの、世間の体裁もいいし、待遇もいいよ、だけれども仕事の中身を見たら重要とも思われない仕事を役所に代わってやって、役所に行くと、自分がオイコラと使っていた課長だの局長のところに行って、こうしてくれよ、なんて、そんな馬鹿な。そんなこと頼めますか、ということですよ。

政治については、私は辞めるときには決めていなかったんです。そこが世間の批評とは違うんですね。世間ではもう田中さんと話ができていて行ったな、と捉えた。というのは、六月二十四日に辞めて、七夕内閣だから七月七日にできた内閣で、間髪を置かずにと言ってもいいぐらいですね。二週間ぐらいだったから。だから初めからそのつもりだったんじゃないかという批評、批判を受けました。私は批判するのは当然だと思うけれど、実際は違うんです。私は休みたかったんです、半年ぐらい。本当にくたびれちゃった。くたびれたのは過激派ですよ。何よりも家族がたまらなかった。脅迫、いやがらせ、子供はまだみんな学校ですから、たまらんのですよ。そういうことがあったので、半年ぐらい外国にでも遊びに行ってゆっくりしようというのが本当の気持ちで、そのときに自分は何をどういう方向にやろうということは決めていなかった。それだけは事実です。

たまたま機縁とでもいいますか、勝負の結果、総裁選で田中さんが勝って、田中さんの強い勧めがあって、「それじゃあやりましょうか、その代わり田中さん、私をいつでも辞めさせてくれますな」と言ったんです。田中さんは、「きみが好きなときに辞めてよろしい」と約束してくれた。それで入ったんです。それからしばらく経って、何かの機会に福田さんに言われた。「きみ、おれがここ（総理官邸）に入っていてもここに来たな」とね。

ということは、自民党の政治家の幹部の中では、場合によれば私を使うという気があった人がいたとしか思われない。福田さんは僕にそう言ったことがあるんです。私は、初めからそれを考えていたわけでは、絶対にないんです。ともかく半年は休みたいと思っていたのが事実です。それから先どうするかということは決めていなかった。

官房副長官就任は格下げ

後藤田　政治が好きだったのではないか、そうでなければなるわけないよ、という話があった。それに対して正確な答えは、嫌いではなかったということです。それはどういうことかというと、私が戦地から帰ってきたときに、私よりさらに半年ぐらい遅れて私の兄貴がビルマから帰ってきたんです。これは文字通り栄養不良になっていたけれど軍医だったものですから、生きて帰ってこられたんです。私を親代わりに育てた兄貴ですからね。それでこの兄貴と、どうしようかと相談した。その当時ちょうど選挙をやっていましたよ。戦後の第一回目か第二回目か忘れましたけれど。

そのときに僕が、兄貴、おれはひとつ代議士になろうか、と言ったことがあるんです。帰ってきたのが三十二歳でしたから、三十二か三十三ですね。そうしたら言下に、やりたいならやってもいいよ、だけどおかしくないか、と言われた。なんでおかしいんだい、と言ったら、おまえは内務省の役人として志を立てたのと違うか、と言う。そりゃそうだ、初めから知事ぐらいにはなるつもりでやったよ、と僕は言ったんだ。ところが、兄貴は、役人になるつもりでなったなら、なんで最後までやらんのだ、政治家なんていつだってやれるじゃないか、いったん志を立てたなら行けるところまで行くのがいいと思う、おれは反対はせんよ、だけどおかしくねぇか、という言い方をされた。それで、そう言われりゃそうか、それならまた内務省に帰るか、ということですね。

——官房副長官というのは、さっきおっしゃった三つの中で言えば、政治に当たるわけですか。

後藤田　官房副長官には政務と事務があるんだけれど、事務の副長官といえども、政治と役人の半々です。だいたい省庁の事務次官というのは、行政と政治の接点ですよ。あれは純粋に事務屋のトップだと思ったら間違いです。ましてや官房副長官というのは、事務の副長官といえども、それより政治の方に近いです。

僕の時はいっさいを任されたんだ。たまたま山下元利《がんり》君が政務の副長官なんですよ。ところが彼は僕より四年か五年、役人の後輩なんだよ。大蔵省の役人だった。官僚出身なるが故に僕をたててくれるんだね。それから、時の官房長官が二階堂進先生だ。この方は純粋の政党政治家ですから、いっさい役所のことは任せるということだ。二階堂さんは党との関係、野党との関係を専らやっているわけでしょう。だから任されたんだ。総理にいたってはなおさらで、役所の関係とか役所の人事、そんなことは後藤田君、きみが全部やれよ、官房長官なんかにやらしたらあかんよ、と言うんだ。何でですか、と言ったら、政治家はすぐものをしゃべるから駄目だ、人事はできない、だからやってくれ、というようなことだったんですね。

――佐藤内閣のときは、当時役人の世界では、次の内閣の官房副長官は誰がなるかということがかなり問題になったわけですね。小池欣一さんがやっていて、なんとなくうまくいっていないということから。

後藤田　いつでもみんな各省が狙っているから。そこで、官房副長官にはどういう役所の出身者を選ぶかとなりますと、運輸省出身の方が官房長官になった時代に運輸省出身者を官房副長官にしたことが例外的にあります。しかしそれ以外は旧内務省系です。

なぜかというと、それ以外の産業官庁、事業官庁は、あまりにも民間との関係、あるいは政治との関係で、関係が深すぎるということで、政治の総合調整をやる場合、偏ったことをやっているのではないかという憶測を受けるおそれがあるからですね。その点、内務省は特殊利害との結びつきがないんです。ゼネラリストですからね。そういう経緯があって、旧内務省出身者がほとんど副長官というポストを占める。だから、警察、自治省、厚生省、労働省、こういう旧内務省系が占めることが多いんです。ところが建設省は旧内務省系であっても、偏っていると言われるおそれがありますから、その出身者はなっていないんです。

大蔵省も考えられますが、これは各省が嫌うんです。総合調整というのは人事と企画と予算でやるんですね。いちばん効いているのは予算による総合調整です。それを大蔵省にやられているわけです。そこにもってきて、人事に関与してくる官房副長官を大蔵省にやられると息がつけないということですよ。しかも内政審議室というのが最近になってできた。これはひとつ下のレベルの総合調整をやっているわけですが、ここには大蔵から来ている。そのうえ副長官までとなると、そうでなくても大蔵天下といわれるのに、各省は嫌がるんですね。だから大蔵省出身の官房副長官というのはないんです。

――それはあり得ない話ですか。

後藤田　それはわからんな。あれはみんなが望むポストだからな。それと、もうひとつ言っておかなくていかんのは、少なくともいまと違っていたのは、私の時代ぐらいまで、もう少し後までかな、警察庁長官というのは官房副長官より上だったんですよ、評価が。僕の時は格下げなんですよ。全然格上げじゃないんです。

それはなぜかと言えば、官房副長官をやった人が警視総監になって、警視総監をやった人が労働次官になっているんだから。江口見登留さんがそうです。だから、昔のフワッとした雰囲気みたいなものがあるんですね。そういった雰囲気の中で警察庁長官とか警視総監というのは非常に高い評価を受けていた。いまのように低くなかったんだ。警察庁から官房副長官になっている人で、石岡実さんという人がいます。彼は九州管区警察局長からなっているんですよ。次長にもなっていない（笑）。

――その段階で先生は格下げだと思われましたか。

後藤田　格下げとは思わないけれど、格上げなんて全然思わない。それは思わないですよ。

――先生が官房副長官に乞われたのは、警察庁長官としての仕事ぶりを見ておられて、この人ならば、という感じがあったということでしょうね。

後藤田　そういうことはあったのかも知れません。僕が官房副長官をやっていた仕事振りを見て、どうしても官房長官になってくれといったのが中曽根さんだ。中曽根さんは内務省では僕より二年あとだけれど、僕が官房副長官の時の通産大臣で、内閣での僕の仕事の仕方を知っているんだ。角さんとの連絡役にもいいなと考えていたのは間違いないね。それと仕事振りを見て、こいつなら各省に睨みがきくな、ということだな。もうひとつは、これは中曽根さんが公式にいっていることだが、危機管理の時に使えるなということじゃないですか。それでなければ煙たい奴をわざわざ持ってきませんよ。

――それはそうですね。自分より先輩なんですからね。

後藤田　役人の年次から言えば、「何を言っているの」ということですよ。

――さきほど、総理に田中さんがなるか福田さんがなるかわからないという段階でお辞めになるという話だったんですけれど、あの段階では、もうそろそろ田中優勢ということになってきたんじゃないですか。警察庁長官としてそれをご覧になっていて、どっちが勝つかわからなかったですか。

後藤田　それはわからない。政治家となったらサントリーとかニッカとか二股三股かけるのがたくさんおるからわからないんだよ、ほんとうは。ことにわからんのは、あの頃は県連からの代表者が来るでしょう。これをみんな東京駅で待っていて、みんな宿屋に連れ込んで飲ませ食わせしているわけですね。最近の警察は割合そういうことには疎いね。

角さんが「家にいろ」というのでピンときて逃げる

――さっき田中さんと福田さんの両方の先生に対する評価というのはお聞きしたんですが、逆はどうですか。人柄としてどう評価されますか。

後藤田　両方とも好きだな。片方は役人上がりだし、片方は天衣無縫で天才的なひらめきの人ですから、まるきり違う。だけれども両方とも人を惹きつけるところがあった。福田さんもひょうひょうとして人を惹きつけるところがありましたよね。あれはいい人だな、と思うね、僕は。話が非常にしやすい人。田中さんとまったく同じだ。いまの橋本龍太郎さんと正反対だ。それぞれの性格だからしょうがないけれどね。福田さんは温かい感じがする人だな。だから僕は野沢の福田さんの家にはときどき行きましたよ。

――いちばん違う点はどこですか。

後藤田　片方は、すべて話に飛躍がない、というよりは論理的に行くね。片方はパッパッと飛躍する。それが見当違いにならないんだ、角さんは。僕らからみると奇想天外の発想をすることがあるな。よく考えてみるとなるほどなという感じだね。福田さんの方は理詰めの話ですね。それで非常に温かみがある人だ。やはり僕は政治家の中では優れた人だと思うな。おそらく、主計局長のときの昭電事件（昭和二十三年）がプラスになったと思うな。人生で一度挫折を味わったから、あれがあの人の生涯にとってはほんとうはプラスになったのではないかという気がするね。

――官房副長官への就任までの経緯ですが、田中さんが総理になられてからの経過をもう少し詳しく話していただきたいのですが。

後藤田　田中さんが首班指名を受けて内閣の組閣に入ったのが四十七年七月七日ですね。その朝早く僕の家に電話が入った。僕は寝ていて電話に出なかったんだけれど、家内が出たんです。そうしたら家内が、田中さんという人から電話ですよ、と言うんだ。田中さんって世の中にたくさんいますからね、鈴木と同じだから、田中って誰だ、と聞いたら、名前を聞かなかったんだけれどダミ声の人です、と言う。ああそうか、わかった、といって出たら案の定、田中さんだった。

先生、なんですか、と言ったら、後藤田君、今日きみは家におるか、というから、ええおります、と言ったら、ずっとおれよ、というんだ。はい、何も用事がないですから、と言って切ったんです。しかし僕はピンときた。これは危ないと。それで車を呼んで、挨拶をしに出たんです。退官の挨拶まわりに。

――危ないと思って逃げられたんですか。

後藤田　逃げたの。その当時は自動車電話というのは、警察でも長官と総監の車しかなかった。一般社会にはほとんどなかった。そうしたら霞ケ関のランプを出るところで電話がかかってきた。僕の警察庁の秘書がいて、正式の挨拶まわりですから、辞めた役所の人が案内していますからね。これが、長官、電話です、と言うから、出たら角さんで、怒っているわけですよ。きみ、きみ、今日は家におってくれと言ったじゃないか、どこへ行くんだ、と言うから、いや挨拶まわりですよ、と言ったら、挨拶まわりはもうよせ、と言う。なんですか、と言ったら、あの人はせっかちですから、すぐ官邸に来い、と言うんだ。官邸って何でしょうか、と言ったら、ともかく官邸に来い、と言う。それなら行きます、と言って官邸に入った。そうしたら、まだ閣僚の任命も何もありませんな。法制局長官も任命していないんだから。そして行ったら、「きみ、ご苦労だけれど官房副長官をやってくれないか」と言うんだ。

僕はその前に、田中さんのところに退官の挨拶に行ったんだ。通産大臣室だった。このときは少し長談義になって、まあ座れや、という話になって、後藤田君、何をやる、というから、いやいや、もうともかく半年休ませてもらいたい、家内でも連れて少し外国にでも行って、のんびりしようと思っているんですよ、と言ったら、そうか、と言って、どうか、きみ、あれをやらんか、と言ったんだ。そのとき彼はまさか総理大臣になれるという自信を持っていなかったんでしょうな。

産炭地振興公団の総裁だか理事長だか忘れたけれど、元の大蔵次官がやっていて、任期が来てもう辞めるんです。通産省の予算として、その産炭地振興公団の予算を三千億にすると言っていた。それで後任がいないからそれをやってくれ、と僕に言った。僕はそのときに、それは大臣、勘弁してくださいよ、と言ったら、なんでか、というから、ともかく休ませてもらいたいんですよ、それから僕は慣れない仕事はこれ以上ごめんこうむりたいんですよ、と言った。そうか、駄目か、と言うから、勘弁してください、と言って、お断りした経緯があった。

それから二週間足らず後の話ですからね。田中さんとはその話があったから、副長官の話が出たときは、それではやりましょう、しかし僕が辞めたいと言うときは辞めさせてくれますな、と言った。あまりやりたいと思っていないポストだからね。そうしたら、いいよ、と言った。そのときは二階堂官房長官も同席していたかな。ちょっと記憶がないけれど。それで僕は、それじゃあやりましょう、と。そこで官邸に居座っちゃったわけだ。

そして、法制局長官を呼べということで、法制局長官も交代したんです。新しく就任したのが、次長をやっていたのかな、先頃プロ野球のコミッショナーを辞めた吉国《よしくに》一郎君です。それで昔でいう三長官、官房長官、副長官、と揃うわけですね。それから閣僚選考に入るわけです。閣僚選考は僕らの仕事じゃない。これは二階堂さんと、時の幹事長か誰かが入ってきてやったわけですね。

――橋本登美三郎《とみさぶろう》さんですね。

後藤田　ああ、トミさんだ。これがまたアバウトな人でね。しかし自分で何でもメモに書くんだな。新聞記者出身の特徴だよ。口で言ったっていいんだけどね、こうやって書いて。

――書いてやるけれどアバウトなんですか。

後藤田　アバウト、アバウト。

――吉国さんは年次的には先生よりあとですね。

後藤田　僕より一年あとなんだ。それで、こんなことがあった。閣議があるでしょう。閣議の中身は、閣議事項というものが原則として次官会議の議を経て上がってくるわけですね。そうすると、次官会議で決まるまでの間に、相当激しい論議の結果、これならということでできあがってきます。それだけに割合バランスのとれた案になって上がってくる。だから、閣議そのものはわりに簡単なんです。署名するだけなんですよ。それは各省に異論がないことになっているものが上がってきているわけで、印刷物として提出されている。それに、憲法の規定ですかね、自署することになっている。それは花押です。判こではなくて、届け出をした花押で署名して決裁する。

ところが正式な案件が終わったあとで、各閣僚の発言があるわけです。官房長官が、何か発言はありませんかと必ずいいますから。そこで発言することにわりあい重要な事項が入るんです。それは内閣官房としては残しておかなければならない。言いっ放しになってはいけない。ところがそれは門外不出になっている。何か事件とかいろいろなことがあって、そのときの閣議はこれでございますといって出すのは、正式に決定した案件だけで、それ以外に書類はないということに昔からなっているんですよ。しかし現実には、発言は原本が内閣官房の総務課に昔からのものが全部残っているんです。

いつ頃からやったかわかりませんが、内閣発足以来だと思います。いまでもだいたい同じでしょう。閣僚発言を誰が書くのかということなんですよ。これは内閣官房副長官が書くんですよ。昔であれば内閣書記官長が書いたと思うね。ところが内閣書記官長にあたる官房長官は閣僚に昇格したから、そんなものは書きませんね。そうすると官房副長官が書くことになる。

ところが僕は書くのがいやなんだよ。字がへただし、書くのが遅いし、いやだ。吉国君というのはメモ魔なんだよ。昔から有名なんだ。彼がピシッと書いたら一言一句直す必要がないくらいまとめて書く。素晴らしい頭の男なんだ。それで僕が初閣議の時、吉国君に、この閣議の閣僚の発言記録な、あれきみが書けよ、と言ったんだ。彼は、冗談じゃないですよ、それは官房副長官、あんたの仕事だ、と言うんだな。それは知ってているよ、だけどきみはおれより月給が一号高いのはなんでか知っているか、と聞いたんだ。

法制局長官や宮内庁長官は、閣僚のすぐ下の月給ですから高いんです。副長官は政務次官と同じだから低い。事務はまたそれより低いんだ。今は一緒になっていますよ。だから、吉国君、おれより月給が高い理屈はどこにあるんだ、書くのが君の仕事だから月給高いんだよ、と言ったんだ（笑）。彼は僕がどこまで本気で言っているのか、わからないんだな。それで閣議が始まったんです。署名がすんだら、閣僚発言がある。最初の閣議だからいろいろ言いますよ。僕は煙草を出してこうやって全然書かないでいたら、彼がたまらなくなって書き出した。それが彼の運の尽きだ（笑）。

僕がやめたあとも、吉国君は法制局長官をやっていた。僕のあとの官房副長官は川島広守《ひろもり》君になった。プロ野球コミッショナーになった人だ。ところが、川島君は僕より三年下で十七年の後期なんだ。吉国君は十五年だから、こんどは吉国君の方が先輩なんだ。だからメモ役は川島君に替わったという話を聞いた。それでついこの間、いま誰が書いているんだと言ったら、いや、いまは法制局長官だって（笑）。

「土地は商品なり」との答申に不満

——首相官邸に行かれて実務をされたときの感想はいかがですか。総合調整というのは難しかったのではないですか。

後藤田　各省が言うことを聞いてくれましたね。いちばん注意したのは公正な結論を出すということですよ。依怙贔屓は一切しないということ。例えば、何といってもあの当時は列島改造ということをやかましくやった。そこで列島改造について、田中さんは、非常に政治的に列島改造という仕事をプレイアップしようというお気持ちがあったんですね。だから、「日本列島改造問題懇談会」（昭和四十七年七月十八日設置）を作ったんだ。

僕は初め、列島改造計画を進めるための推進会議だからせいぜい十人か二十人ぐらいの有識者を集めてやるんだと思っていた。そうしたら、これも委員にしろ、これも委員にしろ、とどんどん増えて、最後は九十人ぐらいになっちゃった。要するに片方はプレイアップしようとしている。僕はきちんと案をまとめさせなければいかんという気があるから、これは僕の考えではないなという気がしました。

委員の中に、三好重夫さんという人がいたんです。三好さんは内務省の出身で京都府知事なんかやりまして、どちらかというと地方財政の専門家です。この人が僕のところに来られまして、「後藤田君、これはエライことだよ」と言う。「何ですか」と言ったら、「これは地価上昇だよ、地価上昇で手が着けられなくなるよ、それに気をつけろよ」と言われたんですね。案の定、地価がどんどん上がりだした。

田中総理もお気づきになったんでしょう。土地問題について、後藤田君、もう少し専門家で検討してみてくれないか、という話があって、それじゃあやりますか、ということで、これが後に「後藤田機関」といわれまして、情報機関であるかのように言われて、それこそ悪意の宣伝をやられたんですね。これは悪意の宣伝です。そうではなくて、これは土地問題の検討のために、総理にいわれて作った私的な研究会なんですね。毎週一回、八時頃から十時ぐらいまで二時間ぐらい、総理官邸の中の小食堂で会議をずっとやりました。

メンバーは各省のほんとうに俊秀を集めたんです。いちばん古い人が大蔵省から来た高木文雄君（当時、主税局長）だった。その次が農林省から来た三善信二君、熊本県出身で後の参議院議員で早く死にました。それから経済企画庁から下河辺《しもこうべ》淳《あつし》君（同、総合開発局長）。建設省からは後の国土庁次官になった河野正三君（同、宅地部長）。労働省から来たのが、内務省の先輩の息子で、佐賀県から衆議院議員になった大坪健一郎君（同、大臣官房審議官）。いちばん若いのが粟屋《あわや》敏信君、これは建設省で、いま代議士に出ているでしょう（二〇〇三年に引退）。

一番最初の私の諮問は、土地とは商品なりや、ということです。私の気持ちは、土地は自由な商品ではない、という結論を出してもらいたかった。イギリスの土地政策のやり方などが頭にあったもんですからね。もう少し公共の福祉を優先して、所有権のほかに利用権を強くしたらどうかという気がしていた。それで毎日検討したんです。その結果が「現憲法下においては所有権は絶対です。公共の福祉による制約はつけられるけれど、やはり商品でございます」と言うんだ。なんていうんだ君ら、と僕は言ったんだけれど、商品なら仕方ないね、ということで、できあがったのが、そのときの考え方と少し違ったんですけれど、土地利用計画法ですね。

——教育制度に関しても、改革をなさいましたね。

後藤田　「義務教育諸学校の職員の処遇の改善に関する法律」というのがあるんですよ。あれは最初は処遇の改善ではなくて、「義務教育諸学校職員の給与に関する特例法」だったんだ。これは田中さんの発想だった。突然田中さんに呼ばれて、後藤田君、この頃の学校教員の資質が悪いよ、と言うんだ。ぼくはわからんけれど、あの人は孫がいたからわかった。学校教員に少しいい人が来るようにしてくれ、と言う。どうするんですか、と言ったら、待遇をよくしてやらなければいいものは来ないよ、と言う。もちろんそうですよ、それを全部大学からやるんですか、と言ったら、大学はどうでもいい、と言う。何ですか、と言ったら、小学校と中学校だ、義務教育だけでいいよ、と言う。ああそうですか、それならやりましょう、ということで着手した。

そのときの文部大臣が奥野誠亮さんだよ。文部政務次官が河野洋平さん、文教部会長が西岡武夫さん、自由党の副党首。今でもそうだけど、河野洋平さんというのは、親父と全然違うんですよ。あの人は必ず会いに来る。自分のところに呼び付けるということをしない人なんですよ。役所の中でも局長を呼び付けるということをしない。自分が用があったら行く人です。それくらい謙虚なんだ。西岡君というのは性格どおりで、思い込んだら百年目、それはやはり政治家ですよ。

ところが、この仕事は新聞記者に隠れてやらなければいけなかったんだよ。漏れたら具合が悪いということで、時たま官邸でやったこともあるけれど、だいたいはホテルの一室を借りて、そのホテルも週によって替えました。そして関係の役所は、大蔵省とか人事院、もちろん文部省ですね。それから自治省、学校の先生の待遇ですから。そんな役所の局長クラスを集めて議論をしました。

田中さんのほんとうの腹は、僕の推測だけれど、日教組対策だな、これは確実に。政府が先手を打って給与さえ改善すれば日教組の存在価値がなくなる。こういう考え方でやったと思うな。総理のそういう意図もわかったから、待遇改善をやりました。そのときの田中さんの注文は、他の役人より五割上げろというんだ、五号俸ということだったんだ、田中さんの意図は。それは総理、無理ですよ、いくら何でもそんなことできませんよ、と言ったら、そうか、どれぐらいならいいか、というから、まあせいぜい三号ですな、と僕も腰だめでやった。ああよかろう、というんで話が早いんだよ。それで三号にして、三年計画にした。

これには後日談があって、いよいよ法律案にまとめて次官会議に出すというときだ。法律案をつくらないといかんな、法制局で。それで法制局次長を呼んだ。あれは真田秀夫君だったかな。ちょっと次長さん、すまんけど法律を一本作ってくれないか、と言ったんだ。何ですか、と言うから、学校の先生の話だよ、と言った。そうしたら彼が怒るんだよ。私は法制局次長ですから、あなたの言うとおり書くわけにはいかない、というんだよ。それは無理もないな。偉いんだから、向こうは。

しかし僕は、だからきみ、頼んでいるんだよ、といって法案の骨子をしゃべったんだ。そして、これは骨子で、あとはどうなってもいいから君やってくれ、と言った。それでやってくれた。おそらく法制局のことだから気配りをして、文部省と十分話し合いをして作ったと思う。提出は文部省提出になるんですから。

ところが朝、奥野君が副長官の僕の部屋に来て、後藤田君あれは困る、と言うんだよ。あの法律では内閣委員会にかかるけど、内閣委員会ではあの法律は通らないよ、と言う。学校の先生だけ給料を上げるというのは不公平だからね。どうすればいいんだ、と言ったら、文教委員会にかかるように直してくれ、と言うんだ。どうやればいいんだ、といったら、「給与の特例」とあるところを「処遇の改善に関する」とやったら文教委員会に回せる、と言う。それで、法律の題名を変えちゃったんだ。文教部会はお手の物だ。応援団だもの。

――給与だったら内閣委員会だけど、処遇の改善なら文教委員会へいくんですか。

後藤田　文教にいく。それは文部省が手を回して、国会対策で、これは処遇全体だからということを言ったんでしょう。そうしたらみんな、ああそうかい、という。わけがわからん人が多いから。

――どうしてそのときは文部省が起案しなかったんですか。

後藤田　通らんから、ほかの省が。人事院が反対だ。人事院は公平の原則で、しかも給与の問題はおれの所管であるということだよ、人事院にしたら独立を侵害される、ということだ。大蔵省は、月給が上がれば半分払わなければいかん。自治省は地方行政の中で喰われるというだろう。みんな反対。いちばん弱い文部省では通るわけがない、初めから。しかし、内閣がやればほかも反対できないわけだ。もう調整が済んでいることになるから。それから、法律の骨子は法制局の次長に言ってあるんだから、法制局参事官が文句を言うはずがない。

——文部大臣だった奥野さんから田中さんに働きかけた、ということはないんですか。

後藤田　そうじゃない。奥野さんはしょっちゅう呼ばれておったな。いちばん言われていたのは、文化勲章だよ。奥野さんがへこたれちゃって、後藤田君何とかしてくれや、と言って来たことがある。閣議のあと必ず、奥野君、と呼ばれて総理のところに残されていたんだ。何のことかといえば、文化勲章だ。佐藤さんの田中さんへの引き継ぎ人事の中に、ある人を文化勲章の受章者にしてもらいたいということがあった。田中さんは人がいいから、わかった、っていうことだな。ところが文化勲章というのは審議会があるんですよ。その審議会の中では賛成が得られない。それを田中さんはやれというけれど、奥野さんは無理だと思っている。

文化勲章はそもそもの制度の趣旨から言うと、清貧に甘んじて学問一筋に研鑽をして功績を上げた者に対して差し上げる。それだけに、文化勲章には年金が付いているんですよ。普通の勲章と違うんですね。ところが、とかくそうでない人が候補に上ってくることがある。それは、本当はいけないんです。それがあるものだから、奥野さんはそれを知っているのかどうか判りませんが、審議会が反対なんですと言う。当時は宮内庁の宇佐美毅《たけし》さんが長官で、この人はそういう場面にぶつかっているから反対です。だから、最後に僕はある種の進言をして、総理、これは通りません、と言った。なぜだと言うから、こうだと言ったら、ああ、やめた、と言ったね。そういうことがあったよ。そういうわけで、奥野さんはよく呼ばれていたから、義務教育の問題も話があったんじゃないですかね。

田中内閣の最大の成果は日中国交回復

——話を元に戻しますが、まず官房副長官として入られたときに、田中さんは田中さんなりに、自分の内閣でこれをやりたい、それでこういうことをお願いする、という話はあるわけですか。

後藤田　それはあります。初閣議の時に言いますね。しかも列島改造というのはあの内閣の中心課題で、最初からありましたから。総理は、その前、組閣の時に、「この内閣でなんとしてもこれをやりたい」と内閣の課題を言うんですよ。例えば橋本内閣でも、「この内閣は行政改革をやりますよ、それについてはご賛成願えますな、協力願えますか」ということを必ず駄目押しする。そうすると、みんな入閣の時だからわかりましたと言うな。そこで一札とるんだ。それで初閣議の時に改めてそれをやるわけですよ。この内閣ではこれをやるから、閣僚の皆さんの協力を願いたいと。そうやって枠をはめる。枠をはめても記者会見になると違うことを言う人もある。役人に言われて言うんだよ。ただし、内閣では言えない。行政改革に反対できませんよね、表だっては。

――そうすると田中内閣の時は、列島改造をやるぞという話を聞かされてみんな入閣したということですね。日中国交回復についてはどうでしたか。

後藤田 それは表に出ません。日中は田中さんの英断だったと思いますね。あの内閣の功績は何だったかと言えば、私は日中国交回復だったと思います。これをほんとうに推進したのは、もちろんあの田中さんの馬力がなければできません。というのは総務会で は侃々諤々《かんかんがくがく》の議論がありましてね。終戦当時の国民党政府・蔣介石総統の対日講和、暴に報いるに暴をもってせずという寛大な態度が、日本の各界の人にありがたいという印象を与えておりました。その国民党政府が台湾に追放されているということですから、その関係をきちんとしなければ駄目だという意見が非常に強かったわけですよ。だから、日中国交回復を総務会で論議すると、反対意見がたくさん出てどうにもならない状況だったんです。

そんなことで、総務会の議を経ないでやっちゃったんだ。というのは、憲法に、外交に関する事項は内閣の仕事、として特記されていますからね。それを盾にしておやりになった。これはやはり、議院内閣制の下では、田中さんのような人でなければできないね。実体的に田中さんと一体になってこの案件を進めていったのは外務大臣の大平さんであることは間違いない。その外務大臣を支えたのは外務官僚ということです。私は大変な成功であったと思いますね。あの田中さんという人、それと一体になった大平さんという人、それを支えた外務省、これが一体にならなければ、ああいう外交案件の解決はできなかった。それ以後の国際情勢の変化の中における日中関係を考えますと、世界の中で日本にとっては大きなプラスだった。これはあの内閣の最大の成果だったと思いますね。

――後藤田先生自身はこれについては関係されなかったんですね。

後藤田　僕はそのときは留守番役ですから。官邸が留守になったんですよ。普通、官房長官は外国に行かないんです。官邸が留守になりますからね。しかし、そのときは、日中国交回復のほんとうの糸口を田中さんの命を受けて、先方の周恩来さんと話をされたのは古井喜実さんじゃないですか。そして何とかなるという感触を得た上で、田中さんとか大平さんが出て、官房長官の二階堂さんもそれをあと押ししたということじゃないですか。

そのときに、いまでも記憶に残るのは、田中さんが厳しい論議の時、「迷惑をかけた」という言葉を使って問題になった。迷惑という言葉は、日本だと最大限の謝罪の表現になっていると思うんだけれど、通訳が悪いと、道路に水を打っていたら通行人の裾にかかった、ぐらいの話になるんだね。それで向こうが、なんてことというんだ、というような経緯があったようですね。こちらのお二人と、向こうは周恩来と毛沢東という傑出した人だということで、そんなことがあっても解決したんじゃないですかね。

——その間、先生は官邸におられてずっと留守番をしておられたんですか。

後藤田　留守番役です。僕と山下元利君だ。そのとき印象に残ったのは、うまく話がついて、日本の世論もこれを支持したわけですね。そして田中さんが北京から専用機だったかな、お帰りになったときに羽田に迎えに行ったんだ。そして迎えに行った人にちょっと簡単な挨拶をしました。そのときに僕は保利さんと並んでいた。そのときに保利茂さんが、「おい後藤田君、田中というやつは運のいいやつだよ」と言ったな。とてもうまく行くとは思えなかったんじゃないかな。うまく行かなかったら、総務会の議を経ていないから、内閣は吹っ飛びますな。まさに剣が峰をわたるような仕事だったと思う。ああいう人でなければ踏み切れない。

この時、どういう人が陰で貢献したかというと、下地をつくったのはさきほどの古井喜実さんとか田川誠一さんですね。三木武夫さんも非常に熱心でした。三木さんが田中内閣を支持する大きな理由には、日中国交を田中がやるということだった。野党では、公明党の竹入義勝委員長の日中国交回復にかけた力を忘れることができないのではないかと思います。福田さんの系列の方は、どちらかと言うと必ずしも賛成でない人が多かったんですね。

――田中、二階堂、山下、そして先生という官邸のチームワークはどうでしたか。

後藤田　それはよくとれていたな。別段、ワーワー話をしなくて済んだような気がするね。普通の会話のなかで話がついてしまっているから、ことを改めてきゅうきゅうしたことはない。人の組み合わせですからね。やはり最初が重要でしょうね。途中で替えるというのは難しいから。

田中さんのせっかちさが欠点にも

——第一次内閣はわりと機敏にうまくスタートしたということですね。

後藤田　最大の失敗は何かと言えば、それは地価だ。そのときに田中さんが、いつかチラッと言ったことがあるんですよ。これは最近どこかの記事に載りましたけれど、「おれに厚生大臣の経験があったらな」と言ったな。それはどういうことかというと、列島改造計画というのは、それに先行して都市計画大綱というのを、あの人が政調会長の時に作ったんですよ。それを受けまして、政権をとるときの政策上の大義名分ということで、列島改造計画を作られたわけですね。ところが、あれは日本全国どこに住もうとも、政治の恩恵をできる限り平等に受けられるべきであろう、という政治の基本に立っていたことは間違いないんですね。

そのやり方として、日本列島全体を総合的な意味で開発をして行く。だからハードの計画がメインで、ソフトの計画がひとつも入っていないんです。ところが、どんなことをしても落ちこぼれは生まれて来るんですよね。弱者はどうしても出てくる。その対策があの計画の中で抜けているんだな。そんな話を雑談の時にしていたんだよ。そうしたら、おれに厚生大臣の経験があったらな、と言ったな。田中さんは気がついていたんだ。あれだけじゃまずかったということで。

——そのうちに地価がどんどん上がって。

後藤田　それはもう、どんどん上がってどうにもならん。だからあの内閣というのは開発が大きな仕事のひとつで、それがいま地価の問題で行き詰まっている。これは失敗の歴史のうちに入ると思いますね。

——田中内閣は発足当初、世論の評価が非常に高かったですね。この理由は何だと思っておられましたか。

後藤田　当初の世論調査では支持率が六十二%でした。そして、不支持の方はわずか十%ということで、高い方、低い方いずれも、過去に例のないほどの国民的な人気があったということですね。その理由は何だったかと言いますと、ひとつには田中さんの性格があったと思います。それはやはり庶民性といいますか、それと明るい性格、それから物事の判断が非常に早い、てきぱき処理して行くという性格です。そして同時に、一国の総理大臣になるような方は、相当な高学歴の人ばかりが続いておりましたからね。ところが田中さんという人は学歴をほとんど持たない。だから、国民から見ますと、われわれの仲間といったような感じだったんですね。

高い支持率というのは、そういうような意味合いですね。そして、私は長くお手伝いをして見ているんですが、非常に頭のいい人ですよ。特に記憶力が素晴らしい。したがって即断即決ということですね。それと同時に、情に異常に厚いんです。それはなぜかと言いますと、田中さんの若いときからの苦労がいい意味で身についてきていたんです。したがって、非常に気配りができる人です。そういったプラス面の性格があった。

もうひとつ、国民がなぜそんなに歓迎したのか。岸内閣以来、岸さん、池田さん、佐藤さんという官僚のトップの座を占めた人が、政治の社会に入ってきて総理総裁におなりになったわけです。したがって、国民大衆の目から見ると、たしかに政党政治家としての修練なり素質を持っていても、この経歴から来る官僚政治家という印象は消えませんな。それが十五年続いているわけですよ。ところが、十五年目にして、まったく異質な政治家が出てきた。それに対する期待感、これが内閣の支持率の高さ、支持しないという人の少なさに結びついたんではないかなと思う。

ただ田中内閣は、その経過を見ますと、私自身も大変恩義のある人なんですが、欠陥を言うと、どちらかと言うと、せっかち、ということですね。仕事について、なかなか我慢ができない。どんどん、どんどん、おやりになるんだけれども、せっかちさという欠陥が内閣のやり方の上では表れたのではないかという気がしますね。

――七月に発足した日本列島改造問題懇談会はすぐなくなり、次に日本列島改造関係九省庁事務次官会議が発足して、前後八回ほど開かれています。また、工場追出税構想とか新二十五万都市構想など、列島改造関連の構想がいくつか出ましたけど、こちらもうまくいかなかった。その辺の事情はどうだったんでしょうか。

後藤田 どこの先進国でもそうだと思うんですけれども、産業と人口の都市集中の過程の中でその国の経済が発展をし、国民生活が豊かになって、ということがあるんですね。日本もその通りだったけれども、この時期になりますと、公害の問題とか住宅の問題、あるいは交通の問題とか、いろいろな面で産業なり人口の都市集中が頂点に達して、メリットではなくデメリットの方に働くようになっていたんです。だから、そのデメリットを解決するためにどうすればいいのかということで取り上げたのは、産業の地方分散ということです。同時に二十五万人規模の地方の中核の都市を、全国的に作っていく。それを高速道路と新幹線でつなぐという構想が列島改造計画なんですね。

そのためにどうするかというと、工業再配置法という法律による追い出し政策と、受け入れ政策を両方作らなくてはいけませんよね。それをやりながら経済を盛んにしようというわけですから、どうしても公共事業中心の拡大計画になる。どうしてもたいへんな拡大予算になる、そういう政策を展開しなきゃならない。それから、税制でそれを支援していく。その税制でいちばん厄介だったのは、例えば固定資産税の問題で、大都市の農地の宅地並み課税の問題です。土地が足りないわけですから、都会の農地に宅地並みの税金をかけて、農地を宅地に転換させようとしたとか。あるいは土地を保有していれば保有税をかけるよと。それから売ったときには譲渡税をかけてきたとか。

そうすると、それが原因で物価が高くなる、地価が高くなる。同時に民間では、主として不動産会社を中心に土地投機が始まった。それから株買い占めが始まった。そういうことで株価が暴騰する。そういったことで、あらゆる面でこの政策それ自身に対する障害が出てきたということで、うまくいかなくなったと思いますね、この列島改造計画というのは。

狙いは非常にいいわけです。国内どこに住んでいても政治的な恩恵というか、光というか、同じにするのが政治の理想であるという考え方が背景にありましたからね。考え方は良かったんだけれど、だんだん政治的にも経済的にも、特に物価の面で追いつめられていった。そういう経過を辿って、なかなか成果を上げることはできなかったと思いますね。

官僚の人事を重要視していた

――日本列島改造問題懇談会は何をしたんですか。

後藤田　本来、調査会的なものであれば二十名からせいぜい三十名が限界ですよ。私はそのつもりでおったところが、前に触れたように、あれも入れる、これも入れる、というので、どんどん委員が増えて九十名前後になった。そうなると、ここで手段、方法その他を衆知を集めていい案を作るというのではなく、ある意味における列島改造計画の宣伝のようになっちゃった。結局、あまりに人が多いから、七月にできて、八月に一回だけ会議を開き、十二月になったらやめちゃったんだな。

その代わり、関係省庁に「国土総合開発本部」を設けたんですよ。そして別に「日本列島改造関係九省庁事務次官会議」というものを作った。これは当然、僕が司会をするわけですけれどね。何をやったかというと、役所もこの機会を逃したら大変だというので、おのれの役所の権限を増やすために、どんこらどんこら、いろいろな案を持ってくるわけです。そうなると、これもばらばらになっちゃうでしょう。それの総合調整です。しかしなかなかうまくいかない。そういうようなものを作ったということですね。

——官房副長官として側からご覧になって、田中総理の政治手法をどのようにとらえておられたんですか。

後藤田　ひとつは政策立案に当たって、官僚を非常に重視するんです。だから列島改造計画なんかとってみましても、あるいはその後の土地対策要綱を決めるに当たりましても、例えば高木文雄君（大蔵省主税局長）とか、下河辺淳君（経済企画庁総合開発局長）とか、あるいはその他の関係省庁の局長の意見というのは非常によく聞くんですよ。勉強会にも出てくるんです。田中総理が出てくれれば、出席している人も頼りになるんだな。言うことを聞いてくれて、意見も言ってくれるからね。そういうように、政策立案の際には官僚を非常に重視したということですね。

二番目は、そのかわり大臣の頭越しだ。総理が各省庁の官僚と協議をして、その過程で作成された政策原案、これが上から政府なり自民党に下がっていくということがある。だからよほど党の中に総理大臣の政治基盤が強くないと引っかかっちゃう。総理大臣というものは、政府各省の総合調整にも相当な力量がなければならないけれど、同時に議院内閣制は政党政治ですから、政党の中に強い基盤を持っていないと、なかなかこういう芸当はできないということですね。

一番はっきりしたのは、例の市街化農地だね。宅地並み課税。僕は自民党の偉い代議士に呼び出されて、きゅうきゅうやられたな。やられたって平気だけどね。何言ってるんだい、と思えばいいんだ。そんないちいち顔を立てるなんてできないんだから。

それから三番目は、それだけに田中さんというのは、人事に非常に詳しい人ですね。個々の政治家の人柄なり、当選回数なり経歴なり、党内の地位なり、これは全部そらで覚えている。それだけでなしに、各省の課長以上の有力な人はみんな知っている。特に役人の扱いが非常に上手な人ですからね。ということはやはり年次、あるいは本人の力量、省内における毀誉褒貶、そういうことを非常によく知っていたということだな。これらを巧みに使い分け、党内では田中派が最大勢力を持っているわけですから、それらを使って仕事をやっておられたのではないかな。これが田中さんの政治の指導様式の特色だったと思います。

——人事についての情報は、どういうふうにして田中さんは得られていたんですかね。

後藤田　ご自分で集めておったんじゃないでしょうかね、各省から。と思いますよ。僕に聞くこともありましたけれどね。いかに官僚の人事を重要視しておったかというと、こんなことがありました。七月七日に内閣ができて、初閣議は夜中にやるわけですよね。認証式が夜の十時頃から始まりますから、帰ってきてすぐに初閣議なんですが、そのときに総理大臣というのは現在の自分の考えを簡単に言うものです。田中さんは、閣議の了解を経なければならない各省の役人（局長以上）と政府関係機関の人事（総裁、理事長、理事）については、事前に必ず内閣官房の了承を得ておいてもらいたいということでクギをさしちゃった。

役所の総合調整は何でやるかといえば、ひとつはプランニングですよね。それから人事、もうひとつは予算調整です。これは大蔵大臣がおやりになる。最近は怪しくなってきたけれどね。ところがプランニングの方は、なかなか各省、各庁が言うことを聞かない。人事については形骸化しているんです。各省で決めて、形の上だけの閣議了解になる。田中さんは、それをピシャッと押さえて事前に了承させるということにしたんです。

そのあとですぐに呼ばれました。役所の人事はきみのところで全部みてもらいたい、ということですね。だから非常に仕事はやりやすいんです。人事案件がみんな事前に来るからね。なにもいちいち直させる必要はないんですよ。事前に内閣に行くとなれば、役所は勝手なことはできないということなんです。あからさまな権限をふるう必要はひとつもない。それくらい田中さんというのは、人事については要所を押さえるやり方だった。

それから、大臣に誰を任命するかというのは、これまた巻き物を持っているんです。全部名前があって、出身から全部書いてある。それでこの次の内閣の閣僚はこういうのがあるよ、と丸がついているんです。丸はもちろん二十人じゃないんだ。多くある。それに入ってない者については、推薦されてきても替えさせる。それくらい非常にやかましかった。これはあの人の政治の指導様式の特色ですね。

――役所などの人事案件は、先生のところで止まりですか。田中さんまでは行かない。

後藤田　口で言うだけ。来ていますよと言って、ああいいじゃないですかと言って、それで終わりでした。

――人事の差し替えをされたことはないわけですか。

後藤田　さあ、どうかな（笑）。

金大中さん拉致を警察は知らなかった

――外交については、日中国交回復も大きいですが、金大中事件も先生が官房副長官のときに発生しましたね。

後藤田　これは九段下のホテルグランドパレスに金大中さんがお泊まりになって誘拐されて、国際問題になったんですね。結局これは、韓国側が田中さんのところにお見えになって、釈明しまして、政治的には解決をしたけれど、捜査としては解決はしていないということで、警察はずっと捜査を続けています。金大中さんが日本にお立ち寄りになれば、必ず参考人として意見を聞くという体制をずっともってきましたが、もう実質的に時効になったからね。

これは大変な事件でしたね。外国の政府機関が日本の国内で犯罪を犯したとなると、主権侵害という問題になるんです。個人の犯罪ではありませんから。そこでこれは大変な両国間の問題になったということでした。

それで思い出すのは、八月九日朝、僕の旧制高等学校の先輩の宇都宮徳馬さんから電話がかかってきた。「金大中さんが日本に来ておって、そのホテルから拉致された、これは権力犯罪のようだ、それはわかっているかい」と言うから、そんなのは聞いたことがないよ、と言った。それじゃあすぐに手配してくれ、という話で、金大中さんの救出と犯人逮捕をしてもらいたいと言うんです。それで僕は、宇都宮さん、わしに言うのはおかしい、私はいま官房副長官で、警視総監でもなければ警察庁長官でもありませんよ、あんたが警視総監に電話しなさい、と言った。すると、俺は警視総監ってやつを知らんよ、と言うんです。ああそうですか、それなら僕が警視庁によく話しておきます、ということで電話を切ったんです。

警視庁公安部長の三井脩《おさむ》君（後の警察庁長官）に電話をしたら、警視庁は事件発生を知らないんです。それなのにその後、マスコミなどに出るのは、警視庁は金大中氏が来てることを知っており、のみならず、尾行していたはずだ、と言うんだな。金大中氏というのは、日本の治安機関としては当然注意しなければならない一人だと思いこんで、そういう間違ったことを言う。マスコミは、日本の治安機関も金大中さん拉致の片棒をかついでると言いたいわけだ。絶対そうじゃなかった。全然知らなかった。三井君が担当部長で、すぐに手配をします、ということで事件捜査に入ったんです。

当時は金大中さんが関西方面から機帆船で韓国に連れ去られたという話や、日本海側のどこかから出たという話がいろいろありましてね。結局、アメリカが追跡していて、拉致グループに強力な警告を発したんだな。そのような関係で金大中さんは海中に沈められなかった。重石をつけて沈められたら、終わりなんだけれどね。そういう事件で、国際的な関係が非常にあった。警視庁まで疑われたんですけれどね。韓国が釈明したところを見ると、これは文字どおり韓国側の責任でやったということだけは間違いない。

――現場に指紋が残っていたという話がありましたよね。

後藤田　金東雲という人が姿を消したんですね。これはマスコミ出身だったんだ。だから日本に指紋が残っているんですが、それが現場から出てきた。ところが、いくら照会してもこの人物は韓国におらんというんです。おらんはずなんだ。カバーネームで来ているんだから。どこでも特別な諜報要員はみんな本名じゃありませんからね。ひどいところは、国籍を抜いているから。だから、おらん、と言われればそれまでの話だな。これは、権力犯罪の容疑ありということでやっておっただけに、捜査が非常に難しい事件でした。結局、韓国側の非協力で事件としてはうやむやにならざるを得なかった。

――アメリカの情報機関がきちんと押さえていたということですか。

後藤田　どこまで押さえていたのかわからないんだよ。要するに拉致されたということで、ヘリコプターでもなんでも捜索するでしょう。それで押さえたというんだけれど、よくわからないんですね。もちろん、日米間の情報交換はやりますけれどね。そういうデリケートなものはやらない。

――宇都宮さんはなぜそんなことがわかったんですか。

後藤田　宇都宮さんは、金大中さんと以前から連絡があったんじゃないですか。金大中さんと会うかなにか用事があったんでしょうね。だから、事件発生直後にわかって連絡をくれたんです。ともかく、あの事件では、金大中さんの命が永らえたのはアメリカのおかげだと言えるだろうな。日本側の情報とは別に、アメリカも情報を得ていた、ということだろうね。防衛庁の中に調査機関があるんですよ。それが情報を集めていた、という話もあるな。それがアメリカと連絡があったかどうか、その点はわかりません。まあ、本人が助かったからいいがな。いちばん不満に思っているのは金大中さんだと思うね。殺されると思っただろうな、きっと。

――田中さんは資源外交にも力を入れておられましたね。それがロッキード事件の背景にあった、という話も伝えられますが。

後藤田　資源外交、これには力を入れましたね。日本にエネルギーがないということなんです。そこで同時に、中東戦争の結果、産油諸国が石油戦術を掲げた。ということから、世界的にエネルギー不足、ことに日本の場合にはもろに経済に効いてきたということですね。そこで、三木武夫さんを派遣しましたね。田中さんご自身も行きました。これがロッキードの背景になっているのではないかと、これまた巷間言われるわけです。要するにメジャーその他の利益に反すると。しかし推測の域を出ないな。

——四十七年の総選挙では、敗北でしたよね。

後藤田　少なくても現状維持で、予想としては勝てると思って解散をかけたんだけれども。事前の調子がよかったからね。ところが案に相違して、二十名くらい減った。そのうち十何名かの保守系無所属を党に入れ、二百八十四名くらいになった。絶対多数ですからね、勢力には何の影響もありません。しかし、解散前より減ったということで、翌翌年の参議院選挙を考えても、非常に危機感をもった。しかし、敗北という責任はあまりなかったね。危機感は持ったけれど。だって二百八十四議席なんだから。

田中さんの人気が高いのに、どうして、こういう結果になったかというと、その頃は十二月ですからね。もうすでに物価がそろそろ上がり始めてきた。結局はこの内閣というのは、インフレ問題で国民生活に大変な重圧がかかるといったようなことから、だんだん、だんだん支持を失ってきたということですよね。最後は例の立花隆君の『文藝春秋』の記事と、もうひとつは外国人記者クラブにおける応答ですね。

――小選挙区比例代表制を含む選挙制度改革について、昭和四十八年三月から五月にかけて話題になりましたね。官邸はこれにどうかかわったんですか。

後藤田　今回の選挙を反省して、選挙制度を改正しないと共産党の勢力が強くなる、という心配があったわけです。当時は一部の政治家の中に、一九八〇年代は自社対決ではなく、自共対決の時代になるかも知らんという声がありましたから、それを頭に置いて、田中さんは小選挙区制度をやろうとお考えになった。これを当時の自治大臣、江崎《えさき》真澄《ますみ》さんに命じる。同時に党内でも検討を始めるということでやったんですが、結局、政府の選挙制度審議会からは、答申ではなくて中間報告になったんです。その報告にあるのは、日本の選挙制度の改正は小選挙区制と比例制という二本立てで改革を進めるということでした。ですから田中さんから下りてきた案は、小選挙区を中心にして一部比例制を入れるというものだったんです。その比例制は、並立制であって併用ではないといったようなことでした。

田中内閣の政策は最後に破綻した

後藤田　そこまでは自民党の中もみんな賛成です。ところが区割りの段階になると、これは猛然たる反対が来るものなんです。だからこれをどうすべきか、ということなんですね。そこで私が田中さんに呼ばれて、おい、区割表を作ってくれ、ということになった。それで、委員はこういうところがいい、ということで、細川隆元《りゅうげん》さん、それから大浜英子《ひでこ》さん、この方は婦人参政権活動で活躍された方で立派なご婦人だったたですね。あるいは高田元三郎《もとさぶろう》さん。この人は毎日新聞の社長なんかしていた人です。こういう人になってもらった。

　隆元さんのところへ行ったら、後藤田君、これは本気か、と言うんです。私は、本気じゃなきゃ頼みにきませんよ、と言った。そうしたら、できないよ、って言うんですね。そう言わずにやってくださいよ、と言ったら、やれと言うのならやるよ、と言って委員になってもらったわけですね。大浜さんは、わかりました、やります、しかし大変難しい仕事ですよ、ということは言っておられた。みんなこれは専門家ですからね。それが印象に残っている。どういう割り振りにするかということで、総理のところで、江崎さんと僕と三人で話をした記憶があります。江崎さんは、党内の反対でホトホトへこたれていたんですよ。ところが、田中さんがまさに即断即決ですよ。ある朝、官邸に行ったら、「後藤田君、やめた」って言うんですよ（笑）。

それで第一回会議をやったかやらなかったかで終わっちゃったんだ。党内がもたなかった。しかしこの時の考え方というものが、今日の制度に生き返ってきていることは事実ですよね。これは、やはりあの内閣の一つの仕事だったけれど、総反撃でとうとうできなかった。野党は比例制の方で並立制に反対だ、与党は区割りで反対なんだ。

——田中さんが外遊中の四十八年十月六日に第四次中東戦争がおこり、その後、オイルショックとなり、十一月二十二日にはアラブ寄りの中東政策を決定しますね。この当時の官邸の対応はどうだったんですか。それに、当時は売り惜しみ買い占めの問題が起きて、それを規制する法案が国会に提出されたんですが。

後藤田　売り惜しみ買い占めの問題への対応が緊急の課題でしたね。要するに日本の大企業の行動原理は、社会責任というものは非常に希薄である。今日の銀行の問題を見ても、まさにその通りだけれど、当時でもみんな株価のつり上げ、一部の輸入物資、さらには生活物資、紙、木材に至るまで買い占め、そして売り惜しみ、そういうことを平気でやる。そこで、これは三月頃ですが、なんとしてでも緊急の法律を作れということで、この法律はおそらく経済企画庁が作った。

問題は罰則なんです。その罰則を作るときに、僕は党に呼びつけられたんだ。自由民主党の中には、厳罰に処すべしという意見が強い。それで、呼ばれる前に田中さんに言った。総理、罰則はあまり強いのはいけませんよ、と。なぜだ、と言うから、罰則が強いと罰則の構成要件をどうしても厳しく書かざるを得ません、そうなると、取締官庁は動きにくくなる、だから、逮捕さえできるなら罰則はいちばん軽いのがいい、と言った。それじゃあ駄目じゃないか、と言うから、いや、そんなことはない、今やっているのは大企業なんだから、逮捕して大企業名を発表する、そうすれば一発で、国民生活の敵だ、ということになって仕事ができなくなる、だから、恐ろしくてできませんよ、と言った。

あまり刑務所の塀を高くするのはあかん、ということです。そうしたら田中さんは、わかった、それでやれ、ということだったけれど、党が聞かないんだよ。それで党に呼びつけられて、罰則を重くしろなんて盛んに若い代議士が言っていた。だから、あんた罰則を運用したことありますか、と聞いたんです。そんなに簡単に人は縛れるもんじゃないんですよ、だからこういうときには、容易に取締機関が権限の発動ができて、あとは社会的制裁を加える形でやるのが賢明な方法ですよ、と言って、僕は蹴飛ばしたんです。蹴飛ばされたのは林義郎《よしろう》君でね。彼は当時二回生ぐらいだったから若い代議士で、通産省の役人出身だったんです。

——そういう会議に官房長官ではなくて副長官が行って説明するんですか。

後藤田　そうだよ。僕はしょっちゅう呼ばれた。官房長官は呼ばれたって行かない。俺は行かん、後藤田君、お前行け、と言うんだ。

——二階堂さんはどういう人でしたか。

後藤田　二階堂さんは党との関係、野党の工作ですからね。政務は山下さんがおるんだから。ところが山下さんというのは大蔵省の役人ですから。それで僕より四年後輩だから、彼は煙たいんだな。あまり口出ししない。二階堂さんというのは侍だ。迫力がある。英語は達者ですよ。あの人の電話を聞くと、英語と日本語がちゃんぽんだわな。電話でアメリカ人と話している時は（笑）。あれじゃあ向こうはわからないだろうな（笑）。

肝はすわっている。文字どおりの政党政治家で、辛酸をなめたという人です。まさに総理大臣の適格者のひとりではある。アバウトだとか言う人がおるけれど、それは嘘だ。頭はいいんですよ。私は、すぐれた文字どおりの政党政治家だと思うね。

――田中内閣を振り返ってみますと、四十八年二月には円切り上げの回避ができず十七%切り上げになりました。また、四十八年前半の特別国会では、筑波大学法案と防衛二法案をめぐって与野党が対決し、中村梅吉議長が辞職して前尾繁三郎議長が就任しました。さらに、二百八十日という長期国会にもかかわらず、内閣提出法案の成立は八十%しかなく、列島改造関係法案はほとんど成立しませんでした。このあたりの事情をどうお考えですか。

後藤田 田中内閣は本当にいろいろなことに取り組んではいるんですよ。しかし結論として言えるのは、やはり物価で倒れたんじゃないかな。経済政策ですね。ともかく四十八年半ば過ぎからは、これはとてもじゃないけどうまくいかないと思ったね。というのは、列島改造計画に基づいてのいろいろな法律案が出てきたわけですね、税制なりなんなり。それから、列島改造計画とかエネルギーの問題に対応するために行政組織としては、例えば公共事業の統轄をするため国土庁を作った。あるいは資源エネルギー庁を作るとかね。こういうものも最後はできましたけれど、四十八年にはあの長期国会ですよ。

それで結局みんな継続審議です。それから、同時に列島総合開発計画ですね。国土総合開発計画方針案を出すんですよ。これも継続審議で、できないでしょう。それから、あの時はたしか九月頃まで長期国会をやって、法律が成立したのが、おっしゃるとおり八割です。法律というのは、普通の内閣なら九十四、五％は通るんですよ。あれだけ長くやってもできなかったということは、結局は、列島改造計画を背景にした田中内閣の基本的な政策、政治の運営が、狂乱物価、狂乱土地価格、そして売り惜しみ、買い占めなどによって、どうやらこの内閣の政策は成功を収めることができないんじゃないか、といったような落胆気分が横溢してしまったということですね。

実現したことも中途半端です。たとえば、国土庁は、最初は国土総合開発庁と言っていたのが、しまいには国土庁になった。そして、国土総合開発計画がだめになって、土地利用計画法ができたんだけれど、その結果、開発部門はなくなってしまった。土地利用の規制だけになっちゃったんです。ということは政策の破綻ですね。

それから財政も、積極財政でどんどんやったわけですよね。ところが、安定経済成長論者であった福田赳夫さんを、愛知揆一《きいち》さんが亡くなった後、大蔵大臣に就任させたんです。おそらく福田さんは、引き受ける以上は積極財政を見直すよ、それでいいな、ということで条件をつけたと思います。私の推測ですけれど。ということは、田中内閣の基本的な政策は、そこで方向転換をせざるを得なかったということです。四十八年半ば、私が副長官を辞める直前くらいですが、いかんな、と思いましたね。その途中で、ご案内のように、あれは私にも原因があるんだけれど、四十九年夏に三木武夫さんが(副総理を)辞めちゃったんだ。

——四十九年夏の参議院選挙のあとですね。

後藤田　あれは僕が原因だ。そこらあたりから、ちょっとおかしくなった。

行政改革の難しさは経験者しか分からない

——そのことは後で詳しくうかがうとして、国土庁をつくるときは、経済企画庁の反対はなかったんですか。

後藤田　経済企画庁に物価局があるけど、あれにはこういう経緯があるんだ。国土庁をつくるということになった。ところが役所の中では、ひとつ局が減ると次官はやめなければならない。経済企画庁はほとほと頭を抱えちゃった。それで僕はなだめなければいけない。日本全体の行政組織を見ると、消費者の立場に立った行政はないじゃないかと。通産省を始め、農林省もどこも全部生産行政ばかりじゃないかと。これはおかしいから物価局をつくってやると。その代わり、総合開発局は国土庁へ持ってこいと。それで下河辺淳君が経企庁から国土庁に移り、後に次官になったわけですからね。そういう関係で物価局を設置したんです。

行政改革という仕事がどれぐらい難しいかということだよ。水資源局というのができたんです。ところが、その時はエネルギー問題がやかましくて水力発電が注目されていたから、通産省が、水資源局長のポストは俺のものだというわけだ。そうすると建設省は、とんでもない、飲料水から治山治水までみんな俺のものだ、というわけです。農林省は、治山は農林省じゃないか、それから田んぼの水は災害防止に役立っているので俺のものだという。三つの省で大喧嘩になった。最終的に建設省にやったのか通産省にやったのか忘れたけど、農林省はどうしても譲らない。それで僕は、面倒くさいから、お前のところに水はやらんと。農民の水はここの局長に入らないと。その代わり、水資源開発公団というのがあるから、あそこの理事のポストを一つやるからどうだ、と言ったら、それで我慢しますと言っていた（笑）。

今回の行政改革は、まるっきり客観条件が違いますから成功させなければいけませんよ、政治のリードで。だけれども、いよいよとなったときに、どれくらい厳しいことになるか、担当した人でなければわからないよ。普通の政治家ではわからんな。非常に難しい。

第九章　人間がまるで変わった二回の選挙

――参院選、衆院選、ロッキード事件

参院選挙は批判されても仕方がない

――さきほど、ちょっと話が出ましたけど、四十八年十一月に官房副長官を辞されて選挙にのぞまれましたね。

後藤田　そうだ、ここで言っておいた方がいいと思うけど、国土庁の構想のちょっと前くらいに、その長官をやれと言われたんだ。それで僕は、ご配慮は大変ありがたいけれど、議員のバッジを付けていない大臣なんていうのは、国会の中に入ったら、僕などが見る目は、とてもじゃないが情けない存在だ、それはご免こうむる、と言ったことがあるんですよ。総理自身も選挙に出そうか出すまいかという迷いはあったかもしらんわね。もしここで出ないということであれば、国務大臣にしてしまおうと。それは僕がお断りした。

――選挙に出ようと思われたのはどうしてですか。

後藤田　昭和四十七年の暮れに衆議院の解散総選挙がありましたね。総選挙というのはいつあるかわかりませんけど、やはりそういう雰囲気が出てきますね。そういった状況の中で、郷里の私の友人とか知人から、後藤田さんに出てもらいたい、というお勧めがあったんです。同時に東京の仲間の中では、官房副長官を一緒にやっていた山下元利さんがいました。彼はすでに三回当選していましたね。彼は大蔵省の出身で、僕より四年後輩です。その彼から、後藤田さん、選挙をやるのならやはり衆議院だから、出たらどうですか、というお勧めがありました。私も状況によれば衆議院に出ようという気持ちを、だんだん持ってきたわけです。

というのは、官房副長官をやっていますと、事務担当といっても、僕は人事その他いっさい任されたりいろいろなことがありましたから、仕事の中身は政治の方に軸足があるんですね。そういうことがあって、場合によれば出ようかなと思いました。事務屋では限界がありますからね。ところが、田中総理と二階堂官房長官から、それは無理だよ、というお話がありました。ことに二階堂先生からは、とてもじゃないが今からじゃ無理だよ、と言われました。同時に、お二人からは、「選挙になると官邸にひとりもいなくなる、それは困るから選挙をやるのなら次の機会にしたらどうだ」といった話がありました。

その真意を今にして忖度すると、田中先生も二階堂先生も、選挙ではふたりとも最初は非常に苦労をしておられますね。選挙はそんな生易しいものではない、ということを知っておられるんです。そして、おふたりは解散の時期がわかっているわけですから、時期から考えてそれは無理だと、私のことを考えてくれてのお引き留めだったと思います。そういうようなことで、それならば衆議院選挙に出ることは見合わせますから、次のいちばん近くにある選挙に出させてもらいます、ということになって、それでいいではないか、という話し合いがありました。四十八年十月頃だったと記憶します。

そういうようなことで官邸に残ったわけです。そして次の選挙ということになると、あの時期は党内抗争が激しいときでしたから、いつ解散があるかわからないんです。政局の運営という点から考えて、どうしても参議院選挙には勝たなければならないという強い気持ちが当時の政府首脳の中にはありました。そこで、僕も参議院の選挙の準備に入ったというのが実情です。

――そのとき、三木さんと衝突があるわけですね。

後藤田　私の県には現職で三木武夫先生の派閥の方で、久次米《くじめ》健太郎さんという方がおられたわけです。そこで、現職優先という考えがありますね。ただその当時は、現職優先といっても参議院選挙は衆議院とは多少扱いが違っていたんです。また、有力な候補者が二人揃ったときは、徳島県連の扱いになって、県連総務会で投票によって決定をするということになっていたわけですね。ここで、熾烈な公認争いの運動が始まったわけです。当時三木先生からは、全国区に回ってもらいたいというご要請がありました。それを私はお断りしました。

というのは、私は警察庁長官をやっておりましたからね。当時の全国区では名前を書くもので、今のように党名を書く比例区とは違うんですね。私が全国区に出て、全国にわたっての運動をやると、全国の警察官に迷惑をかける。文字に書いた規則があるわけではありませんが、警察幹部が選挙に出る場合は、自分の出身県以外は認めないんです。それでも出ると言えば禁止のしようはありませんがね。だから、そのことを私は申し上げまして、やはり出身県でやらせてもらいたい、私の生まれた県であるから、ということでお断りをしたんです。

当時は、今と違って派閥のしがらみが非常に強いわけです。そこで私の選挙を巡っての公認争いが原因で、当時の田中総理と三木副総理の間に感情的な問題にまで発展するような、両者の対立になったわけです。そういった中で、結局は四十九年七月の参院選の前に、県連では両方とも有力候補者であるということで、投票ということになった。たしか今でも覚えていますが、最後の投票は有権者が三百六十名くらいおったんですかね、県連総務会は。それを県連が管理して、徳島で投票したわけです。結果は、私が二百十一票で久次米さんが百四十九票だったと思います。

僅かの差なら現職優先で、三木与吉郎県連会長は久次米さんを推薦したいという気持ちを持っていた、ということを後になって聞きました。しかしそこまで差が開きますと、現職優先というわけにはいかない。そんなことで僕が公認候補になって、久次米さんが無所属候補ということで、いよいよ対立が抜き差しならなくなるなかで参議院選挙に突入をしたということでした。

――選挙は骨肉の争いと言われましたが、いかがでしたか。

後藤田　久次米先生は農協の幹部の方で、わりあい個性のはっきりした人ですね。私とは姻戚関係になります。だから文字どおり骨肉の争いだなんて言われました。しかし、血のつながりは全然ないんですよ。私の叔父が養子に行った先に、また久次米さんの方から養子に来た人がいるんです。そういう関係ですが、私の兄貴も医者をやりながら県会議員をやっていましたし、久次米さんも県会議員から参議院に上がったので、よく知っているんですよ。それだけに激しい争いになったんですね。選挙になると両派の代議士が入れ替わり立ち替わり応援に来たわけです。先方は農協組織をフル回転させて運動しますからね。ああいう第一次産業県では非常に強いですよ。その現職が無所属で、新人が公認ということですから、同情は当然、久次米さんの方に行きます。

　私はそのとき、選挙費用は潤沢にあったんですよ。何故かといいますと、応援していただいたのは、東京は日清紡の桜田武さん、新日鉄の永野重雄さん、実際の資金集めに動いていただいたのは日本精工の今里広記《いまざとひろき》さん。錚々たる顔ぶれです。名古屋は土川元夫《つちかわもとお》さん。彼は商工会議所の会頭です。名鉄の社長で、地元財界の大将ですね。大阪は関電の、芦原《あしはら》義重さん。松下電器も応援してくれた。これはみんな、人のつながりがあるんですよ。ことに土川さんとは姻戚関係があるんですから。その当時、今里さんから、後藤田君、いつ、どの程度いるのか言ってくれ、という話がありましたね。それで私が判を捺した領収書を今里さんにお預けしたわけです。だから、こちらが必要だというときには、きちんとお金を送ってくるわけです。

　どういう使い方をしたかというと、財界から頂戴していたお金は、私の兄の家の金庫に収めておった。そして、選挙事務所の責任者が、いつ、いくら必要だと言ってきたら、僕の兄貴が、ああそうですかといって渡していた。だから、兄貴もどこで何に使っているかはわからないんですよ。私も全然わからない。そういうような形であの参議院選挙は戦ったわけです。

金は不自由なしに使えたということだけは事実です。それで、私はいわゆる当時の金権候補の筆頭になったわけですわ。私自身は、誰が僕に金をくれて、それをどう使ったかということは全くわからないわけですが。そこで、金権候補者として二百六十八名の違反者を出したんです。この選挙でね。そして三万数千票負けちゃった。大敗です。

——選挙違反は買収ですか。

後藤田　世間の人はすぐ、投票買収と理解するんですね。今でもそれはあると思いますよ。しかしながら、そうではなくて、運動してくれる人の経費ですよ。運動員が人を集めて飲み食いをする、といったようなことですね。いわゆる投票買収というのは、その当時もあったけれど、そんなものではなくて、運動員買収ですよ、だいたいはね。現金による買収はないとは言いませんが、それは少ないんではないですか。饗応です。だから捕まる人が多くなるんですよ。

その席に出ていても、違反になると思って食わなかった人は違反にかからないんですね。だけど、だいたいは食いますよね（笑）。およそ何十人というのが一ヵ所で引っかかるわけですから、数が多くなるんです。そういうことで、金権候補、悪玉の筆頭ということになった。

　これは今から振り返ってみますと、たしかに現職がいるところへ割り込んだ、参議院は一人区ですからね。そこに少し無理があったかなということと、運動の仕方が当の私にはわからないわけです、乗っかっているだけの話ですから。

　金権候補という非難を受けても致し方ない選挙であったわけです。後々まで世間から責められましたね。それで、まあまあ後藤田もまともな奴だな、と言われるようになったのは、だいたい自治大臣を務めてしばらくたってからだと思います。自治大臣になったときには、衆参両院で、この選挙について八回厳しい質問を受けました。両院の本会議、それから予算委員会、それから地方行政委員会とか、そういった各種委員会でやられた。やられるに値するだけのことをやったんだと僕は思います。

――金があると思ったら、選挙ブローカー的なものがワーッと集まって来るんでしょう。

後藤田　やって来るんですよ。それが見分けがつかないんです。私がその時に、本当に情けないなと思ったのは、一番上の兄貴が生きていたら落選しませんよ。金も何分の一かで済んだでしょうし、無茶な選挙は絶対やらない。いないものだから、財界の方のお金を持ち込んだ先が、私の二番目の兄貴なんですよ。これは直接は選挙をやったことがない。要求されるとおり、ああそうですか、と渡してしまうわけですね。性格的にも、二番目の兄貴の方は太いという感じなんです。一番上の兄貴はカチッとしていて、そう簡単に人に騙されないし、自分が選挙をやってきたからよくわかっていたんですが。

相手方はまともな選挙をやったかというと、そうじゃないんですよ。激しい戦いですからね。農協の行事にかこつけて集会をやるわけだ。これは選挙運動として見られたら全部饗応ですよね。ところが、何々の出荷の特例の会合であるとか、いろいろ名前がなんぼでもつくわけですよ。選挙に入ってからは滅多にやらないわけですが、直前ですからやれる。そういうようなことで、私の不徳の致すところ、と謝らなければいけない選挙であったと思います。

警察はどうだったかと言いますと、これは後日談になりますが、きみらはよく俺の取り締まりをやったな、しかし、悪いことをしているんだからしょうがないわ、というようなことを、会合などのときに言ったんですね。そうしたら、現役の奴がなんと言ったかというと、あなたが長官のときに公平に全部取り締まれと言った通りにやった、と言うんですね。だから僕は、そんなお前、アホなことがあるか、相手の方はひとつもやっていないじゃないか、あれは農協会館で毎日やっていたじゃないか、と言うと、それは取り締まりが難しい、と言うんだ（笑）。

――参議院の選挙では、どのへんまで選挙が見えていましたか。やはり全然見えなかったですか。ご自分が当選されると思いましたか。

後藤田　最後の頃には、これは難しいかなと思った。だって相手が泣くんだよ。僕は泣けんがな。殴り込みをかけておいて泣くわけにいかんからな。殴り込んだのはこっちだもの。向こうは、個性の強い久次米さんが壇上で泣くから、どうにもならない。選挙というのはやはり情に訴えなければなりませんからね。いつでも涙を出せるという人は強いね。

「後藤田君、徹底して歩けよ」という教え

後藤田　それから、これはぜひ言っておきたい。警察の記者クラブにおった朝日の新聞記者が辞めて文筆で飯を食うというときになって、このときのことを生半可に調べて、警察庁歴代長官伝といったようなものを書いて原稿料稼ぎをやってるのがいる。それを見ますと、あの国際興業の小佐野賢治君との関係で、僕が小佐野君から金を貰ったとは

書いていないんだけれど、小佐野邸へ足繁く通っていて、入るときは手ぶらで、出てくるときは紙袋を抱えて出てきた、とか、あの傲岸不遜《ごうがんふそん》な後藤田が小佐野の前に行ったら直立不動の姿勢をとっていた、なんていうことを書いている。まさにこれは、本当を言ったら名誉毀損でやらなければならないくらいのことですよ。

田中さんと小佐野君は刎頸の友だと言っている。私の知る範囲で、小佐野君と田中さんは刎頸の友なんていう関係ではありません。どちらかと言うと、田中さんが利用される方が多かったと思います。脇から見ていてね。それから、私が小佐野君から政治資金の援助を受けたことはございます。一度だけ。そのかわりに、小佐野君というのは裸一貫から汗水垂らしてあれだけの財産を持つようになった人だけに、世間が言うようにそう簡単に金をばらまく人では絶対ありません。

僕の場合は、当時、修善寺ニュータウンに四百五十坪くらいの温泉別荘を持っていたんです。土地は僕が買ったんです。そして建物は、私の二番目の兄貴が、若いときお前に世話になったからということで造ってくれた別荘です。結婚は私の方が先でしたから、終戦後、私の家でしばらく一緒に生活したりしていて、私の家内に迷惑をかけたから、というんですね。建物は小さくて四十坪足らずですが。これを小佐野君に売ったんです。だから、ただで貰った金では絶対にないんです。

それから、私が小佐野君の世田谷のでかい屋敷に頻繁に行っていたなんていうのは嘘です。そこに私が行ったのは二回です。一回は、あれはいつの頃になりましたか、官房副長官の時か、それとも警察庁長官時代かも知れないけれど、一回だけ行ったことがある。あれは海原治君とも仲がいいし、私を紹介した橋本健寿警視庁交通課長、もう死にましたが、これらの関係があって行ったことがあります。あと一回は、彼が亡くなったときにお悔やみに行っただけです。

会社にはときどき行きました。八重洲にありますね。そういう関係です。会社へ行けば金を貰うわけにいかないじゃないですか。人がおるんだもの。あの会社は普通の大会社のように重役室が孤立しているんじゃないですよ。大きな部屋があって、すぐ奥にいますからね。出入りが全部わかるんです。

夜はだいたい数名の仲間、歳がだいたい似ているんですよ。海原も橋本も僕も小佐野も。その他の役所の連中もたまに一緒になることがありますが、数名で年に数回会合して、新橋でご馳走になることもありましたね。フッとやらなくなってくると、一年間に一度もやらないとか、そういう関係が二十数年続いたわけです。小佐野君との関係だけははっきりしておきたいと思います。

――選挙でトラックとか宣伝カーに乗って全県下を回って歩いて演説をする、というのは初めての経験だったわけですよね。

後藤田　初めてです。警察のときは取り締まりばかりやっていましたから。取り締まりをやる立場と実際の選挙は全然違う。演説は自分なりにやった。だから今でも、その当時の秘書によく言われるけれど、初めは理屈っぽくて何を言っているかわからなかったそうだ。応援弁士はよく来ましたね。誰が頼んでいるかわからないけれど、僕は頼んだことはない。選挙が終わって、誰だったか忘れたけれど、叱られたことがある。後藤田さんというのは選挙の応援で資金援助をしても、ありがとうというお礼の挨拶を全然しない人だと。

それは無理ないんですよ。誰が出したかわからないんだから。さっき言ったように、白紙の受け取りは渡してある。それで、これだけだよと言って向こうはくれるわけです。偉い人がくれるわけですが、僕には中身はわからないわけですよ。合計で、例えば一千万なら一千万、二千万なら二千万という金を何月何日にもらうというだけですから、わからんですよ。

代議士の性格にもよるけれど、自分が全部やっている細かい人と、会計に任せる人と、いろいろありますよ。だから、新聞ダネになったときに、秘書がどうこうとか言うでしょう。だいたい秘書にかぶせるけれど、この人のは嘘だ、とか、これは本人が言っているとおり秘書だ、と僕らが見たらわかるんです。そういうところは政治家をやっていたらわかる。事務所に行ったらすぐわかるんです。まあ、これは失敗の歴史です。

——参院選に落選して、次は衆院選に出馬されるわけですが、これも大変だったんではないですか。

後藤田　非常に厳しい戦いになることは当然でしたね。自民党が三木武夫さん、秋田大助さん、それから森下元晴さん。公明党が広沢直樹さん。広沢さんは五、六万票は確実にとって、下の方で必ず当選します。それに私の甥が出ていました。社会党の井上普方《いのうえひろのり》君です。私の県の選挙民の気持ちとしては、自民党ばかりではおかしい、野党から一人は出したらどうだということなんですね。だから、私の甥は出られるんですよ。公明党は宗教団体から出るから別なんです。こういう人たちを相手に戦うわけですからね。このとき田中さんから言われたことで忘れられないことがある。「後藤田君、姉さん（井上普方君の母親で僕の姉）が生きている間は井上君を落としてはならんよ」ということだ。

参議院選挙の後の二年半足らずの間ですから。ただ、選挙民の中に、僕のことを気の毒に思う空気がありましたね。

――今度は泣けるわけですね。

後藤田　いや、あれは性格だから泣けない。心配だったのは、私の甥に影響しやせんかなということです。私の親戚の票が割れますからね。彼はいつもすれすれ当選なんですよ。しかも社会党の票と保守の票と半々なんです。彼も田舎の古い地主の家で、付き合いも全部保守ですからね。私の親戚は全員保守ですから。そういうことで、彼に一番迷惑がかかるのではないかと気にかかりましたよ。私の姉、井上普方君の母親は生きているんですから。だけど、公明党が落ちるか、森下君が落ちるかなという気がしました。

その時の一番の思い出は何かというと、これは田中さんの教えがあった。それは、「後藤田君、徹底して歩けよ」と言うんです。歩けよ、ということは握手をして知ってもらわなきゃいかんよ、ということです。まさに選挙をやりますと、歩かない選挙は勝てない、今の日本の選挙では。そこで計画を立てました。次の選挙が昭和五十一年十二月でしたか、それまでの間に、私の家内と男の子二人と私の四人で、五万人歩きました。徹底して歩いた。

選挙がすごかったのは、この運動を始めている最中に、ロッキード事件が起きたんです。この事件はご案内のように、アメリカ上院のチャーチ委員会での証言の中から、日本の政界に対してトライスターという民間航空機の購入を巡って、献金があったというようなことがきっかけになって出てきたんですね。それがだんだん発展しまして、田中さんが五十一年七月に逮捕された。選挙の前です。そうなってくると、後藤田はだいたい田中派だと。したがってロッキードに関係しておるということで、ロッキードの汚職事件に関わりを持っている人間だと宣伝されたわけです。マスコミもそういう狙いで、僕と相沢英之《ひでゆき》君、これは批判の俎上に載せられましたね。

——ロッキード事件の真相は簡単にいえば、どういうことだったんですか。

後藤田　あれは四次防（第四次防衛力整備計画）に関係してるんです。全日空のトライスター購入問題だけでなく、防衛庁の哨戒機、ＰＸＬですね、これを巡って汚職が起きたんではないか、ということです。ところが、四次防でいちばんの問題はＰＸＬじゃないんですよ。戦闘機の選定を巡ってです。財界と防衛庁は国産発注、ナショナリズム的な一つの考え方ですね。当時の通産大臣は中曽根さんですが、これは国産派です。ところが、国産にすると五割も高い。それで、五割安いアメリカの戦闘機を買った方がいいではないかというのが大蔵省で、頑として譲らない。だから、戦闘機を輸入にするか国産にするかの争いは、閣議でもありました。

しかし、哨戒機については、その頃はまだ大蔵と防衛庁の間の事務レベルの喧嘩だったんですよ。だから四次防策定のときは、政治レベルでの喧嘩はまだそこまでいっていない。それなのに、戦闘機を国産に決定したと同時に哨戒機の国産も決まっていたのに、輸入に方針転換をした。その転換を巡って金が動いている、という筋書きですよね。これはどだい初めから間違いです。その当時は、哨戒機については閣議だの国防会議だのという段階まで上がってきていなかった。それなのに戦闘機と哨戒機と民間機がぐしゃぐしゃになって、ロッキードから金を貰っていると。トライスターの旅客機だと民間機ですからね。これは民間の話であって、政府の方ではないです。だから本来は汚職の対象になりませんよ。民間の取り引きの話ですから。そこらがあの当時には混乱をしたんですね。

にもかかわらず、当時の防衛庁事務次官の久保卓也君が、新聞記者会見のときに、そこを間違って発表したんじゃなかったですかな。僕はそのときに、先ほど言ったように衆議院選挙の事前運動ですが、始まっていました。私の郷里の近くの町で百人くらい集めて座談会をしていたんです。そうしたら、電話がかかってきて、東京の新聞社からPXLの何かで疑いがあるといって電話がかかって来ています、というから、ああそうか、それじゃ帰るよと、その座談会をやめて自分の家へ帰ったんです。それで電話を取った。ところが私はPXLというのは頭の中にないわけですよ。PXLというのは何の話だ、と言ったわけです。

選挙中のロッキード事件が大きな衝撃だった

――どうして久保さんはそういう間違った発表をやったんですかね。

後藤田　戦闘機については、田中さんは輸入派だったんです。その方が五割安いからな、ということでした。それで僕が説明して、それはあかんです、練習機が国産なのに輸入したら、輸入した飛行機の練習機を買わなければならないですよ、だからそれはだめだ、という話をしたわけです。田中さんは早いですから、ああ、わかった、ということで、それで国産に決まったわけですね。

防衛庁は先ほど言ったように、どうしても国産にしたかったわけですから、閣議で決まったときに、久保事務次官はこうやって［Vサインをして］部屋から出ていったんです。それで新聞記者に国産になったと言ったわけだけれど、それは戦闘機について言っているわけです。それを、どうもPXLと受け取った気配があるんですよね。だから、新聞記者の話は最初、ピンと来なかったんだ。しかし重要な話だから東京に帰りました。そこで今度は私自身の潔白証明をやらなければいかんですわな。相沢君も僕も悪いことをしている、と言われてるんですからな。おかしな話だということで、私はその当時の経緯も全部調べた上で、防衛庁に乗り込んだ。

時の防衛庁長官は坂田道太《みちた》さんでしたな。会いまして、坂田さん、マスコミが騒いでいる話は違う、私はこれから説明するからあんたのところの久保君を連れてきてくれ、と言った。そうしたら、防衛次官だった久保君が来た。その時に私は日記を持っていった。何月何日こうじゃないか、何月何日こうじゃないか、ということを坂田大臣を前に置いて、僕は日記を見て説明を始めた。坂田さんはじっと聞いていて、わかりました、久保君、何かきみ意見はありますか、と聞きましたよ。そうしたら久保君は、いや、何もありません、後藤田さんのおっしゃるとおりです、と言った。坂田さんは、それなら謝りなさい、と言った。それで久保君が、すみませんでした、ということになった。

そこで今度は僕の方が開き直った。すまんではすまんよ、俺が次の選挙の運動をやっているときに、ロッキードの問題で銭をもらったというんじゃ、選挙にならない、だから僕がこれから要求するから、坂田さんよろしいですか、と聞いた。坂田さんは、お伺いします、というので、防衛庁長官が私の選挙区へ来て、こういう経緯であったと、私の集める会合で一度講演してもらいたい、と言った。そうしたら、国会中だから、という。それで、そうですか、それじゃあ書き物を出しますか、というと、書いたもので釈明します、と言った。僕は、じゃあわかりました、それから久保君、きみは謝り状を出せ、といったわけですね。それも、出しますということになった。それで話がついて、僕は記者会見をやって家に帰ったんです。

それから数日たって、それをもらいに行った。そうしたら、筆で書いてありました。まだ僕の家に原本があるんですよ。防衛庁長官坂田道太とうしろに書いてあって、日付を書いて、後藤田正晴殿と書いて、経緯が書いてある。久保事務次官の発言の一部に誤りがあって、政治に志しておる後藤田氏にたいへんなご迷惑をかけて申し訳なかった、私は国会のこともありますので徳島に行くことができませんから、ということが書いてあった。僕は、一部とは何ですか、と言った。大臣、これは違う、一部じゃない、久保君の発言は全部間違いだ、と言ったら、坂田さんは、久保君どうですか、と聞く。久保君が、そうです、と言うから、坂田さんは、それじゃあ、ということで訂正しました。訂正文のまま原文にあるんですよ。

そのときに坂田さんは、後藤田さん、この私の釈明書は、いついかなるときでもどこででも使っていただいて結構です、と言った。私も選挙を長くやっていて、こういうときの影響がどのくらい響くかはよくわかります、しかもあなたはこの前の参議院選で失敗して、今度はなんとかというときだから、本当に申し訳ない、どこででも使ってくれ、と言ったんです。

――久保さんは本当に間違えて発言したんですかね。わざわざ記者会見をして発表しましたでしょう。

後藤田　もう亡くなっているから言いにくいけど、彼は、銀座裏にある丸紅の接待の場によく行っていたんですよ。彼はひとりで行っていたんです。それが外へ出るのを非常に怖れたわけですよ。僕は知らなかったんだけど、海原君が詳しく知っているんですよ。同じ防衛庁にいましたからね。それをできるだけ伏せておきたかった。だからこっちに押し付けちゃったんじゃないですか。推測ですがね。

僕は彼を助けたことがあるんだ。自民党の賀屋興宣《かやおきのり》先生が彼を即刻辞めさせろと言ってきたことがある。国会での発言か、あるいは他の席での発言かはわからなかったけど、それが防衛庁の幹部として良くないということで。しかし、急なので行く場所がない。それで俺が引き取ってやるよと言って、官房参事官で引き取ったことがあるんです。彼は能力があるんですよ。でも、やはり自分に火の粉がかかってくるから。

ともかく、そういう問題も裏にはあったんだ。とうとう表には出なかったね。

――そのときの書き物はいろいろなところで使われたんですか。

後藤田　使わない。それで、久保君は謝り状の原案を持ってきたんです。これでよいですか、というので、だいたいこれでいいわ、ということで、あとでちゃんと書いたものを持ってきました。ただ、久保君に直させたのがあるんですよ。それは、久保卓也と書いてあった。それで僕が、どこの牛の骨か馬の骨かわからん、とやった。防衛次官と書け、防衛事務次官じゃない久保卓也なんて用はない、と言ったんだ（笑）。久保君は、更《あら》めて、防衛事務次官久保卓也と書いた。僕は真剣勝負だったんですよ。そんないきさつがあったのが、衆議院選挙の直前までの、思い出になることでしたね。

後で防衛庁の局長会か昼食会か何かで坂田さんが言ったそうですよ。やはり内務省出身者は違う、やるときは、あれくらいやらなきゃ君らだめだよ、と言われたそうです。

人間としての復権をかけた選挙だった

後藤田　あの事件は厳しかったんだ。選挙区の挨拶その他で、相手は、僕が銭をもらっているという演説をいたるところでやっているわけです。そのとき私はいっさい言い訳をしなかった。あなた方が私を信頼してくれるか信頼していただけないか、あなた方のご判断なんですよ、私はあなた方を裏切るような結果には絶対ならん、事実この通りだから間違いありませんよ、というようなことを言って回りましたね。具体的なことはいっさい説明しておりません。要するに誰が信頼をしてくれるか、どちらを信用するかということですから、と言って、それで押し通しました。

この時の選挙というのは、本当は衆議院選挙に当選するかこのまま野に下って生活するか、というだけではなかったんです。当時、私は、この選挙は勝ち負けではないんだ、私の六十年の人生をかけた人間としての復権ができるかどうかというのが今度の選挙なんです、あなた方を裏切るようなことは一切していないんだから、そこをあなた方がどう信頼してくれるかということですよ、というようなことを座談会とかで言ってました。

しかし共産党には最後までやられた。共産党に対して私はきつかったから。警察庁長官時代まではね。だから、いたるところの電信柱や橋の欄干とかに、ロッキードだとかなんとか紙を貼られたね。事務所の百メートル近くまで寄ってきて、メガホンを持って、ロッキード、ロッキード、とやられたな。でも、共産党にやられても痛くも痒くもないな。共産党だということが一般の市民にはわかっているから。田舎ですから、東京じゃないですから、共産党は恐いとみんな思っているから、それは心配しなかった。しかし、いやな思いをしましたな。

それと、この選挙では家族に迷惑をかけました。ある晩、一番末のせがれ、今は自動車エンジンの技術屋になっていますが、これが涙を流して、「おやじ、もう僕は東京へ帰るよ」と言うんだ。何で帰るんだ、と言ったら、「訪ねていくところ訪ねていくところで、お前の親父はロッキードから金を貰っているんじゃないかと言われる」というんだ。そうか、俺は年中いわれているよ、だからどうして帰るんだ、と言ったら、「情けないからだ、親父がこんな馬鹿な選挙なんかやるからだ、俺はもう帰る」とこう言うんだ。そうか、帰るんなら帰ってもいいよ、だけどお前は俺のせがれじゃないか、一般の有権者で俺の運動をしてくれる人は何の関係もない人だったんだよ、それが俺を信頼してやってくれているのに、せがれのお前が帰るというのは、お前、俺が貰っていると思っているのか、どっちだ、言ってみろ、とこう言ったら、「俺は一緒に生活しているからわかるよ、そんなもの関係ないよ」というんだな。関係ないんなら、人が言うからといって帰るなんて、そんな弱い奴か、いいよ、帰りたければ帰れ、と言った。

明くる日の朝、また涙を流しながら、「それなら残って、やるわ」と言って、ずっとやりましたけれどね。これは大学を一年落第したんだ。だって毎日毎日歩いているんだからね。

——選挙というのは、家族に対して予想以上に負担がかかるんですね。

後藤田　ともかく僕の衆議院の第一回というのはすさまじい選挙でしたな。参議院選挙の経験がありますからね。金をできるだけ使わないというやり方で、徹底して歩いたということです。

そこで、三木武夫さんとの関係にもなるけれど、これは伝聞の話ですが、三木派の県内の代貸しに、県会議長もやった原田武夫さんという人がいるんです。彼が三木さんに、後藤田をこの選挙で落とすわけにはいかんか、と聞かれた。そうしたら原田さんが、それは三木先生、もう無理だ、とこう言ったそうですよ。三木さんが、なぜだ、と聞くと、あそこまで歩かれたら、わしらが上から、後藤田はいいかげんによせと言っても、下まで指示がいかない、途中で止まっちゃう。（後藤田は）そのまた下を歩いているから、とてもじゃないがあれは落とすことはできない、と原田さんが三木さんに言ったというんだ。それが僕の耳に入ってきた。それくらい歩いたんですよ。ちょっと普通の人の選挙とは意気込みが違いましたね。

今でも言われますよ。山の上の一軒家でも行くわけです。そうすると必ず入れてくれる。応援しますと言って。というのは、ここ何十年、ただの一度も私の家まで衆議院の候補者が来てくれたことはありませんと言うんだ。そうだわな、効率的に考えたらアホらしいわな。遠方まで行ったってね。でもアホらしいと思う方が間違いなんですよ。それはその人だけの票ではないんです。その人の口を通じて、あの後藤田先生は、おらの家まで来てくれたわ、あそこまで一所懸命やっとるじゃけん、と言ってくれるわけだ。選挙というのはそういうものですよ。ずいぶん歩きましたね。

――後援会組織なんかはないんですね。

後藤田　全然ない。それを歩いて作るわけですよ。ただ歩くんじゃないんですよ。難しいんですよ。案内人を立てなきゃいけない。そうすると、その案内人が初めはわからないんだ、いい人やら悪い人やら。案内人を間違えたら、全部敵に回すわけだ。だから案内人の選択というのはよほど気を付けないといけない。地域に入る前にね。

——田中さんは、とにかく歩け、歩けと言ったんですか。

後藤田　歩けと言った。それ以外は言いませんでした。選挙をやるといっても、田中さんから直接援助を受けたという経験はありませんね。田中さんは、例えば県内の有力者の誰それとか、あるいは大阪の経済界の誰それとかに、後藤田を応援してやってくれよ、という頼みをしてくれていた。だいたいそういうことですよ。派閥の親分というのはそれが多いんじゃないですか。直接ではないですね。

派閥の親分が金を直接渡すというのは、派閥の代議士に正月の餅代とかというようなことで、同じような金額を渡すということですよね。選挙の時に特に一人だけ余計にやるのは、落選するか当選するか境目の人で、これを落としたらいかんという奴にポンとくれることはあり得るんですね。しかし僕にはそれもないわけです。第二回目から大臣になって、ずっと強くなっているから、他の人のようにもらわんですよ。党からも一番もらわない方じゃないかな。二十年勤めていて、六年から七年近く閣僚なんだから。選挙がその間五、六回くらいあったんです。こっちは、応援に行ったら陣中見舞を渡す方だな。

田中さんに一番感謝したのは、参議院で落選してからだな。当時はずいぶん物を売っ二百六十八人も検挙されているんだから。これは徹底して面倒をみなきゃだめだよ。選挙違反で迷惑をかけた人には本当にあいすまんと思うね。このとき、田中さんに後始末のためいただきました。それは弁護士の費用ですね。落選後で、資金がなかったからね。

選挙で苦労して目線が低くなった

――共産党以外に、選挙期間中に反対派から妨害を受けるようなことはありませんでしたか。

後藤田　三木さんというのは郷里の先輩ですし、やはり相当な政治家ですから、私は役人時代はずっと敬意を表していました。ただ、三木さんの後援者が私の家と親戚なんですよ。あの人がアメリカに留学するときにも応援をしているんですね。特別裕福な家の育ちではありませんからね。そういったことで、学生時代の頃からよく耳にしておったんです。やはりそれなりに苦学力行の士ですね。ただ、やはり同じ県人ですし、応援している有力者が私の家と親戚であるということで、三木さんの本当の姿まで耳にしておりましたからね。そういうようなことで、わりあい詳しく存じ上げておりました。ただ、私の選挙に絡んでは派閥間の激しい抗争ですね。そして派閥の渦の中に、僕自身が巻き込まれちゃったといったようなことですから、同じ自由民主党ではありましたけど、政治の場では終始敵対関係でございました。私の選挙を通じて感じたけれども、三木さんの秘書をやった人が衆議院議員を一期で辞めて、三木さんの後押しで知事になったんですね。選挙になると三木さん自身は徳島には帰れませんわね。みんな同志の応援ですね。だから知事が、それなりの手配をしなければならんということになる。

ところが、こんなことがありましたな。選挙があと一週間というときに、私の選挙を手伝ってくれていた、あれっと思うような人が突然いなくなっちゃうんですよ。どこへ行った、と聞くと、商用で県外に出ました、という返答でした。それは圧力で県内から外へ出されているんですよ。そういうようなことで、相当な選挙の妨害を受けましたね。だから、この知事じゃ具合が悪いということで、あとでこの知事を私が落としたんです（笑）。二回かかったけれどね。最初は一千五百票の差まで追い上げたけれど負けちゃってね。この次は三万何千票かの差でこっちが勝った。

——やはりそうやっておられると、食うか食われるかということですか。

後藤田　食うか食われるか。そんな生易しいことじゃありませんよ。少なくても何千票かは減るという覚悟をしておかなければいけなかったですな。武市恭信《たけいちやすのぶ》さんという知事の時代はね。今度は逆にこっちの知事になったときは、その程度は増えるわいと思っていたわけですよ（笑）。

——最初の衆議院選挙の結果はどうだったんですか。

後藤田　第一回目は三木さんに次いで二位でした。私が三木さんに勝ったのは、最後の二回ぐらいかな。最後は私の方が多くなった。

——結局、割を食ったのは誰ですか。

後藤田　割を食ったのは誰もいなくて、公明党がちょっと不始末があってお辞めになった。交替した。それから井上君が落選をしたのは、仙谷（由人）君が出た関係なんです。社会党から二人は無理だ。その関係であって、僕のせいではありません。自民党はずっと三人です。

——三木さんは、バルカン政治家などと、いろいろ言われますよね。

後藤田　三木さんは、率直に言うと信頼はできない人だと思っている。あの人の立場に立てば、やはり小派閥ということですね。それを考えればバルカン政治家にならざるを得ないという、同情の目をもってみるべきであるかも知れません。しかし、厳しく言うならば、手練手管の政治家であるということかも知れません。中曽根さんは風見鶏と言われるでしょう。あの人の場合も、やはり自民党の本流の政治家ではなかったわけですから。昭和五十年過ぎ頃まで、あの人が総理大臣になれるなんて誰も思っていなかったんですね。誰に聞いてもなれないというんですが、それは傍流ということですよ。気の毒な立場ですね。

三木さんの場合は、傍流どころの騒ぎでない。最少数の派閥ですよね。しかし、立派な主張をいつもなさっていますね。政界浄化とかは、おっしゃるとおりですよ。それを終始押し通したんですから、その面については相当な政治家だし、敬意を表さなければと思うけれど、私は別の面を知っているものだから評価は厳しくなるね。

――額面どおりには受け取れないという意味ですね。先生の場合は、参議院でのあれだけの失敗がずいぶん生きたということですね。

後藤田　それは生きましたよ。選挙に生きただけではなくて、人間が変わっちゃったよ。目線が、有権者の目線に下がらなかったら選挙には勝てない。上からものを言ったらあかんな。例えばいま中曽根さんは、菅（直人）君が「市民」というのはおかしい、と言うでしょう。「国民」という観念がないというわけだね。これは両方正しいと思う。しかし、中曽根さんが言うときもそうだし僕らがいうときもそうだけれど、「国民」と言ったときは、統治権の被治者を見ているような印象だな。上から国民を見ている。ところがこれで選挙をやったら絶対に票が入らんわ。

そうでなくて、やはり市民かな。要するに自立というのかな、個人として自立をしたひとりの人間、それがわれわれの政治を支えているんだと。政治家の方が目線を下げるというか、中曽根さんとか僕らの応援者というのは国民でもいいけれどね。歳が歳だからね。今の三十歳だの四十歳の人は、そんなことを言ったら票を入れてくれないな。だから菅君の言う方が、これからの政治家としては当たり前なんじゃないの。「国民」といえば、何かしら大衆と離れて別に国家というものがあって、これが大衆を支配している、という印象を持つな、若い人は。

第十章　最大派閥・田中派内での仕事

――新人議員として

二度目の訪中で二階堂氏と友好条約締結の下交渉を

――福田内閣時代に先生は一年生議員で活躍されたわけですが、先生はまず、どういう委員会に所属なさったんですか。

後藤田　何といっても一年生議員ですから、特別に重要な職務を割り当てられることはありませんし、また私自身も、謙虚に振る舞わなければならんというつもりでおったわけです。ただ、そうはいっても、当選したのがすでに六十二歳で高齢だったということですね。それと、役人の経歴として最高のポストである、警察庁長官、内閣官房副長官という経歴をすでに持っていた。だから、多少、周囲の見る目が違っていたということも否定ができないと思います。

ただ、私自身としては行政経歴が非常に長いものですから、せっかく国会議員に出た以上、自分の知らない、経験していない仕事をやろうという気持ちがありました。そこで、党務をやろうということが一つです。もう一つは、古巣の役所が所属している委員会に入るのは避けるということです。とかく役人上がりの人は、国会の委員会は、古巣の役所が所属している委員会に入りたがるんです。しかし、これは勉強にならないし、後輩に気遣いさせることになるんですよね。

そこで、党務の方は総務局の次長をやらせてもらった。そして、委員会は大蔵委員会に入ったんです。ところが、大蔵次官をやり、ロッキード事件の濡れ衣でえらい迷惑を受けながら選挙で苦労した相沢英之君が、地方行政委員会に入ったんですよ。入れ替えちゃった。そういうようなことが、当選して間もなくの第一回生としての私なりの考え方であったわけですよ。

――五十二年七月に東京都議会選挙が始まって、先生は党本部でこの選挙を担当されましたね。この選挙は、美濃部（亮吉）都知事にとっては最後の選挙で、すでに都財政は相当パンクしていた頃ですが。

後藤田　田中さんから、選挙の勉強の手始めに、東京都議会選挙を総務局次長として党本部から指導するように、という話があったんです。ふつうは、都議会選挙というのは一地方団体の選挙で、あまり重要視はしないんです。しかし、そうは言いながら、一方で都議会選挙の結果は次の国政選挙の結果を占うことになるんですね。それだけに、党本部としても他の府県の選挙とは違った扱いをするんです。

当時、都議会議員の定員が百二十六名です。そのうち自民党は五十人くらいしかいなかったんですよね。東京都議会というのは、自民党は昔から駄目なところなんですけれどね。過半数は無理なんですよ。しかし、なんとしてでも六十名は取りたいというのが悲願でした。これは一所懸命やりまして、新自由クラブが初めて出たにもかかわらず、結果がわりあいよかったんです。五名ですから微増ですがね。

――日中友好国会議員団の一員として中国へ行かれましたね。その役割は何だったんですか。

後藤田　五十二年の連休中に行ったんですよ。山下元利君が団長になりまして、山下元利君と私は、日中国交回復のときの官邸の留守番をやったものですから、自分でも一度中国を見たいという気があったんです。中国との関係は、今となっては友好の非常に古い仲間になっているんですけれども、このときが初めてなんです。軍隊では台湾にいたから台湾の方には知った人が非常に多いんです。当時は台湾総督府との関連の仕事をやっておりましたからね。だから台湾の方に友人関係がたくさんおった。しかし、大陸の方にはあまりご縁がなかったんです。それで、同じ役人仲間で非常に懇意にしていた山下君が、一緒に行かんか、というのでついて行ったわけです。ただ、この時には、特に大きな役割を持って行ったという記憶はありません。

――中国をご覧になってどういう印象でしたか。

後藤田　中国という国がいかに奥行きの深い国かということを痛切に感じました。ともかく、時間的・空間的な考え方が、日本とはどだいスケールが違うというのが一番強い印象でしたね。それと、いかにも統制をされている国だなと。というのは、男女の服装が同じですから。詰め襟の革命服というんですか、灰色の。これは男女とも同じですからね。そういう時期でした。これで私が思い出したのは、戦時中の日本人の服装ですね。これはカーキ色の詰め襟服になっていたんですね。資源節約あるいは同類意識の涵養とでもいうか、士気高揚とでもいいますかね。そういうようなことが、ああいう服装の斉一化の中に表れていたと思います。それを見て、やはり統制の厳しい国だなという印象でしたね。

時間と空間の考え方が日本人と違うというのは、団員の中に坂野重信さんがいたんです。建設次官をやりまして、参議院議員になられた。この人は技術屋さんなんです。それで、万里の長城に連れて行かれたとき、登り口の所に長城の沿革の簡単な説明をした立て札があった。それを読みながら、僕は、坂野君、ちょっとこれを見てみろよ、君のところの役所（建設省）の計画は、河川の計画にしろ道路の計画にしろ、あるいは建築の計画にしろ、せいぜい五年か十年計画だろう、十年計画となれば長期計画と言っているじゃないか、これを見てみろ、これは何百年やっているんだ、長さは五千キロだよ、これくらい違うんだから、きみのところの国土計画もこれくらいのスケールで考えなきゃいかんよ、なんて冗談を言った覚えがあるんです。

まさに万里の長城は、中国人の物の考え方と日本人の物の考え方が基本的に違うことを示しています。それで、中国との付き合いというのは、大変に奥の深い国だということを頭に置いてやらないといけないのではないかな、と僕はこの時に痛感したんだ。

——五十二年十月には二階堂さんらと二度目の訪中をされましたね。

後藤田　これは重要な役割があったんです。二階堂先生は日中国交回復を大平さんと共に田中さんを助けて道を開いた人で、大変な貢献をなさった方の一人です。中国側は古い井戸を掘った人を非常に尊重しますわね。そういった関係で、日中関係には欠かせない方で、今でもお付き合いがございます。その二階堂さんが日中友好という観点から、国交回復をなさった立場でもあるから、久方ぶりに中国へ行くということになって、それで、後藤田君、一緒に行かんか、という話で、それで大村襄治君と三人で行くことになったんです。

二階堂先生のお気持ちの中には、友好関係はできたけれど、平和条約が未制定である、できるだけチャンスを見て友好条約を締結すべき時期に入っているのではないか、何かそういう下話でもできればな、といったようなお気持ちがあったと私は思います。出発のときは分からなかったけど、向こうへお着きになって、最初に中日友好協会に行ったんです。中国側は日本との窓口を一本化していますからね。日本は友好団体が六団体あって別になっていますが。

先方は張香山さん、それから孫平化さん、それと会長は廖承志さん。当日は廖承志さんはいらっしゃらなくて、張香山さん以下でした。それで話をしているうちに、平和条約の話になってきた。その時に、先方は覇権条項ですね、これが日中国交回復の時の第七項かに書いてあるんです。これと同じことをどうしても条約の中に入れろという。その入れる用語ですが、その当時「覇権」という言葉は外交上の用語としてはありませんよね。中国が使っている言葉だった。しかもそれは、ソ連を対象にしていることは明確なわけですよね。同時に第七項の条文そのままを条約の中に書くということは、技術的にはちょっと厄介なんです。

そういうことがあったものですから、僕は原文を持っておったんです。ポケットに持っていた。それで僕が二階堂先生に、言っていいですか、といったんです。構わんよ、という。二階堂さんはともかく、あれだけの高い地位の方ですから、そう露骨な話もしにくいですな。それで僕が代わりに、それは無理だということで、中国側と数分間わりと激しいやり合いをやったんです。そうしたら、張香山さんの方から、もうこの話は今日はやめとこうや、というんですね。雰囲気は友好的なんです。両方とも国交回復をやった連中ですからね。向こうも知っているし、こっちも知っていますしね。議論はそれなりに激しかったけれど雰囲気は友好的でした。そこで、今日はやめましょうというから、それならやめますか、ということでやめました。

ところが、その後、夜になって二階堂さんが僕の部屋にお見えになった。それで、明日、鄧小平さんと会うことになった、天安門広場にある一番大きな人民大会堂でわれわれと会う、と言うんだ。われわれといってもこっちは三人ですからね。そして二階堂さんは、その席で平和条約を締結すべきでないかという話を持ち出したい、ついては、厄介な覇権条項の問題を話すべきだろうか、という。それで僕は、やろうじゃないですか、僕たち三人は政府から頼まれて来たわけではない、党の代表で来たわけでもない、さればといって、国会議員で来ているのですから物見遊山というのもいかがなものですかね、ということで、話の糸口でもできれば非常に結構なことだから、おやりになったらどうですか、という話をしました。すると二階堂さんは、それじゃあそうしよう、それでは後藤田君、条文がどういう文章になるか、覇権条項について書いてくれ、という話になりました。

そこで私は、国交回復のときの原文を参考にして、ひとつの条文にまとめて、これならまあいいでしょう、ということで、「覇権」という言葉は使う、しかしこれはどこの国に対するものでもないということを書いたんです。二階堂さんはそれをポケットに入れまして、それで翌日、人民大会堂に行って、先方との話し合いに入った。

そうすると先方は、鄧小平さんが大将で、廖承志、張香山、孫平化、それから第一外務次官の韓念竜、その他係の人が十名くらいいましたかな。こちらは三人ですけれど、私どもの秘書団もおったんです。友人ばかりだからみんな来なさいということで、みんな入ってやった。初めのうちは大した話も出なかったけれど、だんだん進んでいくうちに、二階堂さんが条約締結についてお話しになりかけた。鄧小平さんも、それは重要なことだから、と応じられる。そのときに僕が、これは非常に重要な話だから秘書の諸君がおっては具合が悪いと思ったものですから、私どもは退きますと申し上げたら、鄧小平さんは、いや、古い友人だからいいですよ、とおっしゃった。しかしそれはやはり具合が悪いと思いまして、とにかくお二人で話をしてください、ということで、両方ともみな外へ出た。それで、こちらは北京飯店のホテルに帰って待っていたけれど、待てど暮らせど二階堂さんが帰ってこないんです。

ようやく二階堂さんがお帰りになって、お伺いしたところが、「うまくいったよ」という話だった。「ただ、きみらが出たあと、中国側はみんな戻ってきたよ、俺一人になっちゃったんだよ」という話でした。

それで話の模様を聞きました。ちなみに鄧小平さんというのは、あの当時はまだ復活をされて間もなくであって、それほど固い基盤ではなかったわけです。二階堂先生が何かおっしゃると、鄧小平さんは必ず廖承志さんに何か中国語で話をするんです。そうすると、廖承志さんがそれに答えて、それからこちらに向けて話をするというんですね。

欧州視察でソ連共産党の限界を見た

後藤田　どうやら、鄧小平さんはこの問題についてはあまり理解をしておられなかったようなんです。それで、鄧小平さんは外務次官に関係書類を全部持って来させて詳しく説明を受けたそうです。そして、いいではないか、二階堂さんがいうことのどこが悪いんだ、という話になったというんですね。それから見ますと、中国側の上下の連絡、横の連絡というものは、ああいう権力闘争で出たり入ったりなさった場合には、必ずしも十分でないことがあるんじゃないですか。

二階堂先生は、この話は他へ話してはいかんな、というお考えだったと思います。ところが北京の日本大使館は、必ずしも中国政府なり中国共産党と十分連絡をしているとは思えなかった。この会談にも日本の大使館はシャットアウトされたんです。出席していないんですよ。普通は大使が必ずいますよね。二階堂さんが行ったとか、今では僕が行ったとなれば、必ず脇におるんですけれど、いなかった。そのときの中国大使がどなたか忘れましたが、おかしな話で、香港かどこかへ行ったとかで留守になっていたんですね。いい加減な話なんだけどね。

そこで伴正一君という公使がおった。伴君はあとで日中友好協会の理事長をやったんです。その伴公使が二階堂さんに、どういうお話でしたか、とお伺いしたわけです。それは当然のことです。二階堂さんが鄧小平さんと会談した要録というのは外務省に報告しなければなりませんから当たり前の話なんですが、二階堂さんが、それはきみに話せない、ということで、お断りになった。それで、北京の飛行場から帰るとき、飛行場の貴賓室で、送りに来ておられた伴君が僕に、後藤田さん、どんな話だったのか教えてくれませんか、という。それで僕が、いや、それはいろいろ話をしたよ、日中問題の平和条約とか話をしたよ、しかしその内容はちょっと今の段階では、気の毒だけどきみには言えないんだよ、といってお断りをしたんです。

東京へ帰ってきまして、こんどは二階堂さんから、後藤田君、これは誰に報告したらよかろうか、という話があった。福田内閣ですから。それで私は、それは鳩山威一郎外務大臣と総理大臣でいいでしょう、と言ったら、二階堂さんは考え込んでましてね、鳩山君はだめだよ、と言う。二階堂さんの目から見たら信頼出来なかったんでしょうね。それじゃあ、福田さんにだけ話をするよ、ということになった。それで、福田さんに報告をする段階になった。

ところが、明くる日かその次の日くらいですが、二階堂さんが、これから福田君に会いに行ってくると言って、総理官邸に出かけたんです。ところが、その当時は、いかなる会合でもだいたい官房長官が一緒にお聞きになるんですよ。その時の官房長官が園田直さん。それで、二階堂さんが説明するのをやめちゃったわけだよ。雑談して帰ってきちゃった。二階堂さんとしては、サシで報告したいということだったんです。ところが官邸の方はそれをご承知あるわけないですね。ただ総理に会いたいと言っているだけですからね。総理が官房長官をお呼びになるのは当たり前の話です。だけど、こちらはサシで話したいということでしたから、そのまま帰ってきちゃった。

それからまた二、三日たって、二階堂さんは、また行くわい、ということで行った。その時には、志布志湾開発計画というのを持っていった。それは新聞記者をまくためです。何ですか、と新聞記者に聞かれますよ、官邸の中に入るとね。いや、志布志のことで、開発計画を総理に頼むんだよ、ということでごまかして入った。そこで総理に初めて、これはできる、という話をしたんですよ。だから、日中平和条約の最大の功労者は二階堂さんですよ。

――ユーロコミュニズムの視察に行かれたのも、一年生議員のときですよね。

後藤田 奥野誠亮さんが旧内務省出身ですね。内務省出身の国会議員の気のあう連中数名でヨーロッパ視察に行こうやという話が持ち上がったんです。何で行くんだいと聞いたら、選挙制度調査に行きたいと。彼は党の総務局長をやっていましたからね。総務局長というのは、選挙を取り仕切るわけですから。選挙制度そのものについても彼なりの考え方を持っていたのでしょう。当時の選挙制度についてね。それで、選挙制度調査に行こうという話だった。それはいいな、しかし、それにもうひとつ付け加えてみないかと言ったのが僕なんです。それは、ユーロコミュニズムだったんです。これはソ連共産党のマルクス・レーニン主義とはだいぶ毛色が変わってきているよと。これの状況を視察しようではないかと。それも、よかろうというような話になった。

誰が団長だとかへちまだとかないわけですよ。だけど奥野さんが実質上の大将ですよね。そして、金丸三郎、僕、それから参議院の若い人で中村啓一君、彼は病気で亡くなりましたけれどね。あと一、二名おったかもしれませんが。ドイツ、フランス、イギリス、イタリア、チェコというところを回りました。本当はユーロコミュニズムということになると、スペインを入れなければいけないんですが、ユーロコミュニズムの中心的な存在で、当時のイタリアの資産家出身のベルリンゲルという書記長がいました。彼の話を聞けばだいたいわかりますね。

それで各地を回りまして、印象に残ったことは何かと言いますと、ひとつは選挙制度です。これはどこの国でも絶対というものはありません。政治的な土壌が違いますからね、一律ではありません。しかし、やはり政治資金に国庫助成が出ているということ、これが非常に私にとっては関心がありました。もちろん政府にコントロールされるような金額ではありませんが、やはり特殊な政治団体というか、法人格を持った団体だったわけです。つまりは国の統治権に関係する特殊団体ということでしょう。イギリスは全然出ないんですね。ところが、ドイツは出ている。フランスでは、当時の与党の幹事長でしたか、出身はお医者さんですが、四十歳台半ばの若い人で、ちょうど休んでいたんですね。僕らが行った時期は夏休みなんですよ。わざわざ帰ってきてくれまして、そしてお会いしたときに、いま大統領から、政治資金を国庫から支出する案を検討しろという指令が出ているんですと。それで検討中であると言っておりました。だからやりたいと。ただ、どうも反対意見があるんだと。僕らは、時の政権に政党が拘束をうけるのではないかと、そのあたりが反対なのかなと思ったんですが、違うんですよ。不公平だという話だった。何が不公平かというと、共産党だけが得をするというんだ。それはどういうことですか、と言ったら、その当時ソ連共産党は、ある意味における友好国とでもいいますか、あるいは敵性国とでもいうか、そういう国の共産党には、当該国とのソ連貿易の売り上げか利益の何％かを貿易担当者から献金させるということで、支援をしていたんですよ。あなた方がパリの市内をお歩きになると、わけのわからない事務所がある、それはだいたいソ連貿易です、ここからフランス共産党に金が行っているんです、という話がありましたね。

これは非常に興味があった。僕は警察の出身ですから、ソ連共産党から日本共産党に対する資金援助があるのかないのかということを絶えず見ていて、必ずしも証拠がはっきりしないといったような状況でした。しかし、世界的には、ソ連という国は、そういう資金援助を各国共産党に対してやっていたということは事実ではないかと思いましたね。その当時のフランスの共産党の書記長、マルシェでしたかね、これはどちらかと言うとマルクス・レーニン主義というよりは、ユーロコミュニズム的な考え方の書記長だったわけですが。イタリアのベルリンゲルはもともとブルジョアジーの出身の人ですから、イタリア共産党はソ連共産党からだんだん離れてきておった。スペインもそうですよね。そういうような状況で、だいぶ西欧各国の共産党が変わりつつあるなという印象でした。

ただし、この時チェコへ行ったんですよ。私の印象ですけれど、やはり街が暗かったな。チェコは「プラハの春」というのがあって、ソ連軍に鎮圧されたでしょう。あれは一九六八年ですね。ああいうのが尾を引いていたと思いますね。ただ、町やホテルの中の品物を見ますと、共産国特有の粗悪な品物ではない。これは相当な洗練された商品という印象ではありましたけれどね。どうも町全体の印象が暗いなということです。だから、ソ連共産党は衛星国を作っているけれども、いつまでも友好国として続けることはなかなか難しいのではないかな、というのが率直な印象でした。

福田首相の超法規的措置は止むを得なかった

――五十二年九月には日本赤軍によるハイジャック事件が起きて、超法規的措置がとられましたね。あの措置について、どうお考えになりましたか。

後藤田　福田政権ができて九ヵ月たったころですかね。私は直接これに介入はしておりません。警察庁長官は浅沼清太郎君ですか。あの当時の警察力というものから見て、福田総理は大変厳しい選択を迫られたなと思いました。世間が注目するような言葉をお使いになるのが福田さんは得意なんですね。「人命は地球より重し」ということで、要求どおり釈放した。しかもその時に、全然関係のない死刑囚まで釈放した。これは私は行き過ぎであると。日本政府に対する政治的な抵抗運動をしたとして処罰されている人間ではない、純粋な刑事犯ではありませんかということで、これは断るべきであったかなと思います。しかし、相手方の要求を拒否して強硬手段をとるということは、当時の日本政府の判断としては、私はできなかったと思います。やはり福田さんのご判断で止むを得なかったのではないかと思います。

それでも、純粋に刑事犯の死刑囚の釈放についてだけは、政府の立場を述べてとどめるべきですよ。それ以外については、釈放してよかったとの評価はできにくいと思いますが、あの当時の警察の実力では、総理大臣の判断としては止むを得ない最後の選択だな、と是認をせざるを得ない。私はそう思います。

ただ、これは教訓として活かさなければだめですな。というのは、私はその後西ドイツへ行ったんですよ。その時に先方の情報機関の責任者と話し合ったんです。僕は外国へ何回か行きましたが、警察には行ったことがないんです。かならず情報機関との話し合いで行くんですけれどね。それで、ドイツの人が言いました。「日本の主権の及ぶ範囲の地域から主権の及ばない外国の領土に対して、治安を脅かすような人間を放すというのはいかがなものですか」と。わりあい厳しい批判がありましたね。

その時はちょうど、シュミットさんが、ルフトハンザの飛行機が反政府のゲリラのようなものに占拠せられて対応に困ったことがあったんですね。その時には、二十名以上の犠牲者が出ればシュミットさんは国民に対して責任を負うという意味において内閣を総辞職する、という決断の下に腹を決めて強行突破の作戦を選択したというんですね。国家主権に対するあいった反逆行為は絶対に認めるわけにはいきません、同時に他国に迷惑をかけるわけにはいかない、というのをその人は強調しておられた。私も聞きながら、もっともだなと思い、さて、日本もえらいことだな、このままではいかんな、ということを痛感をいたしました。

そこで帰ってきてから、体制を整える必要があるんじゃないかといったことで、いろいろ相談をしました。その結果、警視庁の組織の中に、特殊な部隊を整備することになった。それが表面に出たのが平成七年の函館空港での全日空ハイジャック事件のときです。警視庁にそんな部隊があるのか、ということが世間に知れたわけです。それまでは覆面の部隊として、幹部の一部しか知りませんからね。私は官房長官のときに初めて、どこの人かわからないような格好をして、現場で訓練の視察をいたしました。これは相当使えるな、ということだけは間違いありません。

しかし、ペルーのようなときにできるかというと、これはすぐにできるわけはないんです。主権の問題もあって外国に持っていくことは容易ではありません。また、土地勘がない、言葉も通じない、といったところにはなかなか使いにくい。それは安易にやるべき筋合いではありません。

――先生がユーロコミュニズムの視察をなさっていた頃の五十三年七月に、栗栖《くりす》弘臣《ひろおみ》という統幕議長が自衛隊の地位問題について、いわゆる「超法規」発言をして更迭されましたね。

後藤田　本来、自衛隊は国土の防衛、つまり専守防衛の部隊なんです。他国からの不法な侵略があった場合のみ、武力を持って抵抗をする。武力抵抗というのが憲法以前の自然権だといったようなことで、存在を認められるということでしょうから。この場合は、国土を占領される事態なんだから、自衛隊が自由に国内で活動できるような法的整備をする、これは私はやるべきだと。政府も十数年前からそれの準備はしていますが、残念ながらイデオロギー的な国内対立もあり、世論、マスコミの動向等もあり、必ずしも進まない。

国土防衛、専守防衛の任務を持っている自衛隊の統幕議長としては、いざというときに必要な最小限の法的な基礎だけは整えてもらいたいというのは、当たり前の話ですね。国民に対する責任から、このままでは困るという強い主張を持つのは、私は当然だと思います。せめて憲法の枠の中で、これは専守防衛の話ですから、できるだけの立法をすべきではないのかな、と私は思います。それができていないから、栗栖君は、ジレンマに陥ったわけです。

栗栖君というのは、昔でいう専門の将校ではないんです。内務省の出身で、在外勤務を長くやった人ですからね。国家の存亡をかけた戦いになったときに、例えば道路交通法があるからと言って、自衛隊の車両なり戦車なりが道路交通法の規則通りにやれ、なんていう非常識なことは考えられませんよ。他にもなんぼでもそんな問題がありますね。壕を掘るとなると、他人の土地を自由に使うというのが当たり前の話ですから。その根拠が欲しいのにそれができないのなら、国民の生命、財産を敵の攻撃から守るという大義のためには超法規の処置を取らざるを得ないじゃありませんか、というのが彼の主張なんですね。僕は、栗栖君の考え方はやむを得ない意見だと思いますよ。これは政治の怠慢です。それから、役所の幹部も怠慢と言われても、これは反論ができないと思いますね。超法規がよくないことは初めからわかっているわけですからね。これもまた、やむを得ざる栗栖君の選択だろうと思います。非難を受けるべきは栗栖君ではなくて、政府であったということだと思います。

総裁予備選には疑問を抱いた

——福田内閣に関連しては、福田さんが大平さんに政権を禅譲する密約があった、なかったで問題になりましたね。結局、政権の禅譲はなくて、大平さんが出馬するということになるわけですが、一年生議員としてご覧になっていかがでしたか。

後藤田　福田さんと大平さんは大蔵省の先輩、後輩なんです。ただ政治の社会に入ると、福田派と大平派に分かれる。大平派というのはご承知のように池田さんの系統ですね。池田さんから前尾さん、そして大平さんと、こういう流れがあるわけですね。吉田路線を定着させてきた。福田さんは何をなさったかというと、党風刷新連盟ですか、あれをお作りになり終始反対の立場を貫いておった方です。もとをただせば同じ大蔵官僚だったんですが、政治の社会では対立する関係にあった。といっても、福田さんとしては政権維持のためには大平さんを幹事長に据えて大平派の協力を求めなければならないんですよね。

そして、政権が末期に近づくにしたがって、次の総裁は誰だということになると、やはりいろいろの動きや裏工作も出る。大平さんと福田さんの間に禅譲の約束があった、いやない、といったような争いがあったようですが、真相はまったく、これはお二人が亡くなってしまって藪の中ということではないですかな。先例がないわけじゃないんですよ。岸さんのときも、大野伴睦《ばんぼく》さんとかいろいろな人に政権禅譲するような書き物をされたという話があったくらい、これは難しい問題ですからね。

――ひとつの政治のテクニックですかね。

後藤田　テクニックですよ。私は田中派ですが、田中さんなんかは、大平の言うことの方が当たり前だよというお考えのようでした。

――それでいよいよ総裁予備選に突入するわけですが、かなり前から田中派としては準備されたんですか。当初、マスコミは福田有利と言っていたのが、だんだん雲行きが違ってきましたが。

後藤田　私は予備選というものには、当時は非常に疑問を持っていた。ただ、表向きは反対しにくい理屈なんですよ。一党の総裁を議員だけの少数者で選ぶのではなく、党組織がある以上はその党員を総裁選に参加させる、これはまことに反対しにくい大義のようなものですよね。しかし、自民党政治の現実を見ますと、これは派閥の弊害を全国に拡散するということです。それに、代議制の民主主義の社会では、有権者はそれぞれの党に所属している代表者を選んで任せているわけです。代議制ですよね。そして当時は自民党総裁になれば即、総理に選ばれる訳ですからアメリカの直接選挙の大統領選挙での予備選挙とは違うのではないかなと。どうも建て前論だけで予備選をやれ、という主張には、私は必ずしも賛成ではなかった。

予備選を特に主張されたのは三木さんですよね。三木さんは最小の派閥ですから、予備選挙で党員選挙をすれば総裁になれる可能性はあるんですね。国会議員だけの選挙では絶対総理になれないというのが一般の評価ですな。中曽根さんがやはりそうだった。傍流ですから議員選挙では総理になれない。それで、総理公選を言われるんですね。これは議院内閣制そのものを否定することですから、憲法を改正しなければできないじゃないか。

いずれにせよ、それぞれのお立場で主張しているなということで、建て前は別として、実際は日本のいまの憲法の下における制度としては、予備選挙なんていうのは派閥の弊害を全国に及ぼすだけだと、僕は思っていました。しかし、あの時は予備選挙をやられるということになったわけです。そして田中派は、大平さんを推すということに意思統一ができたわけですね。

ところが、当時の大平派には東京選出の国会議員がひとりもいないんです。そこで西村英一《えいいち》さんから私に、後藤田君、きみはこの前の都議会選挙に党本部で関係したのだから、東京都の事情がわかっているだろう、きみ行って助けてやってくれないか、という話がありました。私はそのとき、田中派がどう言おうと大平さんをやろうと思っていた。

それは大平さんは、私の隣の香川県であるというだけではなかったんですよ。あの人が大蔵省の給与三課長のときに、私は内務省地方局の公務員課で三百数十万人の地方職員の給与の問題を扱っていたんです。その関係で、当時から大平さんには大変お世話になっていたんですよ。しかも先輩ですから、指導も受けていたという間柄なんです。そして、私が参議院議員選挙で天下の悪者にされて、選挙を失敗した。そして浪人中の頃、党本部にお詫びに行ったときに、幹事長が大平さんだった。その大平さんが僕に、「残念だったなきみ、この次は必ず箱根の山を越して来いよ」と言われた。そして、ともかく俺は援助するよ、という話でしたね。大野伴睦さんの言葉を借りれば、猿は木から落ちても猿だけれど、代議士は選挙に落ちたらただの人、という言葉がありますわね。文字通りそうです。落ちたときの惨めさは落ちた人でなければわからない。情けをかけてくれる人はおりませんよ。

その時には、別段、資金的な援助を受けたことはないんです。しかし、大平さんのその一言ですよね。それは幹事長という重要ポストですからね。それが、箱根の山は越して来い、俺は応援するよ、と言うんですからね。本当にこの人は情誼の厚い人だなという気がしていた。だから、それひとつだけでも、自分は大平さんをやろうと思っていたところが、西村さんが、お前やれと言うから、やります、と言った。

その時に条件を付けたんです。私は言いました。西村さん、大平さんという方は大変懇意にしていただいている大事な人です、やる気はもちろんあります。しかし大平さんは大平派で私は田中派ですよ、田中派の人間の僕がこの選挙で選挙資金を扱うのだけは勘弁してください、それはお断りをします、私には大きな「金権」という札がつけられていますから、と。そうしたら、それはかまわん、ということになった。ですから、選挙資金は佐々木義武君がやった。これは大平派です。さてやってみたら、僕が田中派で、田中派が全面支援だということになると、大平選挙は金権選挙である、との悪宣伝が出たんですよ、やはり。

――どういう選挙運動をなさったんですか。

後藤田　都議会議員よりは区議会議員を対象にしたんです。というのは、東京都の場合その当時は、党員募集を都議会の人はやっていないんです。区議会議員がやっている。だから区議会議員に聞いたら誰が党員だというのがみんなわかるんです。そこで私がやったのは、区議会議員を動員する選挙のやり方を考えたんです。したがって徹底した戸別訪問作戦です。西村さんは、電報その他によって文書作戦をやったらどうだというお話だった。それで西村さんに、それはだめなんです、今度の選挙に党のルールでだめだと決めてある、しかし戸別訪問は禁止規定に入っていません、入っていない以上はやって構わないので、それをやりますよ、と言ったことがあるんです。

ところが党員がわからないんです。そして、その年の党員名簿は門外不出になっている。使わせないことになっているんです。しかしその前年の分までは門外にどんどん出ているわけですよ。しかも、二年間党員でなければ投票の資格がないというのですから、前の年に入ってなければ資格はないんだ。そこで私は、前年の名簿の利用を考えた。もちろん、前年は党員だったけれど今年は党費を払っていない、というのがあるんだけど、これは数少ない。やはり継続党員が多いんですよ。ですから前の年のが一番大事なんです。それが自由に見られた。

しかし私は、本当はそれでやったのではないんです。区議会議員を使ったんです。区議会には、大平、田中を応援する議員はたくさんおるんですからね。きみのところの党員名簿わからんか、と言うと、党員名簿ならわかりますよ、これですよと言って、ちゃんとくれるわけです（笑）。それでも、わからないところは、二十三区と三多摩で三つか四つくらいありましたかな。あとは全部わかった。前年のを使ったのは、その三つ四つについてだけです。

田中秘書団は文字どおり軍団だった

後藤田　ところで、自由民主党の衆議院選挙なり参議院選挙なり、あるいは知事選と、すべての選挙で一番有力な運動員は誰かというと、田中さんの秘書団なんですよ。これが田中軍団と言われ、全国どこへでも出かけていくんですからね。キャップを決めてね。大変な能力がある。この人たちに協力してもらった。最初は、代議士としてこの秘書団を使う人は石井一《はじめ》君だった。後に新進党に移ったけど。ところが秘書団が言うことを聞かないんだよ。それで僕にやってくれというので僕が替わったんです。これを使って徹底した戸別訪問をかけることにした。

どうやるかというと、まず地図を買ってこいと。金がかかったらつまらんから一冊でいいと。あとは君らの割り当てられた地域のやつを複写せい、とやったんです。その地図は一軒一軒が鮮明に写っている航空写真なんですね。そのコピーを各人が持ってまして、前の日に名簿を使って党員の家にぜんぶ印をつけるんです。それで、できるだけ早く回れるような、ルートをつくらせる。そして、一人一日百軒回らせることにしたんです。道筋を決めればわりあい早く回れますからね。しかし、ただ回ればいいというもんではない。こんにちは、ハイ、さようなら、ではまた駄目ですからね。そこで私の長男に渋谷区を回らせてみたんです。午前八時から回って、昼は十二時から一時までと、午後は五時から六時までの間は飯食って休めと。そして、午後八時以降は相手の迷惑になるからあかんよと、そういう時間帯を決めてやらせた。それで結果を聞いてみたら、百軒はわけないよ、おまわりさんに二回か三回職務質問をかけられたけれど、とこぼしましたけどね。そうかい、ということで、だいたい百軒くらいを基準にしまして、そして秘書団の人に割り振ったんですよ。

そうすると、秘書団の秘書の中にまた指導者がいますからね。この人たちが全部点検するんですよ。というのは、人を疑っちゃ悪いけれど、朝出かけて行って喫茶店で二、三時間遊んでおったってわからんわけですよ。訪問をしたかどうかがね。それを全部点検した。本当に真面目にやってくれました。戸別訪問を三日か四日くらいで終えるという計算でしたけど、予定どおりに終わった。田中派の秘書団はそうしたわけです。ところが、三多摩は大平派の秘書団にやってもらった。これは僕の指揮の外だったわけです。いつまでたっても上がらない、終わらない。遊んでいるんでしょうね（笑）。あそこは戦闘力が落ちる。

それで僕は、ホテルオークラの中の事務所で、佐々木君とか佐々木君の秘書に、お前のところの秘書は何してるんだ、と言った。自分のところの親方の選挙なのに恥ずかしい、といって頭抱えていましたよね。

もうひとつ徹底してやったのは電話作戦です。これは名簿にみんな電話が書いてありますから。それを全部やりましたね。これも時間帯を決める。迷惑をかけちゃだめだよということで。これは二回かける。電話は時間がかかるんですよ。おらんから。これは女子大の学生を動員した。二百名くらい動員したんじゃないの。それも私の県の出身の女子大生を使って、友人をみんな誘ってもらった。これは日当をやるんですからね、外部の人ですから。

電話のかけ方まで教えるんです。僕が使っている秘書がいて、その秘書に僕が言った。いいか、第一回目にかけるときの文句はこれだぞ、と。そして第二回目にかけるときは当日にかけさせたんですよ。朝から。そのときは最初から大平事務所なんて言ったらあかんよ。今日は自民党の総裁選挙がある、これは総理大臣を選ぶ選挙なんです。党にとってはたいへん重要な選挙ですから、党員として、あなたはいろいろ平素からやっていただいているけれど、これは大事な選挙です。どうでしょうか、もう選挙に行っていただいたでしょうかという聞き方をしなさいと。もう行きました、と言ったら、本当にありがとうございました、自民党でございます、とこう言って電話を切れよと。まだ、と言ったら、実はこの選挙はどうしても大事な選挙ですから、党員として投票してください、と頼めと。頼んで最後に、こちらは大平事務所でございます、とやれと。先に言ったらあかんよと。そこまでやったんですよ。

このやり方を、大阪にも連絡してもらった。大阪も大平派がやはり弱いんですよ。それから北海道も弱かった。大平派の弱いところの大票田をやったんです。東京は百十点くらいです。千票一点ですから。そして、三位以下の票は案分比例で一、二位に加わっていくんですから、二位に入らないとだめなんです。だが当時は東京では中曽根さんが二位に入るというのが世評です。圧倒的に強いのが福田さん。二位は中曽根さんという。大平さんは議員が一人もおらんし三位以下だと言われていたんです。中曽根派が強かったのは、都議会議員の二十三人が中曽根派だった。それが懇親の意味で月に一回飯食っていたんですね。それを押さえたんです。それは作戦勝ちですよ。大平さんは二位で四十点ちょっとあったかな。福田さんが六十一、二点でしたかな。大成功でした。北海道も勝ったんです。

徳島地方区は、完璧に自信を持っていましたので何もやっていません。必ず勝つと。だからこれは、私の事務所が中心になって普通どおりに動いただけです。ここには大平派がおらんですよ。でも勝ちました。

――いつごろから勝利を確信されましたか。

後藤田　私がこの予備選での勝利を確信したのは、中曽根先生のところのパーティ形式の集会ですよ。ホテルニューオータニの集会に僕の事務所の者を行かせて、党員がどれくらい出席しているか聞かせた。出席者をつかまえて、あなたは党員でご苦労ですな、党員でしょう、というように聞けと。そして、報告を聞いたら、党員が十人に一人しかいない。一回三千人の集会を三回やって九千人集めても、党員は九百人しかおらんわけだ。それを聞いて、この選挙は勝ったと僕は思いました。

――第一次大平内閣のときは、先生はどういう役割を果たされたんですか。

後藤田 五十一年の暮れに初当選した当選一回の身でありながら、私は自由民主党の総務に就任したんです。この時に大変な議論がありました。総務会というのは最高の意思決定機関ですから、自由民主党の不文律的な扱いで、総務に就任するにはだいたいは当選回数五回ぐらいがおおよその目安になっていたんです。したがって私自身は無理だなという気がしました。総務になるには、地区選出と総裁指名があって、約三十人のうち総裁指名が七、八人、あとはみな地区からの代表です。四国四県の中では、徳島県から出る番だったわけです。そうしますと、三木武夫先生はとても総務になるわけにはいきません。前総理で地位が高すぎるから。そうすると僕になってきた。それで、これはちょっと無理かもしらんなということで、幹事長の斎藤邦吉《くにきち》さんにお伺いをしたら、順番が君の県へ回ってきたんだから、きみならいいよ、という話だった。それなら地区選出は私になりそうだから、じゃあやりますかい、なんていうことでお受けする気になったんです。

だけれども、総務会の出席を一回止められた。新しい総務になって一回目の会合でね。そして二回目に初めて、よかろう、ということで総務会への出席を許された。その時に、何がいけないんだと言えば、当選回数だ。過去の例としては、当選二回、三回の人がおったことはありますが、一回目はない。そこで、浜田幸一君が立ち上がって、自分は三回当選で南関東代表として出てきている、後藤田総務は一回生だ、一回生はいかんという話はどこから出てきたんだ、総務会長に根拠を聞きたい、後藤田さんがいかんというのなら三回の俺もいかんな、五回が基準だというのなら。どこからそんな議論が出たんだ、という厳しい意見を出したんです。

最初はおとなしく、勉強に専念

——第一次大平内閣でも、先生を大臣に、という動きがあったと言われますね。

後藤田　これはちょっと名前を言うわけにはいかないけれど、田中派の中の有力な当選回数の多い、ある代議士から僕に直接、入閣を遠慮してくれんか、という話があった。私は初めから当選早々に一回生で閣僚になるなんて考えていないから、いいですよ、と言った。ところが、蓋を開けてみるとその人が内閣に入ったんだ。代議士になる前から話としては聞いていたんですが、自由民主党の中の政治家の猟官運動というものがどのようなものかということです。そして同時に、役人の経験から言うと、政党人事というものがいかに露骨かということがわかりました。また、自由民主党は残念ながら柔軟性に非常に乏しい、当選回数の順番で官僚以上に官僚化していると思いました。それは今日まで変わっていないと思いますね。

ただ当時、田中角栄先生が私に言った話で、要するにできるだけ広い範囲でいろいろな人を代議士にしたい。役人からもそうだと。ところで役人の場合は、次官までなった人は仕事が良く判っているのは常識として当たり前だ。しかも、歳を取っている。そこで、次官経歴者は二回当選に匹敵する、という考え方をおっしゃられた。したがって、第一回当選で三回当選者と同じくらいの扱いにしたい。そうすることによって人材の吸収をやりたい、といったようなことを田中さんは僕に言ったことがあるんですよ。

僕自身は、この前にも言いましたように、国土庁ができるときに、バッジを付けないで大臣になれという話がありましたからね。だからおそらくは、第一次大平内閣の田中派推薦の名簿の中に僕の名前があったんでしょう。しかし一般的には、自由民主党の人事が官僚化しておりますからやはり退くべきなんですね。ほんとうはこれでは人材が集まりにくい。当選回数で閣僚人事が決まるから、どうしても二世議員が中心になるという、当然の結果になるわけです。

候補者のすそ野を広げるために、政党人事の間口を広げる必要があるのではないかと思います。かつてのイタリアでは、代議士を辞めると直ちに前職に戻るということで、大学の先生などでずいぶん優秀な人が大臣なんかになっていましたね。これからは、あいうことを考えなければいけないのではないか。太子党（中国で大幹部の子弟あるいは女婿のこと）だけではいけませんよ、ということを言いたいですね。太子党というのは、いま中国で問題になっていますね。

――田中派と言っても大きいですから、田中派の中がいくつかのグループに分かれているという感じではないんですか。

後藤田　グループはいくつでもありますよ。だけれどもやはり田中さんという強烈な個性で統率していましたから、表に出ないんですよね。

――先生は、要するに田中派の中で直結ということですね。いちばん人の集まるところにおられたということですね。田中さんに接近する代わりに、後藤田さんに接近してくるという人もいるわけですか。

後藤田　それは他派閥からあったな。中曽根内閣の時の官房長官になったら、ほかの派からいろいろ頼まれましたよ（笑）。

――第一次大平内閣の時は、三角大福の怨念が渦巻く時代でしたが、先生はこの時期の政治にどのようにかかわったんですか。

後藤田　この頃はできるだけ表立つことは避けました。選挙で出たばかりで、当選一回ですから、もっぱら選挙地盤の手入れですね。徳島ですよ。それと自分自身の政治家としての勉強、これに一所懸命になるということで、表立った活動は、党内においても派閥の中でも、どちらかと言うと控えておったというのが実態です。

後援会の拡充整備は毎週のようにやるわけですね。土日に帰ってやる。これは何ということはありません。政治家としての勉強は、党の総務としての勉強があったわけですね。これは最高の意思決定機関ですからね。それがひとつ。もうひとつは、前にも話しましたように、ヨーロッパの選挙制度やユーロコミュニズムの勉強ですね。

それからもうひとつは、エネルギー問題です。原子力発電ですね。アメリカのペンシルバニア州のハリスバーグの郊外にスリーマイルという島がある。昭和五十四年三月にそこの原子力発電所が壊れちゃった。七月にそこへ見に行ったんです。いろいろ説明を聞いてみると、結局人為の災害なんですね。私はあの時から、人間の作るもので事故のないものは一切ない、だから、それを頭において危険なものに対応しないと後の祭りになるよ、という印象を強く持ちました。それから、市役所に行ってこういうことを言われた。原子力発電所の事故の被害の恐ろしさは、この町から離れて行けば行くほど被害が大きく伝わっていく、われわれはそういう被害、怖さを感じておらん、と。どうしてか、今でもわかりかねるんだけれど、どうも、日頃は絶対安全ですと言って情報を伏せてしまっているから、事故が起きると、遠方へ行くにしたがって大変だ、大変だ、ということになる。案外地元の人は危険についてよく知っているので、それほど騒がないのではないか、そんな印象でしたね。

——勉強会みたいなのはおやりになったんですか。

後藤田　いたるところの政務調査会の部会に出ていました。毎朝、必ずです。あれはその部会に入らなくていいんです。どの政調部会でも顔を出して一向に構いません。だから、私が一期の間に感じたことは、自由民主党の代議士というのは勉強しようと思えば、いくらでも勉強できるということです。役所にしろ大学にしろ民間の研究機関にしろ、どんな人でも来て話をしてくれているんです。だから真剣に勉強する気になったら、いくらでも勉強できる。その代わり代議士というのは、怠けちゃったらなんぼでも怠けられる。選挙区だけを頭において動いていればだいたい行ける、そういうことですよ。

――その頃、同じように熱心に勉強されていた方というのは印象にありますか。政調部会で必ず会うとか。この人は一所懸命やっているな、勉強しているな、という人は。

後藤田 志を持っている人がいますね。あらゆるところで勉強している人。その人はだいたい大成はしますけれど、必ずしも勉強したから大成するというわけにもいきませんね。選挙に強くないと駄目だ。しかし、ともかく勉強をするチャンスはいくらでもあるということですね。

本書は、一九九八年六月に小社より刊行された『情と理——後藤田正晴回顧録』に一部加筆・修正を加えたものである。

後藤田正晴－1914年、徳島県美郷村（現吉野川市）に生まれる。1939年、東京帝国大学法学部卒業。2005年９月19日、91歳で死去。

1939年内務省入省、自治省を経て1969年警察庁長官。1972年内閣官房副長官。1976年に衆議院議員に徳島全県区より初当選、以後７期連続当選。その間、自治大臣、内閣官房長官、法務大臣、副総理などを歴任。中曽根内閣では他派閥である田中派から官房長官に異例の抜擢をされ、以降通算３期を勤めた。

鋭い舌鋒《ぜつぽう》や認識力から〝カミソリ後藤田〟とあだ名され、長く権力の中枢に在った。内閣危機管理室の創始者としても知られる。


御厨　貴－1951年４月27日、東京都に生まれる。東京大学先端科学技術研究センター教授。専門は、日本政治史。

東京大学法学部卒業。同助手、東京都立大学法学部教授、政策研究大学院大学教授を経て、現職。東京都立大学名誉教授。アメリカ流のオーラル・ヒストリーの手法を日本に持ち込んだ。

1996年、『政策の総合と権力』でサントリー学芸賞、1997年に『馬場恒吾の面目』で吉野作造賞を受賞した。

講談社＋α文庫　情《じょう》と理《り》　上
──カミソリ後藤田回顧録
後藤田正晴《ごとうだまさはる》　御厨《みくりや》　貴《たかし》・監修

2006年６月20日第１刷発行
2025年７月３日第11刷発行

発行者────篠木和久
発行所────株式会社　講談社
東京都文京区音羽2-12-21　〒112-8001
電話　編集（03）5395-3522
販売（03）5395-5817
業務（03）5395-3615

デザイン────鈴木成一デザイン室
カバー印刷────TOPPANクロレ株式会社
印刷────株式会社新藤慶昌堂
製本────株式会社国宝社

KODANSHA

落丁本・乱丁本は購入書店名を明記のうえ、小社業務あてにお送りください。
送料は小社負担にてお取り替えします。
なお、この本の内容についてのお問い合わせは
第一事業本部企画部「＋α文庫」あてにお願いいたします。
Printed in Japan ISBN4-06-281028-X
定価はカバーに表示してあります。

- **情と理 上** カミソリ後藤田回顧録　後藤田正晴／御厨貴 監修　〝政界のご意見番〟が自ら明かした激動の戦後秘史！　上巻は軍隊時代から田中派参加まで　950円 G 137-1
- **情と理 下** カミソリ後藤田回顧録　後藤田正晴／御厨貴 監修　〝政界のご意見番〟が自ら明かした激動の戦後秘史！　下巻は田中派の栄枯盛衰とその後　950円 G 137-2
- **成功者の告白** 5年間の起業ノウハウを3時間で学べる物語《ストーリー》　神田昌典　カリスマコンサルタントのエッセンスを凝縮R25編集長絶賛のベストセラー待望の文庫化　840円 G 141-1
- **あなたの前にある宝の探し方** 現状を一瞬で変える47のヒント　神田昌典　カリスマ経営コンサルタントが全国から寄せられた切実な悩みに本音で答える人生指南書　800円 G 141-3
- **虚像に囚われた政治家 小沢一郎の真実**　平野貞夫　次の10年を決める男の実像は梟雄《きょうゆう》か英雄か？側近中の側近が初めて語る「豪腕」の真実!!　838円 G 143-2
- **小沢一郎 完全無罪** 「特高検察」が犯した7つの大罪　平野貞夫　小泉総理が検察と密約を結び、小沢一郎が狙われたのか!?　霞が関を守る闇権力の全貌！　695円 G 143-5
- **マンガ ウォーレン・バフェット** 世界一おもしろい投資家の、世界一儲かる成功のルール　森生文乃　4兆円を寄付した偉人！　ビル・ゲイツと世界長者番付の首位を争う大富豪の投資哲学!!　648円 G 145-1
- **運に選ばれる人 選ばれない人**　桜井章一　20年間無敗の雀鬼《じゃんき》が明かす「運とツキ」の秘密と法則。仕事や人生に通じるヒント満載！　648円 G 146-1
- **突破力**　桜井章一　明日の見えない不安な時代。そんな現代を生き抜く力の蓄え方を、伝説の雀鬼が指南する　648円 G 146-2
- **なぜ あの人は強いのか**　桜井章一／中谷彰宏　「勝ち」ではなく「強さ」を育め。20年間無敗伝説を持つ勝負師の「強さ」を解き明かす　657円 G 146-3

＊印は書き下ろし・オリジナル作品

表示価格はすべて本体価格（税別）です。本体価格は変更することがあります

講談社+α文庫 ⓖビジネス・ノンフィクション

タイトル	サブタイトル	著者	内容	価格	コード
アラビア太郎		杉森久英	日の丸油田を掘った男・山下太郎。その不屈の生涯を『天皇の料理番』著者が活写する！	800円 G 292-1
男はつらいらしい		奥田祥子	女性活躍はいいけれど、男だってキツいんだ。その秘めたる痛みに果敢に切り込んだ話題作	640円 G 293-1
永続敗戦論	戦後日本の核心	白井聡	「平和と繁栄」の物語の裏側で続いてきた戦後日本体制のグロテスクな姿を解き明かす	780円 G 294-1
釣り合い 六億円強奪事件		永瀬隼介	日本犯罪史上、最高被害額の強奪事件に着想を得たクライムノベル。闇世界のワルが群がる！	800円 G 295-1
証言 零戦 大空で戦った最後のサムライたち		神立尚紀	無謀な開戦から過酷な最前線で戦い続け、生き延びた零戦搭乗員たちが語る魂の言葉	860円 G 296-1
証言 零戦 生存率二割の戦場を生き抜いた男たち		神立尚紀	零戦誕生から終戦まで大空の最前線で戦い続けた若者たちのもう二度と聞けない証言！	950円 G 296-2
*紀州のドン・ファン 美女4000人に30億円を貢いだ男		野崎幸助	50歳下の愛人に大金を持ち逃げされた大富豪。戦後、裸一貫から成り上がった人生を綴る	780円 G 297-1
*政争家・三木武夫 田中角栄を殺した男		倉山満	政治ってのは、こうやるんだ！「クリーン三木」の実像は想像を絶する政争の怪物だった	630円 G 298-1
ピストルと荊冠 〈被差別〉と〈暴力〉で大阪を背負った男・小西邦彦		角岡伸彦	ヤクザと部落解放運動活動家の二足のわらじをはいた"極道支部長"小西邦彦伝	740円 G 299-1
テロルの真犯人 日本を変えようとするものの正体		加藤紘一	なぜ自宅が焼き討ちに遭ったのか？「最強最良のリベラル」が遺した予言の書	700円 G 300-1

*印は書き下ろし・オリジナル作品

表示価格はすべて本体価格（税別）です。本体価格は変更することがあります。